ÁLCOOL, OUTRAS DROGAS & INFORMAÇÃO

O que cada profissional precisa saber

ÁLCOOL, OUTRAS DROGAS & INFORMAÇÃO

O que cada profissional precisa saber

Gilda Pulcherio
Carla Bicca
Fernando Amarante Silva
(Orgs.)

Casa do Psicólogo®

1ª Edição
2002

2ª Edição
2011

Editores
Ingo Bernd Güntert e Juliana de Villemor A. Güntert

Assistente Editorial
Luciana Vaz Cameira

Capa
Lucio Pacheco

Projeto Gráfico, Editoração Eletrônica e Produção Gráfica
Najara Lopes

Coordenador de Revisão
Lucas Torrisi Gomediano

Preparação de Original
Gabriel Madeira Fernandes e Luciane Helena Gomide

Revisão
Rhamyra Toleto

Dados Internacionais de Catalogação na Publicação (CIP)
(Câmara Brasileira do Livro, SP, Brasil)

Álcool, outras drogas, informação : o que cada profissional precisa saber/ Gilda Pulcherio, Carla Bicca, Fernando Amarante Silva, organizadores . -- 2. ed. -- São Paulo : Casa do Psicólogo®, 2011.

Vários autores.
Bibliografia.
ISBN 978-85-8040-064-9

1. Alcoolismo 2. Dependência química 3. Drogas - Abuso - Prevenção 4. Drogas - Abuso - Tratamento I. Fenterseifer, Gilda Pulcherio. II. Bicca, Carla. III. Silva, Fernando Amarante.

11-03715 CDD-158

Índices para catálogo sistemático:
1. Dependência química : Psicologia aplicada 158

Impresso no Brasil
Printed in Brazil

As opiniões expressas neste livro, bem como seu conteúdo, são de responsabilidade de seus autores, não necessariamente correspondendo ao ponto de vista da editora.

Casapsi Livraria e Editora Ltda.
Rua Simão Álvares, 1020
Pinheiros • CEP 05417-020
São Paulo/SP – Brasil
Tel. Fax: (11) 3034-3600
www.casadopsicologo.com.br

Agradecimentos

Este livro é o resultado da profícua parceria entre a Sociedade de Psiquiatria do Rio Grande do Sul (SPRS) e o Centro Regional de Estudos, Prevenção e Recuperação de Dependentes Químicos (CENPRE), da Fundação Universidade do Rio Grande (FURG), para a realização do *I Curso de Extensão em Dependência Química*. Reproduz o esforço conjunto dos profissionais que participaram do curso, bem como de autores convidados para o projeto editorial. As coordenadoras do *I Curso de Extensão em Dependência Química* agradecem aos colegas que privilegiaram a todos com o seu tempo e o seu saber; aos drs. Oswaldo José de Paula Barbosa, idealizador do curso, e Fernando Amarante Silva, coordenador do CENPRE, pela atenção e pelo afeto dispensados; à dra. Neusa Knijnik Lucion, presidente da SPRS; à dra. Lizete Pessini Pezzi e ao dr. Claudio Abuchaim, da comissão de interiorização, pelo convite e apoio à organização do curso; às secretárias Silvia Queiroz e Sandra Schmaedecke, da SPRS, pelos inúmeros telefonemas e contatos para que o curso se realizasse. Agradecem ainda à professora Rosa Albernaz pela trabalhosa revisão linguística e ao publicitário Lucio Pacheco pela criação da capa deste livro.

De modo especial agradem ao dr. Sérgio de Paula Ramos, participante do curso, pela leitura pacienciosa, pela "Apresentação" do livro e pelas valiosas sugestões dadas. E, finalmente, as coordenadoras estendem sua gratidão à Casa do Psicólogo, pelo apoio da editoração.

Carla e Gilda
Coordenadoras do I Curso de Extensão em Dependência Química SPRS/CENPRE-FURG

Apresentação da primeira edição

Prezado leitor,

Quando os organizadores deste livro me honraram com o convite para que eu apresentasse a obra, fiquei bastante ambivalente. Por um lado, muitos dos autores são profissionais com quem já tive o prazer de estudar e trabalhar, profissionais que foram capazes de me impressionar, fazendo florescer em mim vínculos de extensa amizade. Por outro lado, estou vivendo um período de agenda bastante comprometida, e temi não dispor de tempo suficiente para executar a tarefa com a merecida atenção. Mas, assim que comecei, o conteúdo foi-me absorvendo, absorvendo, até que as outras coisas a fazer foram adiadas para que eu conseguisse terminar a leitura.

O leitor encontrará aqui um texto consistente, no qual os diferentes tópicos mais atuais no exame da relação do homem com substâncias psicoativas de abuso são expostos de maneira objetiva. Encontrará ênfase suficiente nas drogas mais usadas entre nós: álcool e tabaco. Bem como um guia seguro sobre as questões práticas que o tema suscita. Dessa forma, conceitos sobre dependência, diagnóstico e tratamento psicoterápico, tanto do paciente quanto de sua família, e farmacoterápico são aqui esmiuçados. Além disso, serão também encontrados uma completa discussão sobre as várias alternativas de prevenção, escrita por um dos autores mais experientes do país no assunto, e um apurado debate sobre a questão dos *screenings* de drogas.

Mas *Álcool, outras drogas & informação* não se limita a ser mais um manual. Apresenta capítulos originais sobre contribuições que o tempo deverá processar. É o caso dos capítulos sobre arteterapia, abordagem ecológica e justiça terapêutica; além do exame apurado sobre a relação entre estresse e o uso de substâncias, um dos vários pontos altos do livro.

Leitor, o que me faz agora ser breve é outro motivo. É para que não se perca mais tempo comigo. Boa leitura e parabéns aos autores.

Sérgio de Paula Ramos
Psiquiatra e psicanalista
Doutor em psiquiatria pela Escola Paulista de Medicina (UNIFESP), Coordenador da Unidade de Dependência Química do Hospital Mãe de Deus de Porto Alegre, membro do conselho consultivo da ABEAD e seu ex-presidente

Prefácio à segunda edição

Álcool, outras drogas & informação – o que cada profissional precisa saber chega a sua segunda edição com algum atraso, justo pelo interesse de nossos leitores, que levou a três rápidas reimpressões. Nesse tempo, o uso do álcool e outras drogas cresceu de forma dramática, principalmente entre adolescentes. E mais no Brasil do que entre seus vizinhos da América do Sul.

Talvez por esse quadro ou junto a ele, a prevenção ao uso indevido de substâncias psicoativas eleva-se na sociedade brasileira. As políticas públicas desencadeiam inúmeras leis antidrogas que são aprovadas em quase todos os estados da Federação, principalmente as relacionadas ao abuso do álcool. A prevenção ao uso indevido de outras drogas embora não tenha, ainda, a devida atenção dos órgãos públicos, tem o seu reconhecimento na comunidade leiga e científica.

Os tratamentos buscam refinamento e novas abordagens, e as comorbidades são de conhecimento imperativo. As evidências científicas revelam o aumento dos transtornos mentais em todo o mundo, o que, pensa-se, está associado ao aumento do consumo de substâncias psicoativas.

Para esta edição, os capítulos foram revisados e atualizados. Substituímos alguns e acrescentamos novos temas de ampla discussão, instigantes, como as questões da violência doméstica e do álcool no trânsito, que devem fazer pensar e levar a novas práticas de ação multidisciplinar. O que é observado neste livro são saberes de práticas multidisciplinares. Utilizamos uma linguagem clara e imparcial que poderá auxiliar na prevenção, no reconhecimento do problema e na elaboração de políticas públicas.

Os organizadores

Sumário

4. Tratamento das Dependências Químicas

5. Temas Atuais

Os Autores

Ana Margareth Siqueira Bassols – Médica psiquiatra. Doutoranda em Psiquiatria pela Universidade Federal do Rio Grande do Sul (UFRGS). Professora do Departamento de Psiquiatria e Medicina Legal da UFRGS. Chefe do Serviço de Psiquiatria da Infância e Adolescência do Hospital das Clínicas de Porto Alegre.

Carla Bicca – Médica psiquiatra. Mestre em Ciências Médicas pela Universidade Federal do Rio Grande do Sul (UFRGS). Terapeuta cognitiva pelo Instituto Beck.

Carlos Eduardo Pinent – Doutor em Matemática e Estatística pela PUCRS. Pesquisador do Instituto de Prevenção e Pesquisa em Álcool e Outras Dependências.

Carmen Có Freitas – Médica psiquiatra. Mestre em Saúde Pública pela Universidade Johns Hopkins, Baltimore, Maryland, Estados Unidos. Assessora técnica do Ministério Público do Rio Grande do Sul. Diretora da Associação Brasileira de Justiça Terapêutica.

Carmen Lucas Vernetti - Médica psiquiatra. Especialista em Dependência Química. Membro da equipe do Instituto de Prevenção e Pesquisa em Álcool e Outras Dependências.

Daniel Pulcherio Fensterseifer - Advogado. Mestre em Ciências Criminais pela Pontifícia Universidade Católica do Rio Grande do Sul (PUCRS). Especialista em Ciências Penais pela PUCRS. Membro da diretoria da Associação Brasileira de Justiça Terapêutica.

Daniela Martí Barros - Farmacêutica bioquímica. Doutora em Ciências Biológicas e Bioquímica pela Universidade Federal do Rio Grande do Sul (UFRGS). Professora adjunta do Departamento de Ciências Fisiológicas (FURG). Docente de Fisiologia Animal Comparada do Programa de Pós-Graduação em Ciências Fisiológicas da FURG.

Eli Sinnott Silva - Cirurgiã-dentista. Mestre em Farmacologia pela Universidade Federal do Rio de Janeiro (UFRJ). Professora adjunta de Farmacologia da Fundação Universidade Federal do Rio Grande (FURG). Coordenadora da Unidade de Prevenção e Pesquisa do Centro Regional de Estudos, Prevenção e Recuperação de Dependentes Químicos (CENPRE/FURG).

Elisabeth Brandão Schmidt - Pedagoga. Doutora em Educação pela Universidade de Santiago de Compostela, Espanha. Docente do Programa de Pós-Graduação em Educação Ambiental da Fundação Universidade Federal do Rio Grande (FURG). Equipe do Centro Regional de Estudos, Prevenção e Recuperação de Dependentes Químicos (CENPRE/FURG).

Felix Kessler - Psiquiatra. Doutorando em Psiquiatria pela Universidade Federal do Rio Grande do Sul (UFRGS). Vice-diretor do Centro de Pesquisa em Álcool e Drogas (CPAD) da Universidade Federal do Rio Grande do Sul (UFRGS).

Fernando Amarante Silva - Cirurgião-dentista. Mestre em Farmacologia pela Universidade Federal do Rio de Janeiro (UFRJ). Professor titular em Farmacologia da Fundação Universidade Federal do Rio Grande (FURG). Especialista em Farmacologia pela UFRJ. Professor coordenador do Centro Regional de Estudos, Prevenção e Recuperação de Dependentes Químicos (CENPRE/FURG).

Flavia Valladão Thiesen - Farmacêutica bioquímica. Doutora em Ciências pela Universidade Federal do Estado de São Paulo (Unisfesp). Diretora do Instituto de Toxicologia e da Faculdade de Farmácia da Pontifícia Universidade Católica do Rio Grande do Sul (PUCRS).

Gilda Pulcherio - Médica psiquiatra. Mestre em Psicologia Social pela Pontifícia Universidade Católica do Rio Grande do Sul (PUCRS). Diretora do Instituto de Prevenção e Pesquisa em Álcool e Outras Dependências.

Helena Centeno Hintz - Psicóloga. Psicoterapeuta de casal e família. Coordenadora do DOMUS - Centro de Terapia de Casal e Família. Vice-presidente da Associação Brasileira de Terapia Familiar.

Irma Rossa - Médica internista. Especialista em Dependência Química pela Universidade Federal do Estado de São Paulo (UNIFESP). Coordenadora das Políticas de Saúde Mental da

Assessoria de Planejamento da Secretaria Municipal de Saúde de Porto Alegre.

Janecy Lopes – Assistente social. Terapeuta de Casal e Família. Diretora do Contextos.

Lisia von Diemen – Médica psiquiatra. Doutoranda em Psiquiatria pela Universidade Federal do Rio Grande do Sul (UFRGS). Equipe do Centro de Pesquisas em Álcool e Drogas (CPAD) da Universidade Federal do Rio Grande do Sul (UFRGS).

Márcia Surdo Pereira – Médica psiquiatra. Especialista em Dependência Química pela Unidade de Pesquisa em Álcool e Drogas (UNIAD) da Universidade Federal de São Paulo (UNIFESP). Especialista em Psicoterapia de Orientação Analítica pelo Centro de Estudos Luís Guedes (CELG) da Universidade Federal do Rio Grande do Sul (UFRGS). Com curso de especialização em Terapia Cognitiva pelo Institute Beck.

Margareth da Silva Oliveira – Psicóloga. Doutora em Ciências pela Universidade Federal do Estado de São Paulo (UNIFESP). Professora do Programa de Pós-Graduação da Faculdade de Psicologia da Pontifícia Universidade Católica do Rio Grande do Sul (PUCRS).

Maria Angélica Gambarini – Psiquiatra. Especialista em Dependência Química. Fundadora do Núcleo de Dependência Química e Outros Transtornos Aditivos da Sociedade de Psiquiatria do Rio Grande do Sul (SPRS).

Maria da Graça Castro – Médica psiquiatra. Mestre em Psicologia Clínica.

Marlene Neves Strey – Psicóloga. Doutora em Psicologia Social pela Universidad Autônoma de Madri. Professora titular da Faculdade de Psicologia da Pontifícia Universidade Católica do Rio Grande do Sul (PUCRS). Pesquisadora do CNPq.

Mauro Soibelman – Médico internista. Mestre em Clínica Médica pela Universidade Federal do Rio Grande do Sul (UFRGS). Especialista em Medicina Interna e Medicina do Trabalho. Chefe da equipe de Clínica Médica do Hospital Municipal de Pronto-Socorro, Porto Alegre, Rio Grande do Sul.

Nyvia Sousa – Médica psiquiatra. Mestre em Psiquiatria pela Universidade Federal do Rio Grande do Sul (UFRGS).

Paulo Tomasi Sarti – Biólogo. Mestre em Biologia pela Universidade do Vale do Rio dos Sinos (UNISINOS). Pesquisador do Instituto de Prevenção e Pesquisa em Álcool e Outras Dependências.

Raquel De Boni – Médica psiquiatra. Doutoranda em Psiquiatria pela Universidade Federal do Rio Grande do Sul (UFRGS). Pesquisadora do Núcleo de Estudo e Pesquisa em Trânsito e Álcool (NEPTA) do Hospital de Clínicas de Porto Alegre (HCPA), da UFRGS.

Ricardo de Oliveira Silva – Procurador de Justiça. Professor da Escola Superior do Ministério Público. Diretor da International Association of Drug Treatment Courts. Presidente da Associação Brasileira de Justiça Terapêutica.

Roberta de Alencar Rodrigues – Psicóloga. Doutoranda em Psicologia Social pela Universidade Autônoma de Barcelona,

Espanha. Mestre em Psicologia pela Pontifícia Universidade Católica do Rio Grande do Sul (PUCRS). Membro do grupo de investigação Violencia en la Pareja y en el Trabajo (VIPAT) da Universidade Autônoma de Barcelona.

Sibele Faller – Psicóloga. Mestre em Psiquiatria pela Universidade Federal do Rio Grande do Sul (UFRGS). Especialista em Psicoterapia Cognitivo-Comportamental pela Wainer & Piccoloto.

Silvia Chwartzmann Halpern – Assistente social. Mestre em Educação Especial pela Universidade da Carolina do Norte, Chapel Hill, Estados Unidos. Terapeuta de casal e família.

Susana M. Sastre Seadi – Assistente social. Terapeuta de casal e família. Especialista em Terapia Familiar com Dependência Química. Mestre em Psicologia Clínica pelo curso de Pós-Graduação em Psicologia da Pontifícia Universidade Católica do Rio Grande do Sul (PUCRS). Membro titular da Associação Gaúcha de Terapia Familiar (AGATEF).

Tamires Bastos – Estudante de Medicina e bolsista de Iniciação Científica na Universidade Federal do Rio Grande do Sul (UFRGS).

Vinícius Guimarães Dornelles – Psicólogo. Mestre em Cognição Humana pela Pontifícia Universidade Católica do Rio Grande do Sul (PUCRS). Especialista em Terapia Cognitivo-Comportamental. Professor da Faculdade de Psicologia do Centro Universitário Franciscano (UNIFRA).

1

Substâncias Psicoativas

Conceitos, diagnóstico e classificação

Carla Bicca
Márcia Surdo Pereira
Maria Angélica Gambarini

Um dos grandes desafios para a humanidade tem sido a compreensão das características heterogêneas do ser humano. Exatamente pela sua individualidade, quando nos voltamos para um assunto tão complexo, como o da relação do homem com as substâncias psicoativas, o desafio torna-se ainda maior. Os transtornos decorrentes do consumo de Substâncias Psicoativas (SPA) têm sido motivo de atenção há pelo menos cem anos. De início, o foco eram os problemas decorrentes do álcool, reconhecida substância causadora de alterações do comportamento e de ordem física. No entanto, o espectro de preocupações tem aumentado na mesma proporção em que se verifica o uso e abuso de SPA com diferentes finalidades, até mesmo médicas, como, por exemplo, o uso de opioides ou de substâncias desenvolvidas com o propósito de causar alterações mentais e de comportamento, como o alucinógeno *ecstasy* – metilenodioximetanfetamina (MDMA) (Taborda, 1996).

Por muito tempo os conceitos de psicopatologia e abuso ou dependência de SPA foram sustentados pela ideia de que o comportamento aditivo era consequente a uma psicopatologia preexistente. Vários estudos longitudinais (Vaillant, 1993) e estudos clínicos sobre intoxicação crônica por álcool (Mendelson; Mello, 1966; Nathan *et al.*, 1970) indicavam que sintomas como depressão e ansiedade são produzidos ao longo do uso crônico e elevado de álcool. Já outros autores identificaram abuso e desenvolvimento de dependência de álcool com a existência de sintomas psiquiátricos prévios (Glover, 1997). Na evolução da busca pelo melhor entendimento do problema, dividiu-se o alcoolismo em dois grupos: um caracterizado pela síndrome psiquiátrica anterior ao início do alcoolismo, chamado de alcoolismo secundário; e o outro, cuja síndrome psiquiátrica desenvolve-se após o início da síndrome de dependência, chamado de alcoolismo primário (Winocur; Rimener; Reich, 1971). A importância de reconhecer essas diferenças diagnósticas consiste na decisão terapêutica e na avaliação do prognóstico. Um paciente com alcoolismo secundário tem melhor prognóstico se o seu transtorno psiquiátrico for tratado (Schuckit, 1985; MacGrathe; Nunes; Quitkin, 1992). Essa é uma forma unidimensional de avaliar o paciente, o que se tem mostrado deficiente por desconsiderar aspectos indiscutivelmente importantes, como genética, fatores ambientais e saúde física, limitando, assim, a diferenciação do problema segundo a etiologia, o estado clínico e as repercussões sociofamiliares, permitindo, dessa forma, planejar o tratamento.

No esforço para melhorar os resultados terapêuticos com a individualização das decisões, fez-se necessário ampliar a evolução, observando os diferentes vértices do problema, como efeitos independentes e interativos da predisposição genética, características da personalidade, comorbidades, padrões de comportamento e do consumo de SPA e, até mesmo, diferenças inerentes ao sexo. Essa visão mais ampla se desenvolveu em um contexto histórico de evolução do conceito de uso, abuso e dependência de SPA, a partir da primeira *Classificação Internacional de Doenças* elaborada pela Organização Mundial da Saúde (OMS), atualmente em sua décima revisão (CID-10) (World Health Organization, 1993) e, posteriormente, no *Manual Diagnóstico e Estatístico de Transtornos Mentais*, da Associação Norte-Americana de Psiquiatria, atualmente em sua quarta revisão (DSM-IV) (American Psychiatric Association, 1994). Os sistemas diferem por alguns detalhes de organização, mas os conceitos básicos de ambos são semelhantes.

Conceitos históricos em alcoolismo

O álcool foi a primeira substância psicoativa a ser estudada, talvez por ser a mais antiga e a mais amplamente utilizada no mundo e pelo fato de as consequências de seu uso continuado serem um dos maiores problemas de saúde pública, haja vista o alto índice de morbidade que o acompanha. Essa revisão histórica mostra um pouco da evolução do tema cuja análise incluía até o aspecto moral – numa visão preconceituosa do problema, era feio beber. A seguir, indica o conceito sanitário-organicista, de acordo com o qual o alcoolismo era tido como uma doença de cuidados exclusivamente médicos. Foi assim considerado por muitos até a metade do século XX, e, a partir daí, alguns autores passaram a abordar a questão do abuso e da dependência de SPA com seus aspectos mais integrados, ou seja, dos pontos de vista biológico, psicológico (comportamental e cognitivo) e social (cultural), incluindo no estudo as influências do meio em que o indivíduo vive.

1. Magnus Huss (1849) – conceitua o alcoolismo crônico, que passa a ser considerado doença. Cita todas as complicações físicas causadas pelo álcool, hoje tão bem estabelecidas.

2. CID 1 (*Classificação Internacional de Doenças, Lesões e Causas de Óbito*) da Organização Mundial da Saúde (OMS) (1893) – inclui na seção II as Doenças Gerais: Alcoolismo agudo ou crônico.
3. Hermeto Lima (1914) – Bacharel em Ciências Jurídicas e Sociais – descreve três espécies de alcoolismo: o iniciado, o tarado, o desgostoso da vida.
4. Royal College of Physicians (1931), de Londres – considera o alcoolismo uma doença mental.
5. CID 4 (1948) – inclui o alcoolismo como doença constitucional, que afeta o organismo como um todo.
6. CID 6 e 7 (1950) – incorporam a especificação dos médicos londrinos no capítulo V: "Transtornos mentais, psiconeuróticos e de personalidade: 307: psicose alcoólica 322: alcoolismo agudo e crônico".
7. Robert Straus e Selden Bacon (1953) – publicam uma conceitualização do alcoolismo como um fenômeno que se manifesta em várias dimensões, expressando-se ao longo de distintos eixos: físico, psicológico e social.
8. Elvin Jellineck (1960) – propõe uma tipologia para o alcoolismo com cinco categorias: *alfa* (abusador), *beta* (uso nocivo), *gama* (dependência grave com perda de controle, ou picos), *delta* (dependência grave com influência cultural) e *épsilon* (dipsomania, ingestão em surtos). Tipologia amplamente disseminada pelo movimento dos Alcoólicos Anônimos.
9. Genevieve Knupfer (1967) – enfoca o alcoolismo não só como doença física e mental, mas também com seus componentes legais, familiares e econômicos.
10. CID 8 (1967) – incorpora na classificação o abuso de drogas:
    "291. Psicose alcoólica: DT".
    "303. Alcoolismo: ingestão episódica, ocasional excessiva, crônica".

"305. Abuso de drogas, sem dependência".
"305. O abuso de álcool".

11. Griffith Edwards (1976) - descreve a Síndrome de Dependência do Álcool, na qual examina a relação do indivíduo com o álcool, a relevância da bebida em sua vida, a liberdade do usuário em relação ao consumo do álcool e o grau de transformação metabólica no organismo desse indivíduo.
12. CID 9 (1977) - Amplia a categorização e, pela primeira vez, emprega o termo "dependência".
13. CID 10 (1993) - Todas as substâncias psicoativas foram colocadas em uma mesma categoria: "Transtornos mentais e do comportamento decorrentes do uso da substância". O conceito de abuso do CID-9 é substituído pelo novo conceito de uso nocivo. No CID-10 identificam-se dez classes de substâncias que se agrupam segundo alguns aspectos fisiológicos e psicológicos em depressores do Sistema Nervoso Central (SNC) e estimulantes do SNC.

Conceitos diagnósticos em dependência química

Avanços em áreas como Medicina, Química, Tecnologia e Telecomunicações têm levado à produção de novas drogas ou possibilitado o aumento de sua manufatura, tornando maior a oferta no mercado (cocaína, heroína, opioides etc.). A descoberta de novas vias de administração para antigas substâncias contribui para a grande oferta de drogas dos tipos mais variados. Os laboratórios cada vez mais equipados (drogas sintéticas), as substâncias de fácil acesso (voláteis), o controle débil das medicações (benzodiazepínicos), a desinformação da população e a escassez de medidas preventivas são situações que contribuem para a manutenção e o aumento do uso de drogas. É sabido que quanto mais pessoas experimentarem substâncias psicoativas, maior a probabilidade de que algumas apresentem problemas decorrentes de seu uso.

A prevenção primária ainda é o melhor caminho. Apresentamos alguns conceitos utilizados sobre as dependências químicas, por considerarmos fundamentais para o seu entendimento, com base na atual *Classificação Internacional de Doenças* (CID-10).

Substância Psicoativa (SPA)

Substância psicoativa é toda e qualquer substância que o indivíduo utiliza que, independentemente da via de administração, por ação no Sistema Nervoso Central (SNC), altera o humor, a consciência, a sensopercepção, a cognição e a função cerebral. As drogas aqui incluídas vão desde as lícitas (álcool, cigarro, medicações) até as ilícitas (maconha, cocaína e outras). Todas elas são capazes de produzir alterações de humor e dificuldades de aprendizagem. Outras práticas ou comportamentos compulsivos, como obesidade, jogo e uso inadequado de medicações, podem estar incluídos nesse processo.

Compulsão

Trata-se do desejo de satisfação imediata, que pode ser atingido com o uso de uma substância psicoativa. O termo "fissura" traduz o sentido da palavra inglesa "*craving*", que, em português, quer dizer "desejo ardente". Comumente, utiliza-se o termo "fissura" em relação a outras drogas, como a cocaína, e "compulsão" para o álcool.

Adição

A adição é um termo que se refere mais ao aspecto comportamental do que ao fisiológico, pois aborda a importância que uma substância (álcool) ou comportamento (uso de computador) tem na vida do indivíduo, desde a simples exposição até o uso compulsivo.

As características da adição incluem: preocupação com a aquisição da droga, seu uso compulsivo, maior propensão à recaída, perda do controle e negação. A definição de adição incorpora tolerância, dependência, compulsão e perda do controle. As drogas mais aditivas são opioides, cocaína, anfetaminas, álcool e nicotina. Elas ativam o "circuito de recompensa" do cérebro, mantendo o desejo pela droga, levando ao uso continuado, conhecido como "reforço positivo".

Uso nocivo

A expressão "uso nocivo", que começou a ser usada após o CID-10, até então era conhecida como "abuso". Uso nocivo é o uso continuado de uma substância psicoativa causando danos à saúde do indivíduo. Esse dano pode ser físico (alterações hepáticas, gastrite, vômitos), mental (episódios depressivos, apagamentos, esquecimento, alteração da coordenação motora) ou pode abranger outras áreas da vida do indivíduo, como a família (desavenças), o trabalho (atrasos, faltas) ou a sociabilidade ("porres" em festas, ser inconveniente). A intoxicação aguda não é evidência suficiente de dano à saúde, exceto se for contínua.

Intoxicação aguda

De acordo com o CID-10, intoxicação aguda é "[...] uma condição transitória, seguindo-se a administração da substância, resultando em perturbações no nível de consciência, cognição, percepção, afeto ou comportamentos, ou outras funções ou respostas psicofisiológicas" (World Health Organization, 1993). A quantidade de alterações comportamentais nesse momento dependerá da alcoolemia, que é influenciada pela idade, peso, sexo, experiência prévia com álcool, quantidade de alimento e tipo de bebida ingeridos e também pela associação a outras substâncias.

Tolerância

A tolerância é expressa pela necessidade de doses cada vez maiores de uma substância para atingir o efeito desejado. Ela pode ser metabólica (por exemplo, quando o fígado metaboliza a substância mais rapidamente) ou farmacológica (quando a reação tecidual à droga está reduzida). O indivíduo pode desenvolver tolerância a apenas um dos aspectos da ação de uma droga. A tolerância cruzada, por sua vez, ocorre quando o indivíduo tem dependência a uma substância de determinada classe (por exemplo, depressores do SNC) e passa a usar outra substância da mesma classe, mostrando tolerância (por exemplo, álcool e benzodiazepínicos).

Síndrome de abstinência

O indivíduo começa a apresentar sintomas fisiológicos (por exemplo, tremores) com a interrupção ou a redução abrupta da SPA. Os sintomas variam em maior ou menor grau, dependendo das condições clínicas, do tempo de uso da substância, da quantidade ingerida e da história de abstinências anteriores.

Dependência

Dependência é a necessidade física ou psicológica da substância psicoativa que, pelo uso continuado, leva ao hábito. A compulsão é também uma das características da dependência. Com a evolução da neuropsiquiatria, percebeu-se que algumas drogas que, até há pouco, se pensava que causassem apenas dependência psicológica também têm um componente biológico. Apesar disso, cabe a definição:

Dependência psicológica – é uma característica de todas as drogas de abuso. É definida como a necessidade do uso da droga por parte do usuário, para atingir um nível máximo de funcionamento ou sentimento de bem-estar. É difícil de quantificar a situação objetivamente, sendo de uso limitado para o diagnóstico (Ramos; Bertolote, 1997; Schuckit, 1991). Vaillant (1997) acrescenta que esta é uma característica daquele que bebe para diminuir a depressão ou o nervosismo ou para escapar dos problemas da vida quotidiana, ou seja, bebe para relaxar.

Dependência física – é a adaptação fisiológica do organismo ao uso crônico da SPA. A *síndrome de abstinência* ocorre quando surgem sintomas fisiológicos quando da diminuição ou interrupção abrupta do uso da droga.

Os fatores que predizem o início de um problema com substâncias psicoativas são complexos, pois tudo pode começar com um "porre" entre amigos ou com a vontade de se integrar à turma compartilhando o "baseado". A verdade é que todos acreditam ter o controle da situação. Porém, isso muda quando o indivíduo, em determinado momento, volta ao consumo para buscar alívio e funcionar melhor. Não existe, por exemplo, o uso responsável de cocaína, pois essa é uma droga que rapidamente produz adição.

Estudos de genética com filhos de alcoolistas demonstram que eles são portadores de maior tolerância ao álcool, se comparados aos filhos de pais não alcoolistas, e que os orientais são menos tolerantes que os ocidentais, devido à pouca produção de enzimas hepáticas (Schuckit, 1991). Assim como filhos de mães usuárias de cocaína já nascem com reflexos diminuídos ao meio ambiente.

Vaillant refere-se ao alcoolismo como sendo um distúrbio com vida própria. Ele concluiu isso por meio da observação prospectiva de alcoolistas que chegaram à abstinência estável, não sendo, no período pré-mórbido, psicologicamente mais saudáveis do que aqueles cujo alcoolismo seguiu um curso mais crônico. Em outras palavras, o estudo prospectivo não sugere que a dependência alcoólica seja meramente um sintoma de distúrbio subjacente de personalidade (Vaillant, 1983). Então, segundo o CID-10 (World Health Organization, 1993), um diagnóstico definitivo de dependência de álcool ou de outras drogas poderá ser feito se três ou mais dos seguintes requisitos tiverem sido experimentados ou exibidos durante o último ano:

a. Um forte desejo ou compulsão para consumir a SPA expresso em palavras, como "estou seco por um gole", com componentes internos (depressão, raiva, timidez) e externos (recebimento do salário) associados.
b. Estado de abstinência fisiológica: quando o uso cessou ou diminuiu, havendo a necessidade de novamente consumir a SPA para obtenção de alívio (desconforto na falta do álcool, insônia, irritabilidade, inquietude, tremores inicialmente leves e intermitentes). Posteriormente, o indivíduo passa a acordar à noite para beber e também a beber pela manhã.
c. Evidência de tolerância: quando são necessárias doses cada vez maiores para atingir os efeitos originalmente produzidos com doses menores. Como, por exemplo, aquelas pessoas dependentes de álcool ou opiáceo que usam doses diárias suficientes para incapacitar ou matar usuários não tolerantes.
d. Dificuldade em controlar o comportamento de consumir, considerando início, término ou níveis de consumo.
e. Relevância com prioridade ao uso: abandono progressivo de prazeres ou interesses alternativos em favor do uso. "O mais importante é beber", favorecendo companhias ou locais onde há a substância desejada, requerendo tempo gasto para obter, usar e se recuperar de seus efeitos. Mesmo com as "broncas em casa", mesmo com o dinheiro sendo necessário para outras finalidades.
f. Persistência do uso a despeito das consequências nocivas, como contrair uma úlcera ou hepatite com o consumo continuado de álcool; usar a cocaína, apesar dos estados depressivos, do comprometimento cognitivo e do déficit de memória; ou persistir no consumo de maconha. Em resumo: "Vida curta, mas feliz".

g. Estreitamento (empobrecimento) do repertório: direciona-se a bebidas mais fortes ou sempre à mesma, sem preocupação com o fato de ser durante a semana ou não, se há trabalho ou não. A despeito, enfim, de restrições sociais que determinam o comportamento adequado para beber.

A síndrome de dependência pode estar presente para uma substância específica, por exemplo, o tabaco ou diazepam; para uma classe de substâncias, por exemplo, drogas opioides; ou para uma gama mais variada de substâncias. Edwards (1995) ainda inclui, como critério de dependência, a possibilidade de reinstalação rápida da tolerância após um período sem consumo, isto é, o indivíduo voltaria a manter o mesmo padrão estereotipado anterior, sugerindo que exista uma memória bioquímica operante no cérebro. Entretanto, o ponto exato no qual o abuso mínimo de álcool, como ter sido preso uma vez ao dirigir alcoolizado, faz jus ao rótulo de dependente de álcool sempre será tão incerto quanto o local exato no espectro em que o amarelo se torna verde (Vaillant, 1983). Pode-se pensar como sendo um *continuum* entre episódios repetidos de intoxicação aguda (F10.0), prolongado uso nocivo (F10.1) e síndrome de dependência (F10.2). A Tabela 1 mostra uma classificação farmacológica básica das principais substâncias psicoativas com a respectiva classe a que pertencem.

Tabela 1. Classificação das Substâncias Psicoativas (SPA)

Classe	Exemplos
Depressores do SNC	Álcool, hipnóticos, benzodiazepínicos (calmantes), barbitúricos
Estimulantes ou simpaticomiméticos centrais	Anfetaminas (bola), metilfenidato, cocaína, anorexígenos (moderadores do apetite)

Opioides	Heroína, morfina, metadona, meperidina, codeína, propoxifeno, quase todos os analgésicos vendidos sob receita médica
Canabinoides	Maconha, haxixe
Alucinógenos	LSD (dietilamida de ácido lisérgico), mescalina, psilocibina, anticolinérgicos
Solventes (voláteis)	Aerossóis, colas, tolueno, gasolina, acetona, benzina, tíner
Drogas de venda livre	Contendo atropina, escopolamina, estimulantes fracos, anti-histamínicos, analgésicos fracos
Outros	PCP (fenciclidina)

Referências bibliográficas

AMERICAN PSYCHIATRIC ASSOCIATION. *Diagnostic and Statistical Manual of Mental Disorders (DSM-IV)*. 4th ed. Washington, DC: American Psychiatric Association, 1994.

EDWARDS, G. *O tratamento do alcoolismo*. São Paulo: Martins Fontes, 1995.

GLOVER, E. *On the etiology of drug addiction*: essential papers on addiction. New York: New York University Press, 1997.

MACGRATHE, P. J.; NUNES, E.; QUITKIN, F. M. *Imipramine in alcoholics with primary depression*: paper presented at the annual meeting of the American Psychiatric Association. Washington, DC: American Psychiatric Association, 1992. p. 2-7.

MENDELSON, J. H.; MELLO, N. K. Experimental analysis of drinking behavior of chronic alcoholics. *Annals of the New York Academy of Sciences*, v. 133, p. 828-845, 1966.

NATHAN, P. E. *et al.* Behavioral analysis of chronic alcoholism: interaction of alcohol and human contact. *Archives of General Psychiatry*, v. 22, p. 419-430, 1970.

RAMOS, S. P.; BERTOLOTE, J. M. *Alcoolismo hoje*. Porto Alegre: Artes Médicas, 1997.

SCHUCKIT, M. A. The clinical implications of primary diagnostic groups among alcoholics. *Archives of General Psychiatry*, v. 42, p. 1043-1049, 1985.

__________. *Abuso de álcool e drogas*: uma orientação clínica ao diagnóstico e tratamento. Porto Alegre: Artes Médicas, 1991.

TABORDA, J. G. V.; LIMA, P. P.; BUSNELLO, E. D. *Rotinas em psiquiatria*. Porto Alegre: Artes Médicas, 1996.

VAILLANT, G. *The natural history of alcoholism*, revisited. Cambridge: Harvard University Press, 1983.

______. As adições ao longo da vida: implicações terapêuticas. In: EDWARDS, G.; DARE, C. (Eds.). *Psicoterapia e tratamento das adições*. Porto Alegre: Artes Médicas, 1997. p. 7-11.

WINOCUR, G.; RIMMER, J.; REICH, T. Alcoholism IV: is there more than one type of alcoholism? *British Journal of Psychiatry*, v. 118, p. 525-531, 1971.

WORLD HEALTH ORGANIZATION. *Classificação de transtornos mentais e de comportamento da CID-10*: descrições clínicas e diretrizes diagnósticas. Porto Alegre: Artes Médicas, 1993.

2

Prevenção das Dependências Químicas

Como prevenimos o uso indevido de drogas

Fernando Amarante Silva
Eli Sinnott Silva

Procurou o homem, desde a mais remota Antiguidade, encontrar um remédio que tivesse a propriedade de aliviar suas dores, serenar suas paixões, trazer-lhe alegria, livrá-lo de angústias, do medo ou que lhe desse o privilégio de prever o futuro, que lhe proporcionasse coragem, ânimo para enfrentar as tristezas e o vazio da vida.
(Lauro Sollero, 1979)

Para prevenir o consumo de drogas é preciso admitir que o fenômeno do seu uso é um problema relacionado não somente à natureza da substância ou a uma conduta individual, mas, também, a uma questão social e, ainda mais, que tem lugar em um momento e em um contexto histórico determinado. Em ciências sociais, desde o aparecimento da teoria dos sistemas, é sabido que as condutas dos indivíduos, suas crenças e inter-relações não se sucedem isoladamente (Carrón *apud* Fernández, 1995). Os efeitos sociais constituem-se a partir de uma série de elementos interconectados, e as modificações em alguns deles, ou na relação que mantêm, repercutem, de uma forma ou de outra, em todo o restante. Dessa forma, falar em prevenção ao uso de drogas, propor programas ou simplesmente aplicá-los sem considerar o consumo delas como um fenômeno multidimensional, é completamente inadequado. É preciso considerar que a todo momento se está produzindo uma interação entre três subsistemas que poderiam ser organizados em torno dos seguintes núcleos:

a. as substâncias como elemento material (drogas);
b. os processos individuais do sujeito que toma posição diante da droga (indivíduo);
c. a organização social e política e a estrutura que a suporta como marco em que se produzem essas relações (sociedade) (Bucher, 1991).

Os parâmetros que definem esses elementos ou subsistemas são diferentes para cada situação, motivo pelo qual é necessário conhecer quais são esses parâmetros em cada caso especial. Somente assim poderemos compreender as relações essenciais do uso de drogas, e, somente sendo conscientes dessas relações, poderemos planejar as correspondentes estratégias preventivas. É importante lembrar que o peso específico dos três subsistemas não será o mesmo em cada momento, nem mesmo a influência de cada um deles em relação aos demais. Essa interação é seguida pelo fator tempo, dando lugar, a cada momento, a distintos resultados (Amarante Silva; Sinnott-Silva, 1997).

Cada um dos componentes e sua funcionalidade mudam em distintos momentos históricos, e também é diferente a relação que se estabelece entre eles. Assim, torna-se imprescindível especificar sempre não somente de que aspecto do uso de drogas estamos falando e em relação a qual outros, mas também a que momento estamo-nos referindo em nossa análise. Dessa forma, durante muito tempo, na maioria das sociedades, o uso de drogas serviu para assinalar funções explícitas, consensuais e conhecidas pela comunidade. Ao percorrermos a história da civilização, encontramos a presença de drogas desde os primórdios da humanidade, inseridas nos mais diversos contextos: social, econômico, medicinal, religioso, climatológico e mesmo militar. O consumo de drogas é, portanto, um fenômeno especificamente humano e cultural. Não há sociedade que não tenha as suas drogas, recorrendo a seu uso para finalidades diferentes, em conformidade com o campo de atividades no qual se insere (Comas, 1985). Embora a prevenção da dependência química seja um assunto de diversas publicações, pretendemos expor nossa experiência de doze anos de trabalho nessa área. Apresentaremos conceitos básicos, princípios, métodos e técnicas utilizados na prevenção pelo Centro Regional de Estudos, Prevenção e Recuperação de Dependentes Químicos da Fundação Universidade Federal do Rio Grande (CENPRE-FURG).

A universidade deve ser uma instituição construída por princípios de democracia, liberdade, fraternidade, justiça, moral, desenvolvimento científico, tecnológico e cultural, ética e ciência para o bem. Deve ser um local onde a ciência, a educação e a cultura se entrelaçam no desenvolvimento da igualdade social, que começa com a educação, é praticada com o apoio da educação e somente prospera com uma boa educação. Essa universidade deve interagir estreitamente com as comunidades local e regional, fazendo-as beneficiárias dos avanços científicos que produz, ao mesmo tempo em que se nutre das informações que obtém nas ações de extensão. Esse preceito pautou a criação do CENPRE e o tornou um programa extensionista, voltado para a região Sul do estado do Rio Grande do Sul, multidisciplinar, em busca da transdisciplinaridade e com base em pesquisa científica em sua área de atuação (Amarante Silva; Sinnott-Silva, 1999).

CONCEITOS

SAÚDE

Para se tratar de prevenção de uma doença é preciso, inicialmente, que se conceitue saúde. Segundo Maurício Pereira (1999), ela não pode ser definida, simplesmente, como "a ausência de doença". As definições mais elaboradas buscam um melhor entendimento do fenômeno, mostrando a complexidade do processo em que, muitas vezes, na prática clínica, as pessoas são examinadas e rotuladas como sadias ou doentes, a partir de julgamento baseado apenas em resultados de exames clínicos e laboratoriais que informam simplesmente a presença ou ausência de anormalidades (Pereira, 1999).

Para a Organização Mundial da Saúde (World Health Organization, 1996), "[...] saúde é um estado completo de bem-estar físico, mental e social, e não meramente ausência de doença".

Segundo o dicionário Aurélio (Ferreira, 1975), "[...] saúde é o estado do indivíduo cujas funções orgânicas, físicas e mentais se acham em situação normal".

Para Dubos (1965), "[...] saúde é o resultado do equilíbrio dinâmico entre o indivíduo e o seu meio ambiente" (*apud* Pereira, 1999).

Todos os conceitos apresentam palavras de difícil definição, como: o que se entende por "bem-estar", por "normal" e por "equilíbrio dinâmico"? Essas dificuldades têm levado a maioria dos especialistas na área a adotar a definição da OMS.

DOENÇA

A doença não pode ser considerada parte de um sistema binário entre ela e a saúde, mas deve ser concebida como um processo no qual o ser humano passa por múltiplas situações que exigem de suas células, dos seus órgãos e de seus sistemas trabalhos de compensações e adaptações sucessivas. Considerando assim a doença, poderemos dividi-la didaticamente em dois períodos (pré-patológico e patológico), e estes em fases.

No período *pré-patológico* ainda não existe a doença propriamente dita; existe, sim, a fase de suscetibilidade, ou seja, condições ou fatores (de risco e de proteção) que favorecem o seu aparecimento. O conhecimento desses fatores permite a adoção de pelo menos duas estratégias de prevenção: primeiro, eliminação do fator de risco ou diminuição de sua intensidade, por exemplo, evitar que filhos de pais alcoolistas tenham contato com bebidas alcoólicas; segundo, aumentar as medidas de proteção, por exemplo, evitar que a pessoa frequente grupos que fazem uso de drogas.

No período *patológico* a doença encontra-se em curso no organismo. Esse período apresenta três fases: pré-clínica, clínica e residual.

I – Fase patológica pré-clínica: a doença ainda está no estágio de ausência de sintomas, embora o organismo já apresente alterações patológicas, como acontece com o dependente que faz uso de determinada droga, e não apresenta sintomas característicos tais como compulsão e outras manifestações. A identificação precoce dessas pessoas, na maioria das vezes, aumenta a probabilidade de êxito quando adotado o tratamento adequado. Essa poderia ser a justificativa para *screening*, rastreamento ou triagem de indivíduos suspeitos de estarem enfermos ou em risco de adoecerem no meio de uma população aparentemente sadia. Daí a conveniência de se conhecer a associação existente entre as características dos indivíduos, do ambiente e das drogas em relação ao aparecimento de dependência. Isso deve constituir uma das grandes preocupações nos trabalhos de pesquisa na área da prevenção.

II – Fase patológica clínica: a doença já se encontra em estágio adiantado. O dependente apresenta diferentes graus de severidade, os quais podem ser avaliados por meio de testes específicos que facilitem o diagnóstico e orientem o prognóstico.

III – Fase patológica residual: é observada se o indivíduo não progrediu até a morte ou se não houve recuperação; as alterações biopsicossociais estabilizam-se sob o efeito da terapêutica, deixando, por vezes, como no caso da dependência, graves sequelas (Pereira, 1999).

Períodos	Fases
Pré-patológica	Suscetibilidade
Patológica	Pré-clínica Clínica Residual

Figura 1. Representação esquemática dos períodos e fases da doença.

Prevenção

A prevenção consiste na utilização de métodos e técnicas para evitar que alguma coisa aconteça. Quando nos perguntam de quem deve ser a responsabilidade da prevenção ao consumo de drogas, não há a menor dúvida em responder: todos, todos nós devemos fazer parte de programas de prevenção. Cada um no seu devido momento e com a competência de que dispõe (Amarante Silva; Sinnott-Silva, 2001). Jamais esquecendo o provérbio "Sapateiro, não vás acima da sandália". Trata-se de uma frase cuja autoria é atribuída ao pintor Apeles e dirigida a um sapateiro que, depois de haver criticado uma sandália de um de seus quadros, pretendeu julgar o resto (Campos, 1979).

Os pais, como educadores naturais, devem praticar a prevenção por meio de suas atitudes, mudanças de paradigmas e diálogos, orientando seus filhos desde a infância para os riscos que correm quando fazem uso inadequado de drogas. Além disso, é importante que expliquem a necessidade de determinadas substâncias para a preservação da vida e o tratamento de doenças e que estimulem a valorização da saúde e a busca de prazeres no esporte, nas relações humanas e no convívio com a natureza (Feris, 1995; Sinnott-Silva *et al.*, 1993).

Os professores, como educadores profissionais, além de sua postura, são responsáveis pelas informações científicas e pelo desenvolvimento de programas de prevenção em suas escolas, envolvendo desde o porteiro até o diretor de sua instituição (Associação Brasileira de Estudos de Álcool e Outras Drogas, 1990).

A mídia não pode ficar de fora; como formadora de opinião, deve transmitir informações corretas na busca do esclarecimento da verdade, evitando o sensacionalismo e suprindo as carências da comunidade. Quantos canais televisivos públicos, privados, por cabo, por satélite, codificados ou não, estão ao dispor do homem? A competição pelos consumos de audiência leva os canais de TV a descerem a níveis inferiores aos de outros meios de comunicação, gerando uma concorrência desleal, imprópria e perniciosa à sociedade. Quanta publicidade e quantas mensagens subliminares são difundidas e recebidas pelas mentes de espectadores mais ou menos atentos ou distraídos, em canais temáticos, dirigidos a alvos bem definidos, ou generalistas? São bem conhecidos alguns exemplos em que a publicidade de bebidas alcoólicas ou de outras substâncias é fundamentalmente feita a partir de mensagem musical ou visual, sem se referir expressamente ao produto em causa. Seguramente, tal método de penetração tem eficácia, ou então não seria utilizado pelos profissionais.

Também é muito negativa a divulgação de testemunhos de figuras "públicas", difundindo a experiência pessoal vivida como agradável, sob efeito de um medicamento ou outra droga qualquer (Amarante Silva; Sinnott-Silva, 1999).

Os políticos legisladores, responsabilizados pelas novas leis ou reforma das existentes, devem atuar de modo a torná-las mais eficientes e objetivas. Por outro lado, o executivo deve estar comprometido com o cumprimento dessas leis pela política repressiva e pela aplicação de políticas preventivas e de saúde.

A sociedade em geral deve ser responsabilizada pelas mudanças de paradigmas que provocam agravos à saúde e por suas consequências diretas e indiretas na obstrução ou nos desvios do projeto de vida de cada um, o que tem facilitado o consumo, principalmente, das drogas lícitas (Amarante Silva; Sinnott-Silva, 1999). A prevenção deve ser multidimensional, adequada a cada momento da relação do indivíduo com a droga e a população a que se destina e, dessa forma, pode ser *primária, secundária ou terciária*, de acordo com o momento da intervenção.

I. A *prevenção primária*, utilizada no período pré-patológico, visa à promoção da saúde e à proteção específica.
II. A *prevenção secundária*, empregada no período patológico, tem o objetivo de estabelecer um tratamento precoce e a limitação de danos, ou seja, diminuir o uso regular de drogas ou seu uso abusivo.
III. A *prevenção terciária*, aplicada no período patológico, visa à reabilitação do dependente.

De acordo com a população a que se destina, a prevenção pode ser *universal*, *seletiva* ou *indicada*.

I. A prevenção é *universal* quando está dirigida a uma população inespecífica.
II. Passa a ser *seletiva* quando dirigida a grupos ou subgrupos especiais.

III. Será *indicada* quando for destinada a indivíduos ou grupos de indivíduos que já experimentaram drogas ou que exibam comportamentos de risco (Slobda; David, 1997).

De acordo com o momento da intervenção	De acordo com a população a que se destina
Primária	Universal
Secundária	Seletiva
Terciária	Indicada

Figura 2. Representação esquemática dos tipos de prevenção.

Programas de prevenção

Os programas de prevenção utilizados no Brasil apresentam pontos comuns, e suas avaliações têm comprovado sua eficácia, servindo, assim, para consolidar suas aplicações por um grande número de "prevencionistas". Os pontos comuns encontrados nesses programas são:

I. motivação ou sensibilização da comunidade;
II. formação de grupos de líderes;
III. capacitação de multiplicadores;
IV. busca do diagnóstico da situação, ou seja, conhecimento da realidade da população;
V. formação de redes de informações e núcleos de referência;
VI. aumento dos fatores de proteção;
VII. diminuição dos fatores de riscos;
VIII. abordagem de todas as formas de uso, abuso ou dependência de drogas, incluindo as lícitas;
IX. adequação do programa à população-alvo de acordo com a faixa etária e os níveis culturais; e

X. avaliação do impacto da intervenção na comunidade (CENPRE, 2000).

Os *fatores de proteção* são considerados iniciativas, atitudes, adoção de normas sociais e relacionamento familiar que reduzam a possibilidade do consumo de drogas. Exemplos de alguns desses fatores são:

I. monitoração familiar eficaz, com regras claras de conduta (envolvimento dos pais na vida dos filhos);
II. desempenho escolar regular;
III. vinculação com grupos de socialização saudável;
IV. adoção de normas sociais convencionais a respeito de drogas (Slobda; David, 1997).

Com relação aos fatores de risco, Slobda e David (1997) consideram que eles podem ser divididos em: ligados à família e ligados à socialização.

Os fatores de risco *ligados à família* podem ser:

I. ambiente doméstico caótico, particularmente quando os pais fazem uso abusivo de substâncias psicoativas ou sofrem de transtornos mentais;
II. monitoração parental ineficiente, especialmente em relação a crianças e jovens com temperamentos difíceis e distúrbios de conduta; e
III. falta de vinculação entre pais e filhos.

Os fatores de risco *ligados à socialização* podem ser:

I. comportamento inapropriado ou agressivo em sala de aula;
II. desempenho escolar baixo;
III. inabilidade social para resistir à oferta de drogas (não saber dizer não);

IV. associação com indivíduos com comprometimento desviante; e

V. tolerância com o consumo de drogas em qualquer ambiente (Monteiro, 2000; Ramos; Bertolote, 1997).

Os programas educativos e preventivos adotados pelo CENPRE seguem uma linha de conduta baseada na bibliografia nacional e internacional, e com base em doze anos de trabalho com a comunidade regional da metade sul do estado do Rio Grande do Sul. Nossos programas preconizam a formação de *redes de multiplicadores* "prevencionistas" qualificados, com o objetivo de atingir, em um curto período de tempo, um grande círculo populacional. Essa metodologia se faz necessária considerando o acelerado avanço do uso indiscriminado de drogas que vem ocorrendo nas últimas décadas. Para atingir esses objetivos, as ações preventivas podem ser organizadas em programas voltados para círculos populacionais com características semelhantes. Assim, temos programas educativos e preventivos para o uso indevido de drogas:

I. para escolas;

II. para empresas; e

III. para grupos especiais de universidades, de crianças e adolescentes em situação de risco, de familiares e de militares (Bucher, 1992).

O CENPRE, para melhor desenvolver suas atividades na área preventiva, organiza seus programas em duas fases.

Primeira fase

A primeira fase é constituída de sete etapas e tem como objetivos o conhecimento da população-alvo e a formação de um núcleo central chamado de Comissão Coordenadora Local (CCL).

1 – A primeira etapa corresponde à tomada de conhecimento da estrutura organizacional do grupo populacional a que se destina o programa, seja ele o da escola, o da empresa ou de grupos especiais, identificando o número de pessoas envolvidas e suas características.

2 – A segunda etapa prevê a montagem de uma pré-proposta de trabalho educativo e preventivo, baseada nos pontos comuns já descritos.

3 – A terceira etapa consta de sensibilização da população-alvo e apresentação da pré-proposta de trabalho aos líderes do grupo ou autoridades constituídas, no caso de municípios, quando o programa se destina às escolas de determinada cidade, ou a diretores de empresas.

4 – A quarta etapa consta de assinatura de termo de compromisso ou convênio que defina claramente o objeto do mesmo, a duração e a competência de cada instituição participante.

5 – Na quinta etapa é realizada a seleção da CCL. Ela terá como atribuições, sob assessoria da Equipe Técnica do Serviço de Prevenção do CENPRE, a construção, a instalação, o acompanhamento e a avaliação do Programa Educativo e Preventivo sobre o Uso Indevido de Drogas para seu grupo populacional. A seleção dos membros da CCL deverá ser realizada por comissão mista constituída por membros da população-alvo e do CENPRE que deverá seguir os seguintes critérios: a) ter disponibilidade de tempo; b) ser autorizado pela chefia; c) ter envolvimento com o tema; d) ter capacidade de comunicação; e) ter habilidade verbal para fornecer informações; f) ter habilidade para lidar com pessoas e grupos; g) ter capacidade de análise e síntese; h) obedecer às normas éticas para divulgação de informações; i) ser discreto.

6 – A sexta etapa consta de nomeação da CCL e de seu presidente pela autoridade da escola, do município, da universidade ou da empresa. Deve ser um ato formal e insubstituível como

forma de compromisso entre seus pares e a autoridade máxima da população-alvo.

7 – Segue-se a sétima etapa, constituída da capacitação da CCL pela Equipe Técnica do CENPRE em curso de, no mínimo, vinte horas. Do curso de capacitação participam também estudantes da universidade selecionados pela Equipe Técnica do Serviço de Prevenção do CENPRE. A participação dos estudantes é importante para criar no futuro profissional o espírito "prevencionista". Esse curso consta de: a) aplicação de pré-teste, com a finalidade de autoavaliação do conhecimento; b) informações em níveis de compreensão, necessidade e realidade; c) conceitos básicos; d) atualização em técnicas de comunicação e expressão; e) constituição de grupos para proposta de trabalho educativo e preventivo continuado a ser desenvolvido na escola ou no município; f) apresentação e discussão da proposta de trabalho pelos grupos.

ETAPAS	ATIVIDADES
Primeira	Conhecimento da realidade organizacional da população-alvo
Segunda	Construção de pré-proposta
Terceira	Sensibilização da população-alvo
Quarta	Assinatura de termo de compromisso
Quinta	Seleção de Comissão Coordenadora Local (CCL)
Sexta	Nomeação da CCL
Sétima	Capacitação da CCL

Figura 3. Representação esquemática das sete etapas da primeira fase do programa de prevenção.

Segunda fase

A segunda fase consta de nove etapas e tem como objetivo principal a formação da *rede de multiplicadores*.

1 - Na primeira etapa dessa fase, são selecionados os multiplicadores da população-alvo. Quando o programa é destinado a uma única escola, uma universidade ou uma empresa, é feita a seleção dos professores, estudantes, técnicos ou empregados que serão novos multiplicadores. Quando se trata de programas para municípios, é feita a seleção das escolas que participarão do projeto. No programa para municípios é firmado um termo de compromisso entre a escola e a CCL. O termo de compromisso deverá definir claramente o objeto, a duração e a competência da escola e da CCL. No caso de escolas isoladas, universidades ou empresas, os grupos de multiplicadores também deverão firmar compromisso com a CCL.

2 - A segunda etapa somente é aplicada quando o programa se destina a municípios, a grupos maiores de escolas ou de universidades, ou a grandes empresas. Trata-se da seleção da Comissão Coordenadora da Entidade (CCE), que terá como atribuições, sob orientação da CCL e da assessoria da Equipe Técnica do Serviço de Prevenção do CENPRE, a construção, a instalação, o acompanhamento e a avaliação do Programa Educativo e Preventivo sobre o Uso Indevido de Drogas. A seleção dos membros dessa comissão deverá ser realizada por comissão mista constituída por membros da CCL e do CENPRE, que deverá seguir os mesmos critérios utilizados para seleção da CCL. A nomeação das CCE's e de seus presidentes deverá ser feita por autoridade competente.

3 - A terceira etapa consta de capacitação dos multiplicadores ou das CCE's e será realizada pela CCL e Equipe Técnica do CENPRE em curso de, no mínimo, quarenta horas. Do curso de capacitação participam, também, estudantes da universidade

selecionados pela Equipe Técnica do Serviço de Prevenção do CENPRE. A participação dos estudantes, como já foi explicada, tem como objetivo o envolvimento do futuro profissional em programas Educativos e Preventivos sobre o Uso de Drogas Psicoativas. O curso constará de: a) aplicação de pré-teste, com finalidade de autoavaliação do conhecimento; informações em níveis de compreensão, necessidade e realidade; b) atualização em farmacologia de drogas psicoativas; c) atualização em técnicas psicopedagógicas; d) atualização em técnicas de comunicação e expressão; e) constituição de grupos para proposta de trabalho educativo e preventivo continuado a ser desenvolvido na população-alvo; f) apresentação e discussão da proposta de trabalho pelos grupos.

4 – A quarta etapa consta de levantamento das necessidades e dificuldades enfrentadas pela população-alvo para o desenvolvimento de um programa de prevenção primária e secundária ao uso indevido de drogas; deverá ser realizada pela CCE ou multiplicadores e CCL com assessoria da Equipe Técnica do Serviço de Prevenção do CENPRE.

5 – Pesquisa sobre o consumo de drogas é a quinta etapa da segunda fase do programa. O objetivo é o diagnóstico da situação da população-alvo, que será realizado pela Equipe Técnica do CENPRE, CCL e CCE ou multiplicadores e constará de: a) montagem e teste do instrumento; b) determinação da amostra; c) impressão do instrumento; d) capacitação e treinamento dos aplicadores; e) coleta de dados; f) análise, sistematização e apresentação dos resultados.

6 – Na sexta etapa será elaborado o programa Educativo e Preventivo sobre o Uso Indevido de Drogas. Ele será elaborado com base nos dados obtidos pelo levantamento e pela pesquisa referidos em etapas anteriores desta fase, pela CCL, CCE e multiplicadores assessorados pela Equipe Técnica do CENPRE. Do programa

deverá constar: uma fase de sensibilização, a formação de novos multiplicadores, a avaliação, a correção de ações e a avaliação do impacto na comunidade.

7 - A próxima etapa, a sétima, consta da implantação dos programas em cada escola, universidade ou empresa e será feita pela CCE ou pelos multiplicadores, com apoio da CCL e da assessoria da Equipe Técnica do Serviço de Prevenção do CENPRE. O ato de implantação deverá ser solene e fazer parte das atividades de sensibilização da comunidade.

8 - A oitava etapa é a da avaliação do multiplicador. Tem como objetivo verificar o crescimento pessoal do multiplicador, com o propósito de aumentar a autoestima, além de tomadas de decisões, controle pessoal e comunicação interpessoal na abordagem em sala de aula e ambiente escolar, ou da empresa, no que se refere a assuntos relacionados com drogas psicoativas.

9 - A nona etapa trata da avaliação do impacto da proposta preventiva no estudante ou no empregado da empresa. Tem como objetivo verificar o crescimento dos conhecimentos relacionados a drogas, prevenção, amizades isentas de drogas e relacionamento interpessoal da população atingida pelo programa.

ETAPAS	ATIVIDADES
Primeira	Seleção dos multiplicadores
Segunda	Seleção da Comissão Coordenadora da Entidade (CCE)*
Terceira	Capacitação dos multiplicadores ou CCEs
Quarta	Levantamento das necessidades da entidade

* *Esta etapa somente é aplicada quando o programa se destina a municípios, ou a grupos maiores de escolas ou de universidades ou a grandes empresas.*

ETAPAS	ATIVIDADES
Quinta	Pesquisa sobre o consumo de drogas na entidade
Sexta	Elaboração do Programa Educativo e Preventivo sobre o Consumo de Drogas Psicoativas
Sétima	Implantação do programa
Oitava	Avaliação do multiplicador
Nona	Avaliação do impacto da proposta preventiva

Figura 4. Representação esquemática das nove etapas da segunda fase do programa de prevenção.

Metas

Este programa é executado em um período de doze a vinte meses, e tem como metas atingir toda a comunidade.

Metas a serem atingidas pela comunidade escolar

Este modelo de programa pretende desenvolver entre os professores, servidores e estudantes das escolas e universidades o espírito preventivo contra o uso indevido de drogas. Dessa forma, estaremos reduzindo: a) os danos causados pelas substâncias psicoativas nas novas gerações; b) o risco de desestruturação familiar causada pela droga; c) os gastos públicos no tratamento de dependentes químicos; d) os danos ao meio ambiente causados pelos dependentes; e) os riscos a que fica exposta a sociedade devido à violência desencadeada pelo usuário de drogas; e f) o tráfico de drogas ilícitas e o comércio ilegal de drogas lícitas, além de que melhoraremos a qualidade de vida da população em geral (Amarante Silva; Sinnott Silva, 1999).

Metas a serem atingidas pela empresa

A expectativa da Equipe Técnica do CENPRE é atingir a todos os funcionários dos mais diversos níveis, áreas e unidades constituintes das empresas, desenvolvendo neles o espírito preventivo contra o uso indevido de drogas. Dessa forma, estaremos reduzindo:

a. os danos causados pelas substâncias psicoativas nos funcionários das empresas;
b. o risco de desestruturação familiar causada pela droga;
c. os gastos provocados pelo tratamento de dependentes químicos ou por demissões;
d. os gastos das empresas no treinamento e capacitação de recursos humanos;
e. os danos ao meio ambiente causados pelos dependentes;
f. os riscos a que fica exposta a sociedade pela violência desencadeada pelo usuário de drogas;
g. o tráfico de drogas ilícitas e o comércio ilegal de drogas lícitas.

E, ainda, melhoraremos a qualidade de vida dos funcionários das empresas e de seus familiares e aumentaremos qualitativamente a produção e o rendimento das empresas (Amarante Silva; Sinnott Silva, 1999).

Dez princípios da prevenção

Não podemos aceitar a ideia de que qualquer pessoa possa tratar de prevenção ao uso indevido de drogas psicoativas sem o devido preparo. Uma intervenção malfeita poderá trazer a uma comunidade mais danos que benefícios. Não concordamos com aqueles que defendem a ideia de que é melhor fazer alguma coisa do que não fazer coisa alguma. O "fazer alguma coisa" por pessoas não habilitadas pode causar danos de difícil recuperação. A invasão de salas de aula, de empresas e até mesmo de famílias para intervenções breves realizadas por dependentes em recuperação, por grupos religiosos, por inescrupulosos que praticam a redução de danos sem as mínimas condições, com palestras, cartazes, *folders* e aconselhamentos, tem demonstrado que tal atitude desperta mais curiosidade e estímulo ao uso de drogas psicotrópicas do que auxilia na redução do consumo. Nós orientamos as entidades, as famílias e a comunidade em geral a procurarem instituições, grupos de reconhecido mérito ou especialistas para auxiliá-los. Entendemos, como educadores, que precisamos prevenir o uso indevido de drogas psicoativas utilizando métodos e técnicas cientificamente adequados a cada situação, para cada tipo de população, para cada indivíduo e para determinado momento.

Doze anos de trabalho na área da prevenção ao uso indevido de drogas psicoativas nos permitiram estabelecer princípios básicos que devem ser seguidos por aqueles que desejarem intervir nessa especialidade:

1 – O processo de prevenção deve ser reflexivo o suficiente para que as pessoas atingidas revisem seus paradigmas com relação ao assunto.

2 – Ele deve ser contínuo para sua consolidação.

3 – Deve ser paciencioso, para não se perder a calma com aqueles que não aceitam mudanças nem as querem discutir.

4 – Consistente o suficiente para demonstrar o embasamento científico de seus princípios.

5 – O processo deve ser provocante, para despertar respostas criativas entre os participantes.

6 – Inovador, para despertar muita curiosidade nas pessoas.

7 – Deve, ainda, ser agradável ou prazeroso, para ser capaz de estimular o Circuito Central de Recompensa do Sistema Nervoso Central das pessoas.

8 – Multidisciplinar, para envolver o maior número possível de áreas do conhecimento.

9 – Também deve buscar a transdisciplinaridade, pela integração interdisciplinar, visando à construção de um sistema que rompa, verdadeiramente, as fronteiras entre as áreas do conhecimento.

10 – Por fim, deve ser específico e envolvente para determinada população para atender às suas necessidades, despertar o espírito de grupo e a solidariedade humana.

É preciso aprender a aprender: "Se eu te ensino, você não aprende; se eu te explico, talvez você aprenda; se eu te envolvo, você aprende" (Confúcio).

O trabalho preventivo deve ser:

1. Reflexivo, para que as pessoas atingidas revisem seus paradigmas.
2. Contínuo, para sua consolidação.
3. Paciencioso, para não perder a calma com aqueles que não aceitam mudanças nem as querem discutir.
4. Consistente, para poder demonstrar embasamento científico.
5. Provocante, para poder despertar respostas criativas nos participantes.
6. Inovador, para despertar curiosidade.
7. Prazeroso, para poder estimular o Circuito Central de Recompensa.

8. Multidisciplinar, para envolver o maior número de áreas do conhecimento.
9. Deve buscar a transdisciplinaridade, rompendo as barreiras entre as diversas áreas do conhecimento.
10. Específico e envolvente, para determinada população, atendendo a suas necessidades e despertando o espírito de grupo e a solidariedade humana.

É muito difícil tratar a dependência de drogas psicotrópicas, mas é muito mais difícil preveni-la em um país como o nosso, que ainda não possui a cultura da prevenção. Podemos prever, porém, a complexidade de tal processo, pois as entidades que se apresentam a nós estão sempre por um fio, entre o "quase temos um problema" e o "não temos problemas, mas...", naquela instantaneidade digna de um grande apostador, em que elas exigem de nós "tudo já". Isto é, elas querem uma solução imediata, quando os especialistas sabem que isso é impossível. Sempre trabalhamos com a perspectiva de que os dez princípios da prevenção que estabelecemos devem ser inicialmente discutidos pelas entidades, para que fiquem cientes da complexidade do problema e das dificuldades que serão enfrentadas na caminhada "prevencionista" de "ardente paciência", o que pode ser iniciado pelo CENPRE se houver acordo entre nós.

Não devemos ignorar que a droga, como outros elementos, acompanha a evolução das culturas. Há períodos em que, em consequência das mudanças de estilo de vida, há cada vez menos espaços para o uso ritualizado, dando lugar ao uso individualizado; hoje já temos até drogas para os internautas. As modificações, o progresso, os recursos a serviço do homem, as novas formas de miséria e de riqueza hão de ter influência decisiva no problema da droga e na forma de compreendê-lo e preveni-lo (Olievenstein, 1997). Não podemos mais permanecer indiferentes diante dessa ameaçadora pandemia.

Referências bibliográficas

AMARANTE SILVA, F.; SINNOTT SILVA, E. *Levantamento sobre o uso de substâncias psicotrópicas em alunos e servidores da Fundação Universidade Federal do Rio Grande*: um modelo que deu certo. Departamento de Ciências Fisiológicas, Projeto Educativo e Preventivo sobre Drogas Psicotrópicas da Fundação Universidade Federal do Rio Grande, Universidade Federal do Rio Grande, Rio Grande, 1997.

______; ______. *Implantação de um Centro Regional de Estudo, Prevenção e Recuperação de Dependentes Químicos da Fundação Universidade Federal do Rio Grande*. Escritório de apoio a projetos da FURG. Projeto nº 48/99. Ministério da Saúde, 1999.

______; ______. *RH Informativo* (Publicação mensal da Pró-Reitoria Administrativa/Superintendência de Administração de Recursos Humanos da Fundação Universidade Federal do Rio Grande), v. 144, n. 4, set. 2001.

ASSOCIAÇÃO BRASILEIRA DE ESTUDOS DE ÁLCOOL E OUTRAS DROGAS. *Programa Valorização da Vida*. Brasília: MEC/FNDE, 1990.

BUCHER, R. *Prevenção ao uso indevido de drogas*. 2. ed. Brasília: Editora Universidade de Brasília, 1991.

______. *Drogas e drogadição no Brasil*. Porto Alegre: Artes Médicas, 1992.

CAMPOS, R. da S. C. *Educação – E; Preventiva – P; Integral – I*: Perspectivas. 2. ed. São Paulo: Argo, 1979.

CENTRO REGIONAL DE ESTUDOS, PREVENÇÃO E RECUPERAÇÃO DE DEPENDENTES QUÍMICOS - CENPRE [*folder* de apresentação]. Rio Grande: EDGRAFURG, 2000.

COMAS, D. *El uso de drogas en la juventud.* Madird: Juventud y Sociedad, 1985.

FERIS, E. S. Projeto educativo e preventivo sobre drogas: a crença na educação e na vida. *A Didática em Revista*, v. 2, n. 2, p. 41-50, 1995.

FERNÁNDEZ, C. *Materiales de formación en prevención de drogodependencias.* Madrid: Ministério de Educacion y Ciencia. Comunidad de Madrid. Ayuntamiento de Madrid, 1995. p. 13-19.

FERREIRA, A. B. de H. *Novo dicionário da Língua Portuguesa.* Rio de Janeiro: Editora Nova Fronteira, 1975.

MONTEIRO, W. *O tratamento psicossocial das dependências.* Belo Horizonte: Novo Milênio, 2000.

NATIONAL INSTITUTE ON DRUG ABUSE. Preventing drug use among children and adolescents: a research-based guide. Maryland: National Institutes of Health, 1997. Disponível em: <www.nida.nih.gov/prevention/prevopen>. Acesso em: 16 set. 2001.

OLIEVENSTEIN, C. *A clínica do toxicômano.* São Paulo: Artmed, 1997.

PEREIRA, M. G. *Epidemiologia*: teoria e prática. 1. ed. Rio de Janeiro: Editora Guanabara Koogan, 1999.

RAMOS, S. de P.; BERTOLOTE, J. M. *Alcoolismo hoje.* 3. ed. Porto Alegre: Artes Médicas, 1997.

SINNOTT SILVA, E. *et al.* A questão das drogas nas escolas. *SOMERIG em Notícias: Órgão informativo da Sociedade de Medicina do Rio Grande*, Rio Grande, v. 2, n. 8, p. 1-2, 1993.

SOLLERO, L. *Farmacodependência.* Rio de Janeiro: Agir, 1979.

WORLD HEALTH ORGANIZATION. *Trends in substance use and associated health problems*. Fact sheet N 127. [S.l.]: World Health Organization, 1996. Disponível em: <www.who.int/inf-fs/en/fact127>. Acesso em: 16 set. 2001.

A família e o abuso de substâncias psicoativas

Helena Centeno Hintz
Silvia Chwartzmann Halpern

O consumo de drogas é um fenômeno especificamente humano, capaz de alterar o pensamento ou de modificar o humor e o comportamento dos indivíduos e que sempre existiu em todas as épocas, em todas as sociedades.

Examinando a questão do uso e abuso de substâncias psicoativas, verificamos que, dentro de uma perspectiva histórico-antropológica, no passado o uso ocorria ligado a rituais e cerimônias religiosas, representando o lúdico e o sagrado. Na sociedade contemporânea, o uso e o abuso se dão devido a um fenômeno complexo que envolve aspectos individuais, familiares e culturais. O marco referencial do aumento do consumo de drogas, principalmente entre os adolescentes, ocorreu na década de 1960, quando o uso passou a ter uma forma representativa de contestação a padrões de comportamento adulto e da sociedade, buscando um modo de viver mais livre e prazeroso.

A socialização que até então era de responsabilidade do grupo familiar, com o desenvolvimento industrial, foi sendo progressivamente delegada a outras instituições, entre as quais a creche e a escola (Bucher *et al.*, 1991). Assim, a família foi perdendo parte de sua função de mediadora e integradora entre o indivíduo e a sociedade, acarretando um distanciamento dos laços primários, fundamentais para o desenvolvimento da identidade. Outro fenômeno observado na sociedade moderna foi o processo de "quimificação da vida", ou seja, a busca de soluções medicamentosas para auxílio na resolução dos problemas cotidianos, com o lançamento permanente e a popularização de novos produtos a serem consumidos, estimulando a automedicação (Illich, 1975).

Acrescenta-se a isso a ideia de fácil consumo surgida na era industrial que, ofertando constantemente novos produtos, passou a vender a mensagem da satisfação imediata, modelo de funcionamento muitas vezes incorporado por famílias que tentam suprir necessidades afetivas de seus membros por meio de bens materiais, de forma rápida e com atitudes permissivas que poderão moldar comportamentos disfuncionais futuros. Aliados a uma mídia atraente e a um acesso cada vez mais facilitado a substâncias lícitas e ilícitas, adolescentes e suas famílias encaram um duro desafio de como se posicionar diante dessa realidade.

Existe um amplo espectro de fatores intervenientes para o desenvolvimento do problema da drogadição. Suas causas estão ligadas a variáveis micro e macrossociais, desde influências de caráter individual até a relação da criança com os pais, do jovem com seu grupo de iguais, com a escola, trabalho, família extensa, sua relação com a comunidade e com a sociedade nas quais está inserido. Todos esses fatores se combinam de forma sinérgica, positiva ou negativamente, definindo um modelo de funcionamento. Segundo Olivenstein (1983), o problema não está em uma determinada substância, mas em seu encontro com o indivíduo numa situação de vida pessoal e em um determinado contexto sociocultural e familiar.

A dependência química dentro da perspectiva sociofamiliar

Durante muito tempo o uso e o abuso de drogas foram vistos como um problema individual, relacionado apenas a fatores intrínsecos ao indivíduo e à personalidade. O entendimento atual é de que as disfunções ocorridas devido ao abuso de substância psicoativa (SPA) nos indivíduos possuem um impacto em sua família e são geralmente estendidas ao grupo com o qual essa pessoa interage, ou seja, à sua rede social (Galanter, 1995; Robbins; Mayorga; Szapocznik, 2003). A dependência química, como tantas outras doenças, emerge sob um contexto social e, dessa forma, em grande parte, é expressa por meio de uma inter-relação complexa entre o indivíduo, sua família e sua rede social. Trata-se, portanto, de uma doença de caráter biopsicossocial cuja incidência, curso, severidade e resposta ao tratamento são influenciados por fatores familiares e ambientais (Stellato-Kabat; Stellato-Kabat; Garret, 1995).

A forma como a família se estrutura constitui-se em fator decisivo na prevenção ou precipitação do consumo excessivo de substâncias psicoativas (O´Farrell; Cowles, 1989; Liddle *et al.*, 2001). O uso e o abuso de drogas de um indivíduo é muitas vezes mais que um sintoma individual, é um sintoma de disfuncionamento familiar, uma reação a conflitos e desequilíbrios na estrutura familiar.

A problemática da droga-dependência difere de outras patologias, uma vez que tanto o paciente como a família, seguidamente, desenvolvem um rígido sistema de negação, como uma tentativa de se defenderem do reconhecimento de seu problema. A negação é considerada um dos maiores sintomas do alcoolismo, e o uso dessa defesa gera um processo, que, frequentemente, se torna um ciclo vicioso, uma vez que afasta a família de um funcionamento mais adequado entre seus membros (Krestan; Bepko, 1995).

É relativamente recente a experiência de envolver as famílias nas abordagens da droga-dependência. O movimento de incluir os membros da família no tratamento deve-se a alguns fatores: 1. A família é o primeiro grupo que diretamente experimenta as consequências dos comportamentos disfuncionais; 2. A família é um grupo de risco, pois ter que lidar com as consequências do problema produz uma variada gama de reações emocionais; 3. Uma intervenção conjunta com todo o grupo familiar oportuniza a discussão de questões do relacionamento intrafamiliar que podem estar mantendo ou precipitando o uso ou abuso de substâncias psicoativas; 4. Pesquisas têm reportado melhores resultados terapêuticos quando a família é envolvida, em especial os cônjuges; 5. Com a inclusão da rede de suporte social, minimiza-se o isolamento vivido pelos pacientes em tratamento; 6. Aumenta a possibilidade de exposição a outras áreas problemáticas que requeiram tratamento, como, por exemplo, problemas de comunicação intrafamiliar, questões relacionais e presença de outros sintomas psiquiátricos em outros membros da família; 7. Abordar o problema da drogadição de forma ampliada favorece os demais membros a expressarem também aspectos positivos em demais áreas de suas vidas, retirando o foco da droga (Collins; Leonard; Searles, 1990).

A família como um sistema

A abordagem familiar sistêmica é um referencial teórico muito utilizado nas intervenções em famílias nas quais exista um ou mais membros abusadores de álcool ou outras drogas (Haley, 1963; Stanton; Duncan; Todd, 1982; Asen, 1996; Santisteban,

2006). A perspectiva sistêmica (Steinglass *et al.*, 1987) evidencia que a família deve ser vista como uma unidade organizacional ou um sistema em que os membros se relacionam e interagem de forma recíproca. Dessa forma, a terapia familiar sistêmica, nesse campo, focaliza suas intervenções nas interações familiares específicas que impedem um desempenho adequado de papéis e funções nas diversas etapas do ciclo de vida da família, utilizando técnicas que promovam mudanças no funcionamento do grupo familiar. Steinglass *et al.* (1987) acrescenta que as famílias buscam estabelecer e manter um senso de equilíbrio, mas que nem sempre esse equilíbrio pode ser indicativo de interações saudáveis dentro da família. Os diferentes membros de uma família interagem estabelecendo com suas atitudes uma cadeia de ação e reação entre eles, e o uso excessivo de drogas necessariamente causará um tipo de repercussão no sistema familiar como um todo, e não somente para o abusador de drogas.

Outra característica de funcionamento típico das famílias diz respeito aos limites no relacionamento entre os próprios membros, podendo ser tanto rígidos como altamente permeáveis, no que diz respeito ao mundo externo. Limites muito rígidos criam um senso de isolamento, enquanto os altamente permeáveis interferem com a coesão familiar, tornando-a emaranhada. As famílias com membros abusadores de drogas tendem a manter limites muito rígidos com o mundo externo e, dessa forma, mantêm-se muito isoladas. Consequentemente, ocorre uma demora na procura por recursos para ajuda e tratamentos adequados. As famílias nas quais a troca tornou-se um problema tendem a apresentar sentimentos de confusão, culpa, vergonha e raiva que necessitam ser confrontados e expressados para um melhor funcionamento familiar (Seixas; Youcha, 1986).

A existência de segredos em outros diferentes temas familiares pode contribuir para criar um ambiente de desconfiança ou até mesmo de mentira no âmbito familiar, contribuindo para a busca de soluções que também encerrem um segredo e, de forma semelhante, uma solução ilusória. Muitas vezes encontramos famílias em que o uso de drogas ou álcool por algum de seus membros é mantido em segredo. Isso também dificulta a procura por ajuda terapêutica tanto pela família como pelo usuário. Porém, se procuram essa ajuda, a questão da drogadição ser uma espécie de segredo familiar impede que o terapeuta possa estabelecer o processo terapêutico adequado desde o início, pois o que passa a ser trabalhado é a possibilidade de tornar claro o uso do álcool ou de outras drogas. Devido a isso, seguidamente, o tratamento fica mais restrito ao paciente individual e à família nuclear. Torna-se difícil recorrer à terapia de rede, que é a busca por um apoio maior, pois não cabe ao terapeuta explicitar o segredo, e sim à família responsabilizar-se por isso.

Esse tema permite-nos pensar em dois níveis de segredo. Um deles refere-se à existência prévia de um segredo familiar, com uma grande dificuldade de manejo por parte da família. Essa dificuldade pode favorecer o aparecimento do abuso de substâncias psicoativas. Por exemplo, pode ocorrer que o filho se torne um adicto como proteção ao relacionamento conflituoso dos pais, atraindo para ele próprio o conflito e a dor do relacionamento conjugal. Assim, o filho protege o segredo dos pais, não permitindo que venha à tona. Presta-se para distrair os conflitos encobertos, porém os pais podem entender a adição como uma traição à confiança deles. O outro nível é manter em segredo o próprio uso abusivo do álcool e das drogas (Krestan; Bepko, 1994).

É nessa visão relacional que a abordagem da droga-dependência tem sido preconizada para o modelo de sistemas familiares. A postura do profissional nesse modelo é descrita como a de clínico-pesquisador que: 1. Identifica como o abuso de substâncias psicoativas participa da vida familiar; 2. Avalia, com cada membro do grupo, crenças a respeito do papel da droga em suas vidas; e 3. Identifica os recursos potenciais que podem ser utilizados construtivamente para um melhor encaminhamento do problema (Steinglass, 2009).

As consequências do abuso de substâncias psicoativas nas famílias, o grau de dificuldades que elas apresentam, os meios que utilizam para lidar com o problema e possíveis soluções são conceitos que variam de acordo com cada núcleo familiar.

Entretanto, não é só quando o problema já está instalado que profissionais e familiares devem constituir uma parceria para trabalhar contra o uso indevido de substâncias psicoativas. A busca por estratégias para a prevenção do abuso de drogas é de responsabilidade de todos os segmentos da sociedade, porém é dentro do grupo familiar saudável que podemos encontrar fatores mais significativos de proteção para a prevenção.

O PAPEL DA FAMÍLIA NA PREVENÇÃO DAS DEPENDÊNCIAS QUÍMICAS

Considerando-se que a etiologia da dependência química é multicausal e que a maior parte dos dependentes químicos mantém vínculos familiares, torna-se necessário associar a prevenção ao uso de drogas com o contexto familiar, sendo fundamental que a família participe ativa e funcionalmente nesse processo, tornando-se competente em buscar recursos para efetivar a prevenção.

A família, seja qual for sua configuração particular, é a base nutricional afetiva para o ser humano. Nos núcleos familiares nos quais as relações entre pais e filhos se caracterizam por laços afetivos saudáveis, percebe-se a existência de uma menor discrepância entre o ideal que os pais esperam de seus filhos e como os filhos são na realidade, permitindo, dessa forma, que os filhos sejam percebidos como filhos amados (Stanton; Duncan; Todd,

1982; Stanton, 1985). Entretanto, o amor por si só não é suficiente, devendo manifestar-se em sintonia com outras atitudes que gerem nos filhos a certeza de que os pais estão seguros de seu papel como formadores na família.

Uma atitude relevante de amor é a capacidade dos pais de dizer *sim* e *não* de forma equilibrada e consistente, não permitindo a sua falta ou o seu exagero na formação do filho. Saber limitar ou frustrar adequadamente é uma habilidade que deve ser trabalhada pelos pais (Kalina *et al.*, 1999). O jovem que foi educado com excessos de *sim* tem dificuldade em desenvolver defesas internas para também dizer *não* e, consequentemente, pode ceder mais facilmente à oferta do prazer proporcionado pela droga. É de extrema importância o indivíduo desenvolver habilidades de limitação tanto para si mesmo como em relação ao outro. Há indícios de menor uso de drogas em famílias nas quais a autoridade é compartilhada por ambos os pais dentro de um funcionamento familiar democrático (Stanton; Duncan; Todd, 1982; Stanton, 1985), com respeito à pessoa e à hierarquia exercida, havendo uma definição clara nas funções dos subsistemas parental e fraterno. Percebe-se, nesses sistemas familiares, uma melhor comunicação e um forte sentido de coesão. Há uma ênfase especial sobre a educação, menos permissividade a respeito da liberdade dos filhos, com capacidade para planejarem e divertirem-se unidos.

Frequentemente, o jovem, ao atingir a adolescência, não mais aceita passivamente tudo o que os pais dizem. Ele contesta e quer ter participação ativa, escolhendo como uma das fontes de conhecimento aquilo que ouve dos amigos. Os pais, nessa fase, devem manter diálogos nos quais, além dos conteúdos informativos, possam reforçar ao filho os valores pessoais que acreditam que devam ser respeitados, procurando, assim, fortalecer a estrutura interna e os próprios valores do adolescente. Dessa forma, o adolescente pode tornar-se capaz de enfrentar a pressão muito comum e intimidadora do grupo de amigos e evitar o abuso de drogas.

Como medida de prevenção ao abuso de drogas, é essencial que o jovem possua autoestima adequada (Kalina *et al.*, 2001), desenvolvida por meio do amor recebido dos pais, que lhe transmitem reconhecimento por suas aptidões, habilidades e desempenhos. O filho que se sente querido pelos pais e tem a percepção de que eles acreditam e investem nele desenvolve um senso de responsabilidade com relação à própria vida, capaz de optar e realizar suas próprias atividades.

Durante o processo de individuação, as condutas ambivalentes dos pais entre promover a independência do filho e mantê-lo próximo por meio de condutas geradoras de dependência disfuncional poderão conduzi-lo a uma pseudoindividuação: o indivíduo fica preso à família por uma lealdade destrutiva. Essa situação pode gerar no filho a tendência a conquistar uma pseudoindependência por meio dos benefícios ilusórios da droga (Stanton; Duncan; Todd, 1982; Stanton, 1985; De Conto, 1994). O equilíbrio nas funções paterna e materna e a presença atuante de ambos no exercício dessas funções capacitam o filho a conquistar durante o seu desenvolvimento biopsicossocial uma independência adequada e real.

É fundamental que os pais evitem dar mensagens duplas e se contradigam tanto sobre assuntos referentes ao uso de drogas como outros pertinentes à educação de seus filhos, uma vez que tais atitudes geram um enfraquecimento de sua autoridade. A consequência disso pode ser um forte questionamento da autoridade paterna e uma inversão nos papéis de pais e filhos, ultrapassando, inclusive, os limites das fronteiras familiares.

Uma família na qual, em suas gerações anteriores, alguém revelou fazer uso de algum tipo de droga deve ter um cuidado muito especial ao instituir novos rituais ou estabelecer a repetição daqueles já conhecidos para que não se instale algum tipo de dependência a drogas, especialmente o álcool, evitando mensagens de permissividade e oferta de substâncias psicoativas (Steinglass *et al.*, 1987). Da mesma forma, pais que possuem condutas aditivas e que usam abusivamente de drogas lícitas ou ilícitas e possuem outros distúrbios compulsivos, como de trabalho, alimentar ou de jogo, podem passar modelos disfuncionais a seus filhos.

Essas condutas são modelos em que não há um controle ou limite e induzem o desenvolvimento de um ambiente que possibilita o uso abusivo de drogas. Portanto, são padrões que devem ser reconsiderados e evitados (Kalina, 1988).

Devido às exigências do mundo atual, ambos os pais, quer por necessidade, quer por satisfação profissional, veem-se compelidos a enfrentar várias horas de trabalho fora de casa. As crianças sentem-se sós e buscam outras companhias na rua ou passam a assistir a TV por várias horas, concretizando o tão perigoso processo de banalização do uso de drogas. Por meio da mídia, cenas de violência aliadas ao uso de drogas penetram nos lares e tornam comuns temas de tão densa gravidade (Kalina *et al.*, 2001). Nas ruas, as crianças poderão ser introduzidas por pares de iguais nesses mesmos temas, sem que os pais tenham poder suficiente para impedir. Faz-se necessário exercer, até onde for possível, uma censura criteriosa junto ao filho referente aos programas de TV, assim como aos amigos da rua.

Após as reflexões traçadas, evidencia-se que é a família que se pode fazer responsável por uma prevenção contínua e evolutiva por meio de vínculos familiares fortes e seguros. É nela que o ser humano vive suas primeiras relações afetivas, aprende a confiar, a expressar-se, a amar e a ser amado. É nela que deposita suas angústias e ansiedades, buscando o amparo para seus momentos de dor.

A prevenção ao uso e abuso de substâncias psicoativas merece a atenção e o envolvimento de inúmeros segmentos da sociedade. Somente com a participação da comunidade, escola e família é que medidas efetivas poderão ser colocadas em prática para que programas e projetos tenham sucesso. A inserção da família nesses programas pode ocorrer em diferentes formatos, devendo ter um caráter psicoeducativo e motivacional integrado ao seu local de origem e dirigido às suas necessidades.

Considerações finais

A compreensão do fenômeno das drogas, na sociedade contemporânea, não será efetiva se considerarmos o indivíduo e seu ambiente como entidades separadas. Ao contrário, é necessário enfocar as complexas interações em todos os níveis do sistema social. Atualmente, tanto jovens como adultos fazem uso excessivo de substâncias psicoativas, que funcionam como um "amortecedor" entre o indivíduo e o ambiente ou como um recurso que possibilita "fugir" do desconforto existencial. Ter um olhar para esse indivíduo e vê-lo fazendo parte de um sistema maior composto de partes que interagem e que modificam funcionamentos e comportamentos é fundamental nas diferentes abordagens nessa área.

A inclusão de outros componentes das relações que têm em vida dos indivíduos poderá possibilitar uma maior capacidade adaptativa, otimização de suas relações com o meio ambiente e a potencialização de recursos para uma melhor qualidade de vida e diminuição de exposição a situações de riscos. Pesquisas têm demonstrado benefícios quando profissionais incluem em suas abordagens outros componentes das relações de vida de seus pacientes, ou seja, a rede social (Steinglass, 2009; Kalina, 1988; Mandell, 1994).

Trabalhar com famílias que possuem o problema da droga-dependência em suas vidas é um desafio para qualquer profissional. A complexidade da trama relacional que envolve as inter-relações dessas famílias exige uma disponibilidade incomum do profissional de observar, identificar e intervir nas demandas que se apresentam à sua frente. Abordagens compreensivas, multidisciplinares, psicopedagógicas, identificando potencialidades nas famílias, são fundamentais para buscar os núcleos saudáveis que possibilitarão uma melhor qualidade de vida e a dignificação do ser humano em seu contexto social.

Referências bibliográficas

ASEN, K. Avanços na terapia de família e de casais. In: EDWARDS, G.; DARE, C. *Psicoterapia e tratamento de adições*. Porto Alegre: Artmed, 1996. p. 102-113.

BUCHER, R. *et al.* (Orgs.). *Prevenção ao uso indevido de drogas*. 2. ed. Brasília: UNB, Programa de Educação Continuada, 1991. v. I-II.

COLLINS, L. R.; LEONARD, K.; SEARLES, J. S. *Alcohol and the family*: research and clinical perspectives. New York: The Guilford Press, 1990. p. 285-308.

DE CONTO, D. A. *Algumas características de famílias com dependências químicas*. Conferência apresentada no I Congresso Brasileiro de Terapia Familiar. São Paulo, jul. 1994.

GALANTER, M. Network therapy. In: WASHTON, A. *Psychoterapy and substance abuse*. New York: The Guilford Press, 1995.

HALEY, J. *Strategies of psychotherapy*. New York: Grune and Stratton, 1963.

ILLICH, I. *A expropriação da saúde*. Rio de Janeiro: Nova Fronteira, 1975.

KALINA, E. *Drogadição II*. Rio de Janeiro: Francisco Alves, 1988.

KALINA, E. *et al. Drogadição hoje*. Porto Alegre: Artes Médicas Sul, 1999.

______ *et al. Clínica e terapêutica de adições*. Porto Alegre: Artmed, 2001.

KRESTAN, J.; BEPKO, C. Mentiras, segredos e silêncio: os múltiplos níveis da negação em famílias aditivas. In: IMBER-BLACK, E. *Segredos na família e na terapia familiar*. Porto Alegre: Artes Médicas, 1994. p. 147-165.

______; ______. Problemas de alcoolismo e o ciclo de vida familiar. In: CARTER, B.; MCGOLDRICK, M. *As mudanças no ciclo de vida familiar*: uma estrutura para a terapia de família. 2. ed. Porto Alegre: Artmed, 1995. p. 415-434.

LATKIN, C. *et al.* Personal network characteristics as antecedents to needle-sharing and shooting gallery attendance. *Social Networks*, v. 17, p. 219-228, 1995.

LIDDLE, H. A. *et al.* Multidimensional family therapy for adolescent drug abuse: results of a randomized clinical trial. *American Journal of Drug and Alcohol Abuse*, v. 27, n. 4, p. 651-688, 2001.

MANDELL, W. *et al.* Correlates of needle sharing among intravenous drug users. *American Journal of Public Health*, v. 84, p. 920-923, 1994.

O´FARRELL, J. T.; COWLES, S. K. Marital and family therapy. In: HESTER, R. K.; MILLER, W. R. (Eds.). *Handbook of alcoholism treatment approaches effective alternatives*. New York: Pergamon Press, 1989.

OLIVENSTEIN, C. *A vida do toxicômano*. Rio de Janeiro: Zahar, 1983.

ROBBINS, M.; MAYORGA, B. A.; SZAPOCZNIK, J. The ecosystemic "lens" to understanding family functioning. In: SEXTON, T. L.; WEEKS, G. R.; ROBBINS, M. S. *Handbook of family therapy*. London: Robbins Brunner-Routledge, 2003.

SANTISTEBAN, D. A. *et al.* Brief strategic family therapy: lessons learned in efficacy research and challenges to blending research and practice. *Family Process*, v. 45, n. 2, p. 259-271, 2006.

SEIXAS, J.; YOUCHA, G. *Children of alcoholism*: a survivor´s manual. New York: Perennial Library, 1986.

STANTON, M. D. La drogadicción y la familia. In: ANDOLFI, A.; ZWERLING, I. (Comps.). *Dimensiones de la terapia familiar*. Barcelona: Paidós, 1985. p. 49-69.

STANTON, M.; DUNCAN, T.; TODD, C. *The family therapy of drug abuse and addiction*. New York: The Guilford Press, 1982.

STEINGLASS, P. Systemic-motivational therapy for substance abuse disorders: an integrative model. *Journal of Family Therapy*, v. 31, n. 2, 2009. p. 155-174.

STEINGLASS, P. *et al. The alcoholic family*: drinking problems in a family context. New York: Basic Books, 1987.

STELLATO-KABAT, D.; STELLATO-KABAT, J.; GARRET, J. Treating chemical dependent couples and families. In: WASHTON, A. M. Psychotherapy and substance abuse: a practioners guide. New York: The Guilford Press, 1995.

3

Avaliação nas Dependências Químicas

Avaliação psiquiátrica

Maria da Graça Tanori de Castro

A avaliação psiquiátrica tem como objetivo o estabelecimento do diagnóstico, dos riscos, encaminhamentos e abordagem terapêutica adequados, bem como o início do vínculo com o paciente, o que pode ser determinante para a continuidade do tratamento. Uma das particularidades da avaliação psiquiátrica de pacientes dependentes químicos é o fato de o paciente reconhecer suas dificuldades com o uso da substância. É possível, nesse caso, que eles não informem o uso da droga espontaneamente, devendo ser questionados pelo entrevistador. Não é producente o paciente sentir-se "agredido" por confrontações contra as quais tomaria uma atitude de defesa. A entrevista deve desenvolver-se com um caráter exploratório do relacionamento do paciente com as substâncias e suas repercussões em sua vida. Sempre que possível, é útil obter também informações do acompanhante (familiar, amigo).

A avaliação psiquiátrica deve constar de:

1. Avaliação do risco: o paciente oferece risco (de suicídio, autoagressão, prejuízo severo da crítica) para si mesmo ou para terceiros? Se há riscos, a entrevista deve ser realizada com a presença

de outras pessoas, se necessário. Em casos de agitação intensa, é necessário medicar o paciente antes, o que prejudica a entrevista, que deve, então, ser realizada com o acompanhante do paciente.

2. História do paciente.

Esse item deverá integrar:

a) Dados de identificação.

b) Queixa principal: o que motivou a consulta.

c) História da doença atual: compreende a história do uso de uma ou mais substâncias, conhecimento dos possíveis fatores que possam ter colaborado para o início e a evolução do uso; desenvolvimento da tolerância; tempo do último uso; via de administração da substância; preferência de ambiente para o uso em grupo ou individualmente; expectativa antes de usar; efeito desejado com a substância; maior período de abstinência; complicações durante as intoxicações (transtorno psicótico, crise de ansiedade, agitação psicomotora) ou abstinências (história de *delirium* por abstinência de álcool, convulsões); e complicações físicas possivelmente decorrentes do uso da substância (Edwards; Marshall; Cook, 1999; Edwards; Dare, 1997; Woitowitz, 1997). As complicações do uso no desempenho ocupacional, social, conjugal, escolar, familiar ou legal e acidentes e comportamento violento também devem ser investigados.

A história dos tratamentos anteriores e as expectativas acerca da dependência devem ser consideradas, assim como a rede de apoio social e a atividade profissional. Em pacientes com uso de múltiplas drogas, deve ser avaliada a cronologia do uso. É importante a investigação das comorbidades psiquiátricas, presentes em 76% dos homens e em 65% das mulheres com diagnóstico de abuso ou dependência (Schuckit, 1991), bem como de fatores estressores, possíveis desencadeantes, e das condições físicas do paciente. Testes psicométricos e toxicológicos são recursos disponíveis.

d) História pregressa: este item da avaliação tem por objetivo estabelecer em que "ambiente" a dependência se instalou. É importante investigar dados relevantes do parto, desenvolvimento neuropsicomotor e escolaridade (desempenho acadêmico e relacionamentos com colegas, professores, expulsões). Também são informações importantes as que se relacionam a namoros, vida conjugal, relacionamento com filhos, família de origem, colegas do trabalho e amigos, além de informações quanto a tentativas de suicídio no passado, antecedentes de doenças físicas relevantes e traumatismos, lazer e formação cultural e religiosa.

e) História familiar: esse aspecto diz respeito à investigação da história familiar de dependência química, suicídio e outras doenças psiquiátricas. Também inclui o conhecimento da aceitação ou rejeição cultural familiar quanto ao uso de substâncias psicoativas.

f) Exame do estado mental: o exame do estado mental não difere daquele realizado em outros quadros psiquiátricos. As alterações variam conforme a substância, o período de abstinência, intoxicação, transtorno psicótico, amnéstico e comorbidades, entre outros fatores. A seguir, são explicitadas algumas das alterações observadas na avaliação do estado mental em pacientes com diagnóstico de dependência de substâncias (Kaplan; Sadock, 1999; Strauss, 1999; Taborda, 1996).

Aparência: tremores (abstinência de álcool); rubor facial; marcas de punções (uso endovenoso); escoriações (possíveis quedas ou traumatismos em intoxicações ou convulsões).

Atenção: hipovigilância, hipervigilância (intoxicação por estimulantes).

Afeto: embotamento, incongruência com o humor.

Humor: depressivo, ansioso, instável.

Sensopercepção: alucinações auditivas (transtorno psicótico induzido por álcool); alucinações visuais (comum no *delirium* por abstinência de álcool); táteis (intoxicação por cocaína); alucinações hipnagógicas, hipnopômpicas; ilusões; despersonalização; desrealização; *flashback* (alucinógenos).

Memória: confabulação, *blackout*.

Orientação: desorientação nos quadros de *delirium*.

Pensamento: mágico, com fuga de ideias, delirante (transtorno delirante induzido por substância), ideias obsessivas.

Consciência: obnubilação, sonolência, estupor, coma (alterado nas intoxicações ou abstinências).

Linguagem: taquilalia, bradilalia, fala pastosa (intoxicação por álcool), loquacidade (intoxicação por estimulantes), trocadilhos, salada de palavras, neologismos.

Julgamento: prejudicado nas intoxicações, *delirium*, transtorno psicótico induzido por substância.

Comportamento: hiperatividade, estereotipias (intoxicação por estimulantes), lentificação psicomotora, maneirismos, tiques, ataxia (intoxicação por álcool), impulsividade (nas intoxicações e no transtorno psicótico induzido por substância).

Essas e outras alterações podem ocorrer no exame de pacientes usuários de drogas. Podem ser usadas escalas para a avaliação, por exemplo, a Fargeström para o tabagismo, ou a *Short Alcohol Dependence Data* (SADD) (Luz, 1996) para avaliar a gravidade da dependência de álcool. Essas são algumas diretrizes, e cada entrevistador deve desenvolver um estilo pessoal de abordagem, dentro do qual se sinta confortável e apto a explorar com o paciente o uso de substâncias.

Referências bibliográficas

EDWARDS, G.; DARE, C. *Psicoterapia e tratamento de adições*. Porto Alegre: Artes Médicas, 1997.

EDWARDS, G.; MARSHALL, E. J.; COOK, C. *O tratamento do alcoolismo*: um guia para profissionais da Saúde. 3. ed. Porto Alegre: Artes Médicas, 1999.

KAPLAN, H.; SADOCK, B. Sinais e sintomas típicos de doença psiquiátrica. In: KAPLAN, H.; SADOCK, B.; GREBB, J. (Eds.). *Tratado de Psiquiatria*. 6. ed. Porto Alegre: Artes Médicas, 1999. p. 584-592.

LUZ, E. Álcool: uso nocivo e dependência. In: TABORDA, J. G. V.; PRADO-LIMA, P.; BUSNELLO, E. D. (Eds.). *Rotinas em psiquiatria*. Porto Alegre: Artes Médicas, 1996. p. 83-99.

SCHUCKIT, M. *Abuso de álcool e drogas*. Porto Alegre: Artes Médicas, 1991.

STRAUSS, G. D. A entrevista psiquiátrica, a história psiquiátrica e o exame do estado mental. In: KAPLAN, H.; SADOCK, B.; GREBB, J.; (Eds.). *Tratado de Psiquiatria*. 6. ed. Porto Alegre: Artes Médicas, 1999. p. 570-580.

TABORDA, J. G. Exame psiquiátrico. In: TABORDA, J. G. V.; PRADO-LIMA, P.; BUSNELLO, E. D. (Eds.). *Rotinas em psiquiatria*. Porto Alegre: Artes Médicas, 1996. p. 11-23.

WOITOWITZ, A. B. A abordagem do alcoolista. In: RAMOS, S.; BERTOLOTE, J. M. (Eds.). *Alcoolismo hoje*. 3. ed. Porto Alegre: Artes Médicas, 1997. p. 141-147.

Avaliação clínica

Irma Rossa

História clínica

Reforçando o que provavelmente é do conhecimento de todos, o uso concomitante de álcool e outras drogas é evento comum. Também o advento da epidemia de AIDS, no início da década de 1980, contribuiu para o significativo aumento das complicações clínicas (Stein, 1999). O risco de alcoolistas morrerem devido a cirrose, acidentes de carro, suicídio, homicídio, doenças malignas e doenças hemorrágicas cerebrovasculares tem sido demonstrado em estudos populacionais. O uso de álcool e outras drogas, por si só, faz com que a pessoa tenha menos cuidado pessoal e se exponha a mais riscos. Não é surpresa, portanto, que esses pacientes morram em eventos relacionados a drogas ou violência. Assim, a coleta da história clínica, além de obter os dados referentes à frequência do uso, à quantidade de bebida, ao tempo de consumo da substância e a complicações relacionadas ao uso, deve obter também informações sobre as condições de vida do paciente, tais como uso de preservativo, atenção a exames preventivos, situação sociolaboral, situação marital e situação legal (Schuckit, 1998). Tais dados serão usados para delinear estratégias do tratamento. Por exemplo, um paciente que mora só e tem risco de desenvolver síndrome de abstinência, de moderada a severa, tem indicação de hospitalização.

A história médica pregressa fornecerá dados relevantes quanto a doenças prévias e medicação em uso, algumas das quais poderão causar interações medicamentosas ou contraindicar algum fármaco, por exemplo, o uso de betabloqueadores em paciente asmático (Hobbs; Rall; Verdoorn, 1995). O consumo de bebida alcoólica ou a duração de seu uso tem relação direta com os problemas clínicos, e os efeitos do álcool são mais evidentes nas mulheres. As complicações clínicas acometem o indivíduo como um todo, literalmente da cabeça aos pés, o que obriga a uma completa revisão de sistemas. A lista dos sinais e sintomas apresentada no Quadro 1 dá uma ideia da magnitude do alcance do álcool no organismo. Felizmente, a maioria deles desaparece ou ameniza-se com a abstinência.

A observação mostra que as queixas mais frequentes dos alcoolistas estão relacionadas ao trato gastrointestinal (Schuckit, 1998). O álcool provoca uma lentidão no esvaziamento gástrico, aumenta as secreções digestivas e agride a mucosa. Mesmo bebedores "leves" estão sujeitos a essas ações, o que aumenta o risco de gastrite e ulcerações. Mas os bebedores "pesados" e de longa data têm, além disso, risco de desenvolverem pancreatite aguda e crônica (Stein, 1999; Schuckit, 1998). Náuseas e vômitos, especialmente matinais, são característicos da síndrome de abstinência do álcool, e, rapidamente, os pacientes aprendem a obter alívio com a ingestão de bebida alcoólica. Quando não o fazem, os vômitos podem ser de tal monta que é possível levarem à ruptura de varizes de esôfago. A diarreia pode ser secundária ao aumento da motilidade do intestino delgado, à diminuição de absorção de água e eletrólitos ou à exacerbação da deficiência de lactase. A dor abdominal pode ser causada por doença hepática que, mesmo em bebedores leves, pode estar presente em graus variáveis, desde a esteatose, achado mais comum nas biópsias hepáticas, até a hepatites, colestase e cirrose. O diagnóstico do grau de comprometimento hepático é importante porque a esteatose e a hepatite são reversíveis, mas a cirrose, não. As complicações digestivas associadas à alimentação inadequada são responsáveis pela perda de peso (Stein, 1999; Schuckit, 1998).

Também relacionadas às carências nutricionais, especialmente às de vitamina do complexo B, estão as queixas de fraqueza muscular e tremores. As mialgias são secundárias à destruição de massa muscular, a mesma que ocorre no músculo cardíaco, levando à miocardiopatia. É comum a controvérsia a respeito dos benefícios do álcool para a doença cardíaca coronariana. Estudos mais recentes comprovam que não há diferença nos benefícios, na redução de níveis de colesterol, obtidos por aqueles que tomam vinho ou que bebem suco de uva. Sabidamente, o uso de álcool está relacionado à hipertensão, acidente vascular cerebral, insuficiência cardíaca e morte súbita, mesmo naqueles bebedores que não tinham doença cardíaca prévia. As arritmias cardíacas, frequentemente atriais, podem ocorrer durante a intoxicação, na síndrome de abstinência e mesmo em bebedores moderados sem cardiomiopatia prévia. A hipertensão pode ser a causa dos Eventos Vasculares Encefálicos (EVE).

Quadro 1. Sinais e sintomas mais frequentes em pacientes alcoolistas

Náusea	Mialgia	Tontura
Vômitos	Fraqueza muscular	Confusão
Anorexia	Cãibras	Dor de cabeça
Diarreia	Tremores	Distúrbio do sono
Dor abdominal	Perda de equilíbrio	Perda da libido
Flatulência	Dificuldade na marcha	Problemas no desempenho sexual
Perda de peso	Dormências	

Como há frequente associação entre alcoolismo e tabagismo, a revisão do sistema respiratório deve ser enfatizada. O álcool altera o sistema imunológico, sendo frequente a associação entre alcoolismo e tuberculose. Pneumonias de aspiração e doença pulmonar obstrutiva crônica devem ser avaliadas. Essa associação é cocarcinogênica e os cânceres de cabeça e pescoço são mais prevalentes em alcoolistas fumantes (Stein, 1999).

O sistema nervoso não só é afetado pelo álcool, é devastado. Todos os níveis são afetados, seja pela ação tóxica direta, seja por fatores nutricionais e genéticos (Diamond, 1998). Os achados neurológicos diferem conforme as condições do paciente. Pacientes com intoxicação alcoólica apresentam inicialmente comprometimento das funções vestibulares e cerebelares, com tontura e desequilíbrio, mas a continuação da ingestão evolui até o coma e a morte (Hobbs; Rall; Verdoorn, 1995). Ao avaliarmos um paciente em coma, há que se fazer o diagnóstico diferencial entre intoxicação por outras drogas, traumatismo cranioencefálico, hipoglicemia, meningite e cetoacidose.

O paciente em síndrome de abstinência poderá ter comprometimento leve, moderado ou grave, conforme CIWA-r (ver capítulo "Tratamento da síndrome de abstinência do álcool", do presente livro). Paciente com desorientação profunda após sete a dez dias da síndrome de abstinência pode ter desenvolvido a encefalopatia de Wernicke, que é secundária ao déficit de tiamina e classicamente está descrita como uma síndrome composta por oftalmoplegia (nistagmo lateral ou paralisia do reto lateral), ataxia e confusão. A reposição de vitamina leva à recuperação em horas do quadro oftálmico e da ataxia e, em dias, da desorientação. O não tratamento pode levar à deterioração da memória anterógrada e retrógada, caracterizando a Síndrome de Korsakoff.

O comprometimento do sistema cognitivo pode não desaparecer mesmo com a abstinência, e não se relaciona com o tempo e padrão de consumo; sua causa ainda é desconhecida. A deterioração intelectual tem início insidioso e pode ser difícil de avaliar, diferentemente do sistema nervoso periférico, que pode ser percebido na marcha do paciente. O comprometimento mais comum é a polineuropatia, causada pela deficiência de tiamina e outras vitaminas; ela é gradual, simétrica e distal. A abstinência e a reposição de vitaminas produzem melhora do quadro (Schuckit, 1998; Diamond, 1998).

EXAME FÍSICO

A observação atenta do paciente fornece dados, desde o aperto de mão, com a comprovação da sudorese, até a observação da marcha atáxica e das fáscias. A lista do Quadro 2 apresenta os achados mais frequentes no exame físico do paciente.

Quadro 2. Achados frequentes no exame físico do alcoolista

Calvície	Fígado palpável, aumentado de volume
Hiperemia de face	Bordos rombos, irregulares, dolorosos
Aumento de parótidas	Baço palpável
Hiperemia de conjuntivas	Dor à palpação das panturrilhas
Nistagmo	Alteração na marcha
Edema palpebral	Equilíbrio alterado
Icterícia	Alteração de coordenação motora
Telangiectasias	Eritema palmar
Dentes em mau estado	Contratura de Dupuytren

Lesões de língua e cavidade oral	Tremor de extremidades
Língua saburrosa e tremor de língua	Sudorese palmoplantar
Hálito etílico ou halitose	Diminuição de reflexos profundos
Hiperemia da região superior do tórax	Lesões de pele (desde escoriações até pelagra)
Aranhas vasculares	Pediculose, intertrigo, interdigital
Ginecomastia	
Arritmia cardíaca ou taquicardia	
Hipertensão	
Distenção abdominal	

Exames complementares

Na presença de um exame físico tão comprometido, os exames laboratoriais são apenas confirmatórios e servirão como mais um motivador para adesão e delineamento do tratamento. Rotineiramente devem ser solicitadas as provas de função hepática, incluindo gama-GT, que servirá para posterior controle da abstinência.

Como a associação à hepatite C é frequente, marcadores para essa patologia, bem como para as demais, devem ser incluídos (Schuckit, 1998). Pacientes portadores do vírus C, que mantém transaminases elevadas (1½ acima do normal) em abstinência de álcool, são candidatos a uso de interferon (Hobbs; Rall; Verdoorn, 1995). Como o alcoolista pode ter múltiplos parceiros sexuais, e o uso de preservativo nem sempre ocorre, esta é uma oportunidade, se o paciente concordar, de investigar a presença do vírus HIV. O proteinograma pode ser o único exame disponível para a indicação de biópsia hepática. A vitamina K está indicada se o tempo de protrombina estiver abaixo de 70%.

Embora o número de plaquetas possa estar normal, elas frequentemente têm alterações na forma e função; a trombocitopenia, no entanto, quando encontrada, volta ao normal após duas a quatro semanas de abstinência do álcool. Anemia e macrocitose são achados comuns. Quase todos os alcoolistas têm déficit de folatos, seja pela dieta pobre, seja pela incapacidade de armazenamento do folato, seja pela falha de absorção pelo jejuno. As anemias podem ser secundárias. São causas de anemia no alcoolista: a deficiência de ferro (em virtude das hemorragias digestivas), diminuição na sobrevivência dos eritrócitos, defeito de produção pela medula e deficiência nutricional (Hobbs; Rall; Verdoorn, 1995; Stein, 1999). Leucopenia e trombocitopenia são sugestivas de alcoolismo de longa duração.

A queixa de dor articular, que sugere o diagnóstico de gota, é, muitas vezes, a única manifestação do alcoolismo. Hipercolesterolemia e hipertrigliceridemia também costumam normalizar com a abstinência. A creatinoquinase está relacionada à perda muscular e frequentemente é tanto mais elevada quanto a dor à palpação muscular. Lipase, amilase e fosfatase alcalina têm também normalização com a abstinência, embora a amilase possa persistir elevada em decorrência da pancreatite crônica (Stein, 1999). As alterações metabólicas provocadas pela intoxicação aguda são complexas. Vômitos e desidratação podem levar à acidose metabólica, enquanto que a abstinência, devido à ansiedade, pode levar à hiperventilação com alcalose respiratória, que, por sua vez, também pode ser secundária à dor ou septicemia. O jejum prolongado pode causar cetoacidose e todas essas alterações podem estar sobrepostas. Alcoolistas de longa data, por não se alimentarem adequadamente, podem apresentar hipopotassemia, hipomagnesemia, hiponatremia (Stein, 1999; Schuckit, 1998; Diamond, 1998). No Quadro 3 estão os exames laboratoriais que podem ser utilizados na avaliação do paciente.

Quadro 3. Exames laboratoriais que podem ser úteis na avaliação do paciente alcoolista

TGO	CK
TGP	Amilase
Gama GT	Lipase
Bilirrubinas total e direta	Fosfatase alcalina
Proteinograma	Anti-HIV*
TP	Anti-HCV
Hemograma	HBS-AG
Plaquetas	Anti-HBS-AG
Ácido úrico	Sódio
Colesterol total e HDL	Potássio
Triglicerídeos	Magnésio
Glicemia	

* *Com autorização do paciente*

Considerando a grande possibilidade de doença pulmonar, está indicada a realização de radiografia do tórax. A presença de fratura de costela não é incomum.

Os achados ecográficos e endoscópicos são fundamentais para esclarecimento diagnóstico. A comprovação de cirrose hepática será efetivada apenas pela biópsia, mas sua indicação será avaliada considerando os riscos e benefícios para o paciente. A condição clínica do paciente poderá exigir outros exames complementares. Os exames, por serem complementares, servirão como auxílio na decisão terapêutica e devem ser usados com a mesma propriedade e parcimônia que norteiam o trabalho do médico quando avalia qualquer paciente.

Referências bibliográficas

DIAMOND, I. Alcoholism and alcohol abuse. In: WYNGAARDEN, J. B. (Ed.). *Cecil Textbook of Medicine*. 19th ed. Philadelphia: Elsevier, 1998. p. 44-47.

HOBBS, W. R.; RALL, T. W.; VERDOORN, T. A. Hypnotics and sedatives, Ethanol. In: HARDMAN, J. G.; LIMBIRD, L. E.; GILMAN, A. G. (Eds.). *Goodman & Gilman's The pharmacological basis of therapeutics*. 9th ed. New York: McGraw Inc., 1995. p. 361-396.

SCHUCKIT, M. A. Alcohol and alcoholism. In: WILSON, J. D. (Ed.). *Harrison's Principles of internal medicine*. 12th ed. New York: McGraw Inc., 1998. cap. 387.

STEIN, M. D. Medical consequences of substance abuse. *The Psychiatric clinics of North America*, v. 22, n. 2, p. 351-370, 1999.

Avaliação familiar: Construindo uma nova maneira de olhar

Susana Seadi
Janecy Lopes

Se é que a terapia há de terminar bem, deve começar bem: negociando um problema que se possa resolver.
(Berg; Müller, 1996)

Enfocamos a formulação de hipóteses diagnósticas de famílias com a problemática da dependência química, buscando enfatizar a importância dos diversos aspectos que envolvem o sistema terapêutico nessa fase inicial de tratamento. Situamos essa etapa como um marco de referência fundamental para a resolução da dependência química e de sua conflitiva familiar. As diferentes formas de pensar o problema tendem a integrar-se neste estudo, organizando-se ao redor de um conjunto de conceitos que estão em constante evolução, avançando na medida em que as experiências teórico-práticas se mostram mais efetivas na abordagem de famílias com dependência química.

O referencial teórico apresentado firma-se na abordagem dos metaconceitos, em que os autores Douglas C. Breulin, Richard

Schwartz e Betty MacKune-Karrer transcendem os conceitos de terapia familiar anteriormente existentes, oferecendo uma nova visão, que vai além da família, apontando para duas direções: uma rumo aos processos internos de cada membro, a Família Sistêmica Interna (FSI); e a outra rumo a questões mais amplas, como cultura e gênero. Procura-se explicitar como esses instrumentos teóricos auxiliam na construção de hipóteses diagnósticas, exemplificando-se com vinhetas clínicas. Pretendemos, ao utilizar a perspectiva dos metaconceitos na avaliação de famílias com dependência química, construir uma nova forma de pensar, um novo modelo de entendimento.

Embora a terapia de família, como abordagem familiar, seja relativamente nova, é importante salientar que, em nosso meio, ela é parte integrante dos programas de tratamento e recuperação de dependentes químicos já há alguns anos.

Percebíamos, inicialmente, que na maior parte dos casos instituições e profissionais tornavam-se "os depositários" do dependente, o Paciente Identificado (PI) sem a participação efetiva da família como parte integrante da problemática e, portanto, agente da mudança. A passagem para a epistemologia ecossistêmica redimensionou essa visão, ampliando o foco, impedindo de fixá-lo no indivíduo. É fundamental o envolvimento da família no processo; assim, como enfatiza Edwards, "focalizar apenas um ator é perder de vista a peça como um todo" (Edwards, 1987, p. 51).

O trabalho multidisciplinar, portanto, vem-se impondo à medida que, cada vez mais, a dependência química – como problemática múltipla e complexa – demonstra necessitar de várias abordagens terapêuticas que, na maioria dos casos, ocorrem simultaneamente. Portanto, o novo paradigma adotado, dentro da crescente influência e aceitação do pensamento pós-moderno, constitui-se em um modelo integrador em que os diversos modelos de tratamento de dependência química se fazem presentes.

IMPLICAÇÕES TEÓRICO-PRÁTICAS

Quando pensamos em avaliar uma família, a avaliação, dentro da visão ecossistêmica, adquire um significado diferente do diagnóstico médico. Assim, avaliação significa: "1) Ato ou efeito de avaliar; 2) Apreciação, análise; 3) Valor determinado pelos avaliadores" (Ferreira, 1975, p. 205), e hipótese sistêmica "É uma suposição não provada, aceita tentativamente como base para uma investigação ulterior" (Miermont *et al.*, 1994, p. 303).

A hipótese sistêmica é um instrumento que permite ao terapeuta construir dinamicamente, em colaboração com a família, diferentes óticas da mesma problemática familiar. Entendemos ser imprescindível, ao levantarmos hipóteses diagnósticas acerca de famílias com dependência química, considerarmos também alguns aspectos que envolvem o diagnóstico médico, como grau de dependência, comorbidade e consequentes riscos. Hoffman afirma que "A hipótese não apenas oferece um arcabouço onde se pode ir colocando várias informações fornecidas por uma família, mas pode dar ao terapeuta um caminho a seguir na condução do processo terapêutico" (Breulin; Schwartz; Kune-Karrer, 2000, p. 249).

Passamos a nos referir, agora, ao aporte teórico que embasa a tentativa de construção de um novo modelo de levantamento de hipóteses diagnósticas de famílias com dependência química. Elegemos aquele que nos pareceu o mais significativo para o entendimento de famílias com essa problemática: a perspectiva dos metaconceitos. O arcabouço do modelo continua sendo o paradigma sistêmico (Von Bertalanffy). Porém, ao utilizarmos a abordagem dos metaconceitos, buscamos transcender os modelos de Terapia Familiar, por acreditarmos que essa forma de avaliação, e consequente intervenção, está sendo mais eficaz no entendimento, tratamento e recuperação de famílias tão complexas como as com dependência química.

> Metaconceitos é uma abordagem que desenvolve um conjunto de pressupostos coerentes que permitem explicitar os inter-relacionamentos entre cada um dos seis padrões de metaconceitos [...] é uma abordagem abrangente na análise dos sistemas humanos. (Breulin; Schwartz; Kune-Karrer, 2000, p. 12)

Em nossa perspectiva de compreensão da dinâmica das famílias com dependência química, passamos a utilizar seis áreas, processo interno, sequência, organização, desenvolvimento, cultura e gênero, pelo fato de mapearem a realidade com maior abrangência. Cada metaconceito, por incorporar ideias centrais sobre os sistemas humanos, pode ser aplicado aos seis níveis biopsicossociais: biológico, pessoal, relacional, familiar, comunitário e social. Isso nos confere uma abrangência maior no entendimento da dependência química e, consequentemente, de intervenção, uma vez que não nos sentiremos limitados a utilizar um metaconceito ou um dos aspectos biopsicossociais; há, na verdade, uma interação continuada entre os diversos metaconceitos e os níveis biopsicossociais. De acordo com Breulin e Schwartz, Kune-Karrer, "os problemas estão frequentemente incorporados no interior do indivíduo, na família e no contexto mais amplo" (2000, p. 41). Explicitaremos os níveis em questão a seguir.

Processo interno

O processo interno baseia-se na visão de Breulin, Schwartz e Kune-Karrer (2000) segundo a qual os princípios básicos sistêmicos se estendem aos processos internos dos indivíduos, ou seja, constituem a Família Sistêmica Interna (FSI). Visualiza a mente com uma multiplicidade de partes lideradas por um *self*. Ao observar famílias com dependência química, é muito comum fixarmos a nossa atenção no conteúdo que elas nos trazem, ignorando o processo. Para evitar que isso ocorra, o terapeuta vai encaminhando as perguntas de tal forma que a família se sente inclinada a colaborar, evitando, assim, que os impedimentos internos dificultem a avaliação e o tratamento familiar. Buscamos conhecer somente "as partes nodais" de cada membro da família, para que a complexidade não impossibilite a compreensão e evolução do tratamento. Assim, devem ser entendidas quais são as partes internas envolvidas com o problema. Para ilustrar o processo interno, consideremos o seguinte caso:

A., 22 anos, aluna de graduação de um curso universitário, dependente de álcool e cocaína aspirada, comparece com sua família (pai, mãe e dois irmãos) à terapia familiar, por busca espontânea de um tio (irmão da mãe), que se preocupa com a atual situação da família. Todos demonstram muito sofrimento após vários tratamentos interrompidos e uma recente tentativa de suicídio da paciente identificada.

Inicialmente, ao rastrear o problema, o terapeuta deteve-se na "linguagem das partes": a mãe diz que não aguenta mais, e que prefere ver a filha morta a continuar "se matando" e destruindo a família. Ao lhe perguntar qual a sua parte de mãe que estava falando, emociona-se e diz que tem uma parte que ama a filha sem drogas, e outra que odeia a filha que "apronta". A filha, com muita raiva, responde que não acredita na parte da mãe que a ama, e sim na que quer vê-la morta. Nesse momento, perguntamos ao pai e aos irmãos sobre suas próprias partes em relação a A. e como são afetadas pelo relacionamento entre mãe e filha.

À medida que conseguem externalizar suas emoções e percebem que seu sofrimento está sendo entendido pelo terapeuta, mostram-se mais colaboradores e passam a conversar entre si sobre suas partes internas, que estão impedindo que se auxiliem como família. Começam, então, a aparecer as interações externas, tornando-se mais claros os problemas estruturais:

dependência emocional dos pais em relação às suas respectivas famílias de origem, uma aliança forte dos filhos, especialmente de A., com o pai contra a mãe e atritos permanentes da PI com a mãe e os irmãos. Também fica claro, nesse primeiro contato, que A. vive o conflito que se estabelece entre a "parte" que mostra na faculdade e para um grupo seleto de amigos e a "parte" que frequenta o "grupo da vila", que trafica e se prostitui.

Qualquer processo interno, até mesmo um processo repleto de contradições, pode ser compreendido e tratado; o relacionamento entre os processos internos e externos pode ser mapeado e compreendido, sem a "necessidade de um deslocamento constante entre modelos diferentes" (Breulin; Schwartz; Kune-Karrer, 2000, p. 60).

SEQUÊNCIA

As sequências interacionais são utilizadas em todas as terapias familiares sistêmicas. Os metaconceitos, porém, criaram quatro classes de sequências, das mais curtas às mais longas, que auxiliam a desenvolver hipóteses diagnósticas relevantes e mais aproximadas à realidade familiar. Como exemplo, citamos "o boneco de neve caído" que explicitamos com sequências interacionais comuns em famílias com dependência química:

A mãe, ao chegar do trabalho, tem, costumeiramente, uma discussão com seu filho, usuário de drogas, que, além de não ter feito suas tarefas escolares, deixa a casa desorganizada e "cheirando" a drogas (S1). Quando o pai chega, a mãe queixa-se a ele e pede que repreenda o filho. O pai o repreende, surgindo daí uma situação conflituosa entre os três (S2). Esse episódio pode deflagrar uma situação de animosidade em que pais e filho ficam isolados por semanas: a mãe, jogando bingo diariamente; o pai, bebendo o seu aperitivo diário para enfrentar os "problemas familiares", além da iminência de uma situação de desemprego; o filho, "escondendo-se" nas drogas (S3). Como nas gerações anteriores seus avós e bisavós faziam, abusando do álcool (S4).

Podemos observar nessa família o que nos diz Peter Steinglass e colaboradores sobre o legado familiar: "Quando as crenças e os valores compartilhados relativamente ao significado do álcool são passados de uma geração para outra, adquirem uma importância de destaque sobre a perpetuação ou não de uma identidade de família alcóolica" (1989, p. 127). Na resenha clínica anterior podemos verificar a transmissão trigeracional do alcoolismo; em outras famílias, as alianças, triangulações, coalizões, perdas, segredos, mitos e crenças transgeracionais representam as sequências mais longas e sempre devem ser avaliadas em famílias com dependência química (genograma).

Organização

Com o objetivo de entender melhor as famílias, foram inicialmente aplicadas estas teorias aos sistemas familiares: Minuchin (1980) e seus seguidores (Teoria Estrutural), Madanes (1984) e Jay Haley (Teoria Estratégica), Bowen (1981) (Triangulações) e Mara Selvini Palazzoli e colaboradores (1982) (Coalizões). Como vemos, organização e estrutura tornaram-se o paradigma central de alguns dos modelos mais importantes de terapia familiar. A abordagem dos metaconceitos vai além dos modelos acima citados: introduz algumas diferenças quando acrescenta os conceitos de harmonia, liderança, equilíbrio e, especialmente, uma posição não voltada à patologia em relação à função do sintoma. É um novo olhar que vem auxiliar na avaliação e no tratamento de famílias com dependência química.

Sabemos que cada família com um abusador de drogas reage de um modo específico, dependendo de múltiplos fatores que antecedem o problema, como as polarizações preexistentes, o estágio de desenvolvimento da família, as fronteiras inter e extrafamiliares e outros impedimentos que dificultam a mudança familiar. A presença da droga sempre perturba o equilíbrio e a harmonia familiares.

Schwartz enfatiza que a reação da família a um problema dependerá de vários fatores. Citamos aqueles que nos parecem mais comuns em famílias com dependência química, como até que ponto:

- ⇨ o problema perturba a rotina da família ou requer recursos extras;
- ⇨ a família acredita que o PI pode ou deve ser capaz de controlá-lo;
- ⇨ a família acredita que o problema seja perigoso ou prejudicial;
- ⇨ a família acredita poder resolvê-lo e saber o que fazer;
- ⇨ a família tem esperança de que os especialistas possam resolvê-lo.

Desenvolvimento

Embora o conceito de desenvolvimento seja relativamente novo, ele se incorporou rapidamente à prática dos terapeutas familiares. Segundo os autores que embasam o nosso trabalho, o conceito do Ciclo Vital Familiar (CVF) – com a noção de que a família evolui ao longo dos tempos em uma série de estágios previsíveis, e que a cada mudança de estágio (transição) há a necessidade de transformações (casamento, nascimento de um filho, adolescência etc.) – foi útil, no sentido de deslocar o foco da patologia e centrar-se no processo e na potencialidade da família em efetivar transições de uma etapa para outra do CVF. A abordagem dos metaconceitos, além de utilizar o CVF, expande o conceito de desenvolvimento, levando em conta o modelo biopsicossocial, citado no início deste capítulo. Essa visão oferece-nos, nas famílias com dependência química, uma possibilidade bem mais ampla de entendimento, que vai desde o biológico até o social, permitindo visualizar cada nível específico e a interação do desenvolvimento entre os diversos níveis.

Consideremos o seguinte caso:

O doutor G. telefona e informa que está indicando Terapia Familiar para a família do paciente C. (dezenove anos), dependente de cannabis, tabaco e, atualmente, abstinente de cocaína. Compareceram à primeira seção o pai (56 anos, engenheiro), a mãe M. (48 anos, dentista), o PI C. e seu irmão, P. (quinze anos). Os pais relatam que sempre que o filho é contrariado, reage com agressões verbais ou físicas. Os pais discutem sobre como agir com o filho e acusam-se mutuamente de rigidez e de permissividade excessivas. Sentem medo dele.

O impedimento familiar para efetivar uma transição nodal pode ser identificado na paralisação familiar em um estágio anterior, sem a possibilidade de se transferir para o estágio adequado do CVF. A dupla mensagem configura-se nos impedimentos para o desenvolvimento familiar e individual: os pais exigem um comportamento responsável compatível com o de um jovem adulto, mas o tratam como criança; e ele, ao mesmo tempo, responde oscilando entre exigir que o percebam como um jovem adulto e comportando-se como uma criança. Concomitantemente, o PI evita contatos interpessoais, familiares e extrafamiliares: sai pouco com amigos, não tem namorada e frequentemente passa os fins de semana em seu quarto. Em nível relacional está apresentando um processo parcial de desenvolvimento.

> As transições são estressantes para uma família, porque requerem mudanças importantes. As famílias que têm dificuldade em realizar transições frequentemente desenvolvem problemas, que, por sua vez, podem ter a função de impedir que as famílias realizem a temida transição. (Breulin; Schwartz; Kune-Karrer, 2000, p. 152)

Cultura

Tal variável vem firmando, cada vez mais, a sua posição na Terapia Familiar e parece-nos de grande importância que ela seja enfatizada na avaliação e no tratamento de famílias com dependência química. Ao pesquisarmos sobre o conceito de cultura, encontramos uma grande variedade de significados, o que torna impraticável reuni-los em um só conceito. Célia Falicov define "[...] cultura como visões de mundo compartilhadas e comportamentos adaptáveis, advindos da localização simultânea de vários contextos" (Falicov, 1991, p. 331).

A maioria dos estudiosos é a favor de um posicionamento não monolítico, voltado a uma perspectiva multicultural. O metaconceito multicultural sugere a possibilidade de levar em conta os múltiplos contextos, não só de cada membro da família, mas também do terapeuta e dos profissionais envolvidos com o caso. Tratando-se da dependência química, reportamo-nos às questões do narcotráfico e da subcultura da droga, de importância capital no contexto do dependente químico e de sua família e que, por isso, devem fazer parte, além dos demais aspectos multiculturais, do levantamento das hipóteses, averiguando os impedimentos que cada dimensão sociocultural pode ter e quais os caminhos possíveis de oportunidades que as origens multiculturais podem oferecer no decorrer do tratamento.

> A subcultura da droga é onde o dependente químico pode ser exitoso e competente, isto é, somente dentro de um marco de uma subcultura de fracassados e incompetentes. É um reino limitado, restrito a pessoas que necessitam de ajuda e não podem funcionar adequadamente dentro da sociedade. (Stanton *et al.*, 1994, p. 33)

Como dizem os autores cujas posições teóricas embasam nosso trabalho, nas experiências de minoria/maioria, não apenas a etnia, a raça, a religião etc. devem ser cada vez mais pesquisadas e aprofundadas. Concordamos com os autores e, no que concerne à dependência química, parece que a avaliação será tão mais precisa quanto mais levarmos em conta as vertentes multiculturais.

Gênero

Apesar das questões de gênero terem sido incorporadas somente na última década como contribuição da perspectiva feminista à Terapia Familiar, temos que considerar sua valiosa contribuição como prerrogativa à transformação cultural. Nosso interesse ao incluí-las na avaliação de famílias com dependência química justifica-se porque acreditamos que as questões de gênero são altamente significativas nos relacionamentos familiares (dificuldades de gênero entre pai e mãe), nas diferenças existentes entre dependentes do sexo masculino e feminino, como também nas crenças e posições do terapeuta ou equipe a respeito das questões de gênero.

Partindo dos pressupostos de equilíbrio e harmonia, já citados anteriormente, pensamos que pai e mãe, ou os adultos responsáveis pelo dependente jovem, como também a equipe técnica, necessitam de oportunidades iguais nas discussões, negociações e decisões junto ao adicto, compartilhando e exercendo responsabilidades, tendo as mesmas possibilidades sociais. Dessa forma, o metaconceito de gênero abre perspectivas para um levantamento de hipóteses mais competentes e, consequentemente, junto aos demais metaconceitos, para um processo terapêutico sujeito a maiores possibilidades de sucesso.

Meta-avaliando famílias com dependência química

O processo terapêutico inicia-se já na entrevista telefônica, no primeiro contato com a fonte encaminhadora ou algum membro da família. Na prática clínica constata-se a importância do contato com todos os profissionais envolvidos no caso e, principalmente, com aquele que iniciou o tratamento. Segundo Stanton e colaboradores (1994), esse profissional parece exercer uma grande influência junto ao PI e sobre a família, mostrando-se mais significativo do que os que o sucedem.

Podemos identificar interações familiares no primeiro contato, com a possibilidade de levantamento de algumas hipóteses diagnósticas, tais como quem é o gestor da família, qual a gravidade do problema, quem na família sabe da dependência química, a possibilidade de alguém estar excluído do processo ou quais os tratamentos e internações anteriores. Esses e outros dados revelarão alianças, triangulações, conflitos familiares, cronicidade do sintoma e impedimento a um melhor funcionamento familiar, como observamos no seguinte caso:

A mãe T. (42 anos) telefona solicitando um horário para atendimento familiar. Seu único filho, B. (dezoito anos), está internado por dependência de cocaína aspirada. Questionada, responde que essa é sua primeira internação. Quando solicitada a presença do pai, diz que estão separados há sete anos, e que não gostaria que ele participasse da terapia, além de afirmar que o pai não aprova a internação do filho.

Nesse pequeno trecho da entrevista telefônica observamos uma aliança da mãe com o filho e uma relação conflituada entre as figuras parentais, indicando que estão separados também como pais. A separação do casal ocorreu quando o filho estava no início da adolescência (onze anos), e a primeira tentativa de tratamento da dependência química, no final da adolescência (dezoito anos).

Essas constatações evidenciadas no primeiro contato com a mãe (gestora), como a desaprovação do pai quanto ao tratamento, sugerem impedimentos à mudança familiar, permitindo-nos a formulação de algumas hipóteses sistêmicas antes de conhecermos a família. Na etapa inicial, portanto, delineamos os primeiros acordos com possibilidade de estabelecer ou não um contrato terapêutico.

Nos casos em que a família é encaminhada pelo terapeuta individual do PI, seja num contexto ambulatorial, seja no hospitalar, pressupõe-se que a avaliação, a contenção da droga e todas as suas implicações sejam manejadas pela fonte encaminhadora. Ao terapeuta familiar caberá trabalhar a demanda e, em colaboração com a família, construir hipóteses tendo como referência os metaconceitos de Terapia Familiar.

Nas situações em que a família chega diretamente para a Terapia Familiar, o terapeuta deverá ocupar-se em avaliar primeiramente o grau de dependência, construir com a família hipóteses diagnósticas e combinar os encaminhamentos necessários. É um processo participativo que serve de alavanca para a evolução da terapia. Sabemos também que não podemos conhecer todas as dimensões de uma família, mas, por meio da conversação, conseguimos construir formulações aproximadas de cada problemática familiar. É, portanto, uma coconstrução entre o terapeuta e a família, que se estabelece à medida que se forma um forte vínculo terapêutico. “A formulação de hipóteses é um exercício conceitual entre o terapeuta e a família, que nos permite escolher os metaconceitos conectados com alguma realidade e que podem ser úteis para a terapia” (Breulin; Schwartz; Kune-Karrer, 2000, p. 249).

O desafio consiste em decidir que metaconceitos empregar. No exemplo utilizado pelos autores, é como se o terapeuta estivesse ligado a uma tela de computador contendo vários documentos (metaconceitos), e, a cada informação da família, ele extraísse um sentido que o levaria à abertura de um novo documento, à medida que a família compartilha suas opiniões acerca das hipóteses levantadas. "Finalmente os metaconceitos unir-se-ão em uma hipótese ou um conjunto de hipóteses que sugerem uma direção adequada para terapia" (Breulin; Schwartz; Kune-Karrer, 2000, p. 250).

Exemplificaremos como a avaliação familiar se processa, dentro do modelo que estamos preconizando, enfocando um caso atendido no exercício da clínica privada.

A mãe (61 anos) telefona (gestora) solicitando atendimento familiar devido à dependência química de seu filho S. (45 anos) e a consequente dificuldade, cada vez maior, de relacionamento. Relata que S. reside com ela e seu marido desde a sua separação, há sete anos. Salienta também que o filho, quando casado, jamais conseguiu cuidar de si e de sua família – esposa e dois filhos adolescentes –, sustentados sempre por eles, seus pais (desenvolvimento, organização).

Pela história referida, podem-se levantar as primeiras hipóteses diagnósticas em relação a essa problemática familiar: dependência emocional e impedimentos na individuação de seus membros. Trata-se de uma situação relacional que encontramos em grande parte das famílias com dependência química (isomorfismo, estruturas semelhantes) e que nos serve como pressuposto básico de avaliação dessas famílias. Assim, é solicitada somente a presença de S. na primeira entrevista, com o objetivo de formar um vínculo de colaboração, requisito fundamental para um processo terapêutico bem-sucedido, que possibilite valorizá-lo como indivíduo, iniciando o trabalho com sua Família Sistêmica Interna (FSI), buscando diferenciá-lo de sua família de origem.

Como a demanda dessa família foi espontânea e, portanto, não houve encaminhamento de um profissional da área, é solicitado a S. que relate detalhadamente o seu envolvimento com as drogas:

- ⇨ início na adolescência (maconha);

- ⇨ adulto jovem (cocaína);
- ⇨ adulto (cocaína e álcool);
- ⇨ situação atual (abstinência de cocaína e considerável aumento da ingestão de álcool).

Na sessão seguinte, em que compareceram também os pais, ampliou-se a possibilidade de entendimento do caso por meio da visão da família sobre o momento atual que estão vivendo e da evolução da história de vida familiar (desenvolvimento). Os pais relatam que os tratamentos anteriores não haviam conseguido que S. permanecesse longe das drogas, e a "negativa" do filho, no momento de se afastar do álcool, deixa-os desesperançados quanto à recuperação. O que mais os preocupa é a agressividade do filho, com respostas violentas dos pais (ação, significado, emoções). A quebra da confiança é outro ponto nodal, uma vez que a vida de seu filho é pautada pela mentira, diz o pai (processo interno). S. faz referência, como sua maior preocupação, ao total descontrole da ingestão de álcool, até durante o trabalho, o que vem impossibilitando seu relacionamento com a chefia, os colegas e o bom desempenho profissional (nível relacional).

A ameaça de mais uma perda, a do trabalho, assusta a família, diante das muitas já acontecidas na vida de S.: separação da esposa, perda da função de pai junto a seus filhos, impossibilidade de se desvincular de seus pais e construir sua independência financeira e emocional (sequência). O apego emocional entre pais e filhos existe nos mais variados graus, e o modo como as pessoas o enfrentam é muito peculiar. O grau de diferenciação equivale ao grau de dependência emocional não resolvido. O uso de drogas pode dar ao adicto a ilusão de uma pseudoindividuação, embora, como S., permaneça cada vez mais dependente de seus pais, com um crescente empobrecimento de sua rede social (comunidade, sociedade).

Nas próximas sessões foram convidados a comparecer os demais membros das famílias de seus irmãos mais velhos, que expressam sua preocupação com S. A irmã mostra o quanto discorda dos pais quanto à superproteção que sempre dedicaram a S., e que, segundo ela, representa o maior impedimento à sua recuperação. Percebe-se que é uma família muito afetiva, com crenças e valores preservados. Os homens mostram-se extremamente frágeis, submetendo-se às mulheres (questões de gênero).

Gradativamente se delineiam as hipóteses diagnósticas sobre essa problemática familiar em que os metaconceitos e níveis biopsicossociais estão inter-relacionados, formando uma rede de impedimentos à mudança familiar. À medida que o terapeuta se conecta com o sofrimento da família, estabelece-se um vínculo de colaboração que possibilita um contrato viável de tratamento (oportunidades) que se desenvolve com o comprometimento de todos: 1- avaliação clínica; 2- avaliação psiquiátrica; 3- resgate da função parental harmônica; 4- tentativa de se abster sem internação (sem sucesso); 5- internação domiciliar (sem sucesso); 6- internação hospitalar (com sucesso); 7- trabalho com equipe multidisciplinar; 8- continuidade da terapia familiar com os demais membros da família.

Após a internação: 1- terapia familiar integrando os filhos de S.; 2- psicoterapia individual; 3- grupos de entreajuda; 4- grupos de AA; 5- grupos de AL-ANON.

A partir das hipóteses levantadas e do contrato com a família, o objetivo coconstruído pelo sistema terapêutico é o seguinte: recuperação da dependência química, "corte emocional" de S. com sua família de origem e o estabelecimento de uma nova organização familiar.

> A manifestação principal do corte emocional é a negociação da intensidade do apego emocional não resolvido dos pais: a pessoa se comporta fingindo uma maior autonomia do que

> na realidade tem e alcança a distância emocional tanto por meio de mecanismos internos como por uma real distância física. (Bowen, 1981, p. 73)

O processo de avaliação de famílias com dependência química pode ser sintetizado nas seguintes etapas:

1. Construção do sistema terapêutico:
   - ⇨ conectar-se com o sofrimento familiar;
   - ⇨ trabalhar a demanda;
   - ⇨ construir o vínculo terapêutico;
   - ⇨ desenvolver a colaboração.
2. Levantamento de hipóteses:
   - ⇨ avaliar o processo de dependência química e emocional e os consequentes riscos;
   - ⇨ identificar os metaconceitos a serem utilizados;
   - ⇨ identificar quais os níveis biopsicossociais disfuncionais;
   - ⇨ conectar os metaconceitos aos níveis biopsicossociais.
3. Metas:
   - ⇨ proceder aos encaminhamentos necessários;
   - ⇨ trabalhar em equipe;
   - ⇨ clarificar os impedimentos;
   - ⇨ eleger as oportunidades de mudança;
   - ⇨ construir um contrato terapêutico viável.

CONCLUSÃO

A tentativa de construir um modelo de avaliação de famílias com dependência química obviamente ainda está em seu estágio experimental. Como procuramos enfatizar, essa avaliação tem por base a ideia de que o levantamento de hipóteses contribui para formar a relação terapêutica, com um convite à família para constituir um novo sistema de colaboração mútua.

Para clarificar ainda mais a proposta de nosso trabalho, referimo-nos agora à "teia de aranha", idealizada pelos autores da perspectiva dos metaconceitos. A família do dependente químico, ao relatar a sua história, leva-nos a relacioná-la à teoria dos impedimentos: está presa em uma teia de aranha e, uma vez aprisionada pela rede, torna-se muito difícil sair dela. É preciso modificar os impedimentos, e ainda aproveitar e construir oportunidades novas para se libertar. Os fios de uma teia podem ser frágeis, mas quando estão interligados tornam-se muito fortes.

À medida que o terapeuta se torna apto a exercer esse novo olhar, ampliando o contexto de sua avaliação, justapondo os níveis biopsicossociais à abordagem dos metaconceitos, numa perspectiva de inter-relação entre eles, a visão expande-se, saindo do entendimento parcial, unidirecional de avaliação familiar para uma visão ecossistêmica da dependência química. O término desse trabalho não significa o final da construção de um modelo. Assim como o levantamento de hipóteses é o início do processo terapêutico, este capítulo configura-se como a primeira divulgação da experiência que vivenciamos no tratamento e recuperação de famílias com dependência química.

Referências bibliográficas

BERG, I. K.; MÜLLER, S. D. *Trabajando con el problema del alcohol*. Barcelona: Gedisa Editorial, 1996.

BOWEN, M. *De la familia al individuo*. Buenos Aires: Paidós, 1981.

BREULIN, D. C.; SCHWARTZ, C. R.; KUNE-KARRER, B. M. *Metaconceitos*: transcendendo os modelos de terapia familiar. Porto Alegre: Artes Médicas, 2000.

EDWARDS, G. *O tratamento do alcoolismo*. São Paulo: Martins Fontes, 1987.

FALICOV, C. J. *Transiciones de la familia*. Buenos Aires: Amorrortu, 1991.

FERREIRA, A. B. de H. *Novo dicionário Aurélio*. Rio de Janeiro: Nova Fronteira, 1975.

MADANES, C. *Terapia familiar estratégica*. Buenos Aires: Amorrortu, 1984.

MIERMONT, J. *et al. Dicionário de terapias familiares*: teoria e prática. Porto Alegre: Artes Médicas Sul, 1994.

MINUCHIN, S. *Famílias, funcionamento e tratamento*. Porto Alegre: Artes Médicas, 1980.

PALAZZOLI, M.; SILVINI, B. L.; CECCHIN, G.; PRATA, G. *Paradoja y contraparadoja*. Buenos Aires: A.C.E., 1982.

STANTON, M. *et al.* *Terapia familiar del abuso y adicción a las drogas*. Barcelona: Gedisa Editorial, 1994.

STEINGLASS, P. *et al.* *La familia alcoholica*. Barcelona: Gedisa Editorial, 1989.

Avaliação dos transtornos comórbidos

Gilda Pulcherio
Carla Bicca

Álcool

Nas últimas décadas, as pesquisas epidemiológicas desvendaram a grande ocorrência das comorbidades na população em geral e delinearam condutas clínicas e preventivas no campo da saúde mental. As desordens por uso de substâncias destacaram-se por sua alta prevalência, principalmente as relacionadas ao álcool, e por sua forte associação com outras desordens. A pesquisa do *Epidemiologic Catchment Area* (ECA) utilizando os critérios do DSM-III mostrou que 37% daqueles que apresentaram transtornos do álcool tinham pelo menos um outro transtorno mental concomitante (Regier *et al.*, 1990). Para os alcoolistas, os transtornos de ansiedade mostraram-se os mais prevalentes, 19,4%. O estudo desvelou também o grande uso de substâncias psicoativas entre portadores de outros transtornos emocionais. O *National Comorbidity Survey of the United States* (NCS), utilizando os critérios do DSM-III-R, confirma os achados do ECA, e revela que mais da metade das pessoas com um transtorno psiquiátrico, 56%, têm, pelo menos, um transtorno associado (Kessler, 1994). O abuso do álcool e a depressão maior são os transtornos psiquiátricos mais prevalentes na população. Um estudo brasileiro (Almeida Filho *et al.*, 1992) encontra o alcoolismo como o principal transtorno mental para o sexo masculino, com prevalência de 15%.

52% dos respondentes do NCS, com abuso ou dependência do álcool, e 75% daqueles com abuso ou dependência de outras drogas, ao longo da vida, recebem um segundo diagnóstico. A forte associação entre depressão e abuso ou dependência do álcool ou outras drogas é encontrada no *National Longitudinal Alcohol Epidemiologic Survey* (NLAES) (Bucholz, 1999).

Comorbidade

Comorbidade, também chamada de duplo diagnóstico, é a presença de dois ou mais transtornos psiquiátricos em algum momento ao longo da vida de uma pessoa. Entre os indivíduos com diagnóstico comórbido, 21% têm mais um transtorno psiquiátrico, 13% têm mais dois transtornos e 14% têm mais três ou mais diagnósticos psiquiátricos (Kessler, 1994). As taxas de comorbidade entre abuso ou dependência do álcool e outros transtornos mentais têm-se mostrado elevadas.

No estudo do ECA, a personalidade antissocial, dependência de outras substâncias, mania e esquizofrenia são transtornos psiquiátricos altamente correlacionados ao alcoolismo. Chama a atenção que, embora o estudo inclua amostras de pessoas internadas, a associação entre depressão e distimia é muito pequena, menor do que as encontradas até então para amostras clínicas. A ocorrência de personalidade antissocial é quatro vezes maior naqueles com transtornos por uso do álcool, se comparados com a população em geral.

Nos achados do *National Comorbidity Survey of the United States*, os transtornos por uso de substâncias e os transtornos de ansiedade surgem, como um grupo, mais prevalentes que os transtornos do humor, e a ansiedade precede a dependência do álcool, tanto para homens quanto para mulheres. Ansiedade e depressão maior são os diagnósticos comórbidos mais prevalentes entre alcoolistas, assim como os transtornos de conduta e personalidade antissocial ocorrem muito mais naqueles com transtorno por uso de substância.

McLellan e colegas, citados por Goldsmith (1999), enfatizam as dificuldades para bons resultados no tratamento daqueles com transtorno por uso de substâncias devido à severidade psiquiátrica, relatando um risco muito maior para amostras clínicas de internados do que para amostras não clínicas quanto à ocorrência de comorbidades em dependentes de substâncias. Para McLellan (1986), a psicopatologia é o melhor preditor de resultados. Conhece-se a intensa dificuldade para o tratamento daqueles que preenchem os critérios para esquizofrenia coexistente com transtorno aditivo. Estima-se que quase a metade dos esquizofrênicos desenvolve um transtorno aditivo, com taxas aumentadas para os que apresentam internações psiquiátricas. As substâncias mais utilizadas têm sido tabaco, álcool, *cannabis*, estimulantes e alucinógenos. Isso sem levar em conta outras comorbidades médicas, como hipertensão, hepatite C, acidentes, doenças sexualmente transmissíveis, AIDS, arritmias cardíacas etc.

Investigando a utilização dos serviços de saúde pelas pessoas com comorbidades de abuso ou dependência do álcool e outros transtornos psiquiátricos, Wu, Kouzis e Leaf (1999) encontraram um aumento significativo da procura dos serviços por esses pacientes. No entanto, a imensa maioria das pessoas com transtorno por uso do álcool ou algum transtorno psiquiátrico puro não procura os serviços de saúde. As razões para esse comportamento são, certamente, um campo fértil para investigação.

Por sua alta prevalência, apresentamos algumas considerações sobre os transtornos de ansiedade e depressão.

TRANSTORNOS DE ANSIEDADE

Há uma robusta literatura indicando a associação entre abuso ou dependência de álcool e transtornos de ansiedade (Regier *et al.*, 1990; Kessler, 1994; Bucholz, 1999). Se de 40% a 65% das pessoas com transtornos aditivos têm algum transtorno de ansiedade ou depressão, 50% daqueles com ansiedade ou depressão desenvolvem adições. O abuso ou dependência do álcool é comorbidade para 37,6% das pessoas com transtorno de ansiedade generalizada (Bucholz, 1999), e o abuso ou dependência de outras drogas é comorbidade para 27,6%, como observado na Tabela 1.

Tabela 1. Comorbidades do TAG ao longo da vida de acordo com os critérios do DSM-III-R

Comorbidades	Porcentagem (%)
Mania	10,5
Depressão maior	62,4
Distimia	39,5
Transtorno do pânico	23,5
Agorafobia	25,7
Fobia simples	35,1
Fobia social	34,4
Abuso ou dependência de álcool	37,6
Abuso e dependência de drogas	27,6
Qualquer transtorno acima	90,4

Fonte: Wittchen et al., 1994 (modificada pela autora)

Um estudo brasileiro (Versiani *et al.*, 1994) com 250 fóbicos sociais mostra o abuso do álcool como a comorbidade mais prevalente, 24%. Encontra-se que, ao longo da vida, cerca de 36% das pessoas que fazem abuso do álcool têm transtorno do pânico concomitante e 32,8% têm transtorno obssessivo-compulsivo (Frances; Borg, 1993). A Tabela 2 mostra os achados do *National Comorbity Survey of the United States* para os transtornos de ansiedade em sujeitos com abuso ou dependência do álcool ao longo da vida (Kessler *et al.*, 1997).

Tabela 2. Desordens de ansiedade em homens e mulheres diagnosticados com abuso ou dependência do álcool ao longo da vida

Desordens	Abuso		Dependência	
	H	M	H	M
TAG	2,6%	8,4%	8,6%	15,7%
Transtorno do pânico	1,6%	7,3%	3,6%	12%
Agorafobia	5,1%	9,3%	6,5%	18,5%
Fobia social	10,8%	24,1%	19,3%	30,3%
Fobia simples	5,9%	28,2%	13,9%	30,7%
TEPT	2,5%	10,5%	10,4%	26,2%
Qualquer transtorno de ansiedade	22,7%	48,8%	35,8%	60,7%

Fonte: Kessler et al., 1997 (modificada pela autora).

Embora seja reconhecida e bem documentada a coocorrência dos transtornos de ansiedade e de transtornos por uso do álcool, tem sido muito discutida a relação de causalidade entre eles, que é complexa e de difícil comprovação. Enquanto alguns autores contestam a possibilidade de fortes inferências causais, outros apontam essa relação referindo o efeito ansiolítico do álcool, que pode levar ao abuso ou dependência da substância (McCusker; Brown, 1991; Schuckit; Hesselbrock, 1994; Frances; Borg, 1993). Três critérios têm sido apontados com mais frequência pelos que advogam a relação de causalidade entre dependência do álcool e transtorno de ansiedade; todavia, independentemente dos postulados vigentes, acredita-se que os pacientes que iniciam quaisquer dos dois transtornos e desenvolvem a comorbidade fazem-no por mecanismos diferentes:

1. o transtorno de ansiedade leva ao desenvolvimento ou mantém o abuso ou dependência do álcool: teoria da redução do estresse e do uso do álcool para lidar com sentimentos negativos;
2. o transtorno por uso do álcool causa ou mantém o transtorno de ansiedade: estudos que mostram o álcool como exacerbador do estresse e de sintomas de ansiedade;
3. fatores familiares ou genéticos desenvolvem ou mantêm ambos os transtornos.

Vários estudos mostram a situação comórbida entre alcoolismo e fobia social (Himle *et al.*, 1999). Os critérios considerados mais importantes para a associação são:

1. redução da ansiedade social com o efeito farmacológico do álcool;
2. abuso do álcool por pensarem que ele reduzirá a ansiedade;
3. predisposição genética tanto para os transtornos de ansiedade quanto para o abuso ou dependência do álcool;
4. distúrbio neuroquímico como fator que predispõe ao alcoolismo;
5. a síndrome de abstinência como desencadeadora da ansiedade social excessiva;

6. o alcoolismo como fator secundário aos transtornos de ansiedade, de depressão, transtornos de personalidade ou problemas em casa ou no trabalho.

Transtornos depressivos

A tristeza e a ansiedade como afetos são inerentes à vida humana. Não devem ser tomados como inadequados ou, muito menos, como doença, quando adequados àquela situação vital. Uma pessoa pode ter um humor depressivo que lhe cause sofrimento, necessitando de tratamento, independentemente de um transtorno depressivo como patologia. No entanto, a depressão e o alcoolismo são duas entidades nosológicas altamente associadas. Assim como a ansiedade, cuja conexão causal é de difícil comprovação, o que tem gerado muitas controvérsias (Madianos; Gefou-Madianou; Stefanis, 1994) com a teoria da automedicação, por um lado, e a teoria dos efeitos tóxicos do álcool, por outro. Na primeira, o indivíduo utilizaria o álcool para aliviar os sintomas depressivos que se manteriam após a abstinência. Na segunda hipótese, o indivíduo apresentaria os sintomas depressivos após o período de intoxicação, tendendo à remissão na abstinência.

É unânime a atenção dos estudiosos para a confusão que podem causar os sintomas depressivos da abstinência do álcool, que fazem parte deste quadro e não configuram comorbidade (Edwards; Marshall; Cook, 1999). Em geral, os sintomas depressivos são importantes nesse período, e deve-se aguardar pelo menos três semanas para um diagnóstico mais apurado. Se a depressão como comorbidade estiver presente, deverá ser tratada para que se tenha um resultado satisfatório a respeito do alcoolismo. Os estudos de seguimento com alcoolistas têm mostrado que a melhora da depressão diminui os riscos de recaída (Edwards; Marshall; Cook,

1999). De acordo com a Classificação de Transtornos Mentais e de Comportamento, da CID-10, deve estar presente o seguinte critério, entre outros, para o diagnóstico de episódio depressivo:

> Humor deprimido em um grau que é definitivamente anormal para o indivíduo, presente pela maior parte do dia e quase todos os dias, largamente não influenciado pelas circunstâncias e mantido por pelo menos duas semanas. (p. 128)

Os estudos que investigam a prevalência de depressão em alcoolistas têm encontrado índices que variam de 3% a 98%, de acordo com o critério diagnóstico utilizado (Wittchen *et al.*, 1994). O estudo do ECA encontrou que de 30% a 50% dos alcoolistas tinham algum transtorno depressivo, enquanto o NCS encontrou essa associação em 28% dos homens e 53% das mulheres (Goldsmith, 1999). O *National Longitudinal Alcohol Epidemiologic Survey* (NLAES), realizado com 42.862 pessoas, encontrou quatro vezes mais depressão entre os alcoolistas, comparando-os aos não alcoolistas. Os dependentes de outras drogas tinham cerca de sete vezes mais depressão ao longo da vida que os não dependentes.

As mulheres têm apresentado diagnóstico de depressão com taxas de prevalência bem mais elevadas que os homens, comparando-se a população em geral (19% x 5%). Para 66% delas, a depressão é anterior ao alcoolismo, enquanto que, para os homens, o alcoolismo precede a depressão em 78% dos casos (Regier *et al.*, 1990; Helzer; Pryzbeck, 1988). Estar alerta para a situação comórbida de dependência de drogas e depressão é de fundamental importância não só para tratar ambas as patologias e alcançar a abstinência prolongada da substância psicoativa, mas também para prevenir o risco de suicídio que, entre alcoolistas, é de sessenta a 120 vezes maior que na população em geral (Edwards;

Marshall; Cook, 1999). O suicídio entre alcoolistas sem outra comorbidade é estimado em sendo cinquenta vezes maior que na população em geral (Scivoletto, 1997, p. 111-129). Na presença do alcoolismo é de fundamental importância manter a atenção para o indicado a seguir:

Quadro 1. Alcoolismo e transtornos depressivos

1. Sintomas depressivos são comuns na abstinência do álcool
2. Após mais ou menos três semanas de abstinência, cessam os sintomas depressivos
3. Se esses sintomas persistem, investigar transtorno depressivo
4. Transtornos depressivos são comuns no alcoolismo
5. O alcoolismo é comum nos transtornos depressivos
6. Alcoolismo, depressão e ansiedade têm alta comorbidade

A persistência dos sintomas depressivos com a abstinência prolongada sugere um quadro de depressão primária e requer, na maioria dos casos, uma terapia medicamentosa. A remissão dos sintomas depressivos com a abstinência sugere um episódio depressivo secundário à intoxicação alcoólica.

Nicotina

A nicotina é uma droga de uso irrestrito e de fácil acesso. Por ser reconhecida como lícita, o tabaco (nicotina) tem seu uso liberado nos mais variados locais. Acreditava-se que, quando o indivíduo estava muito ansioso, em condições adversas, ou mesmo privado de outras drogas, seria contraindicada a retirada do tabaco, porque isso aumentaria a ansiedade, exacerbando os sintomas de privação da nicotina, que são: ansiedade, depressão, irritabilidade, aumento do sono REM, insônia, ganho de peso, inquietude, aumento ou diminuição do apetite e dificuldade de concentração.

Um estudo realizado com setenta indivíduos antes de interromper o uso do cigarro e após a interrupção mostrou um pico de ansiedade imediatamente antes e outro logo após a cessação do uso. Não houve comprovação de que essa ansiedade se mantivesse ou exacerbasse a preexistente. A abstinência da nicotina em pacientes esquizofrênicos exacerba a acatisia, depressão, insônia e diminuição da concentração. A nicotina tem efeitos anticolinérgicos. A cessação da nicotina ocasiona um aumento dos níveis séricos dos medicamentos antipsicóticos e alívio dos sintomas anticolinérgicos, com menos efeitos colaterais. Devido a esses fatores, verifica-se um alto índice de pacientes esquizofrênicos que usam de nicotina.

Benzodiazepínicos

O uso de benzodiazepínicos teve seu ápice na década de 1970, quando foram descobertos e utilizados para tratamento de vários problemas psiquiátricos. Trata-se de uma droga segura, com bons resultados, mas com alto risco de dependência. Foi somente na década de 1980 que começaram a surgir estudos demonstrando essa dependência. O uso passou a ser controlado e evitado por muitos. No final da década de 1990 e início do novo século, os benzodiazepínicos ressurgiram como uma medicação indicada para inúmeros transtornos psiquiátricos, como: ansiedade normal e patológica, transtornos de ansiedade, transtornos do humor, esquizofrenia, insônia e epilepsia. Porém, o uso desses medicamentos para essas doenças tem sido contraditório, pois eles auxiliam no tratamento apenas por curto período de tempo. O uso entre idosos, crianças, adolescentes e gestantes requer atenção. Podem ocorrer efeitos indesejados ou mesmo efeitos "rebotes", que são opostos aos efeitos aguardados.

Solventes

O uso de voláteis ocasiona rápido e importante dano à memória, percepção, processos cognitivos e interação social. Pode associar-se com transtornos de ansiedade, como pânico e ansiedade generalizada, que, comumente, são desencadeados pelo uso da substância. A depressão maior pode ser causada pelo efeito depressor do solvente no SNC. A intoxicação pode manifestar-se com sintomas de uma Síndrome Cerebral Orgânica (SCO). Crises psicóticas são frequentemente encontradas em usuários de solventes.

Maconha

O uso de maconha (THC) tem início, comumente, entre dez e treze anos de idade, período de transição entre a infância e a adolescência, quando o organismo ainda está em maturação. Muitos conhecem a droga através de amigos, na escola, ou mesmo em casa. O uso continuado pode levar à dependência e, muitas vezes, perdura porque a droga funciona como uma medicação que melhora a interação social ou alivia os sintomas de outro transtorno associado.

Os transtornos comórbidos mais frequentemente encontrados são depressão maior, ansiedades, fobias social e específica, transtorno de déficit de atenção com hiperatividade (TDAH) e retardo mental. A maconha é responsável por desencadear a primeira crise psicótica em aproximadamente 13% dos esquizofrênicos. Os transtornos de personalidade que tornam o indivíduo mais vulnerável para a procura dessa droga são o transtorno antissocial e o transtorno *borderline*.

Cocaína

Os transtornos de humor e os transtornos de ansiedade são os mais comumente associados à cocaína, após a comorbidade a outras drogas. Por ser um estimulante maior, é utilizada também pelos portadores de transtorno de déficit de atenção e hiperatividade para atenuar os sintomas. O usuário descreve o efeito da droga como algo que o acalma, deixa mais concentrado e mais produtivo, o que contradiz o efeito estimulante da cocaína. Porém, com o uso continuado, os cocainômanos tendem ao isolamento e apresentam sintomas paranoides, dificultando a avaliação de um transtorno psicótico paranoide. Como ocorre com outras drogas, o transtorno antissocial de personalidade é frequente, e muitos tornam-se distribuidores de drogas para pagar o próprio consumo. É necessária a abstinência da droga para avaliar transtornos comórbidos.

Outros estimulantes, como a cafeína ou a nicotina, também podem causar, em sua abstinência, um quadro de transtorno de ansiedade ou de episódio depressivo. Então, a relação entre ansiedade e depressão, com uso de drogas, deve ser cuidadosamente avaliada pelos riscos de um diagnóstico errôneo.

Considerações finais

As desordens comórbidas caracterizam-se por uma evolução mais crônica e severa do que as desordens psiquiátricas puras. A falta de uma avaliação apurada tem um alto custo para a vida familiar, laboral ou social de seus portadores. Suas consequências estendem-se a perdas importantes na qualidade de vida, como isolamento social, relações sociais conflitivas ou separação conjugal. A importância da investigação das condições comórbidas em grupos clínicos diagnosticados reside em seu caráter preventivo no diagnóstico e tratamento das desordens secundárias, assim como em melhores resultados no tratamento da desordem primária. Os estudos com amostras clínicas e não clínicas são controversos quanto ao papel do álcool em reduzir a ansiedade social e, como sabemos, o seu uso continuado traz o risco do abuso ou da dependência, favorecendo essa inclusão diagnóstica comórbida, com enormes prejuízos ao longo da vida.

Mais recentemente, a atenção de alguns pesquisadores tem-se voltado para a extensão com que certos sintomas podem coocorrer, independentemente de configurar-se um quadro nosológico. É a chamada predominância sintomática, provocadora de maior estresse ao longo da vida.

Referências bibliográficas

ALMEIDA FILHO, N. *et al.* Estudo multicêntrico de morbidade psiquiátrica em áreas urbanas brasileiras (Brasília, São Paulo, Porto Alegre). *Revista ABP-APAL*, v. 14, n. 3, p. 93-104, 1992.

BUCHOLZ, K. K. *Nosology and epidemiology of addictive disorders and their comorbidity*. In: MILLER, N. S.; SWIFT, R. M. (Eds.). *The psychiatric clinics of North America*, v. 22, n. 2, p. 221-240, 1999.

EDWARDS, G.; MARSHALL, E. J.; COOK, C. C. H. *O tratamento do alcoolismo*. 3. ed. Porto Alegre: Artes Médicas, 1999.

FRANCES, R. J.; BORG, L. The treatment of anxiety in patients with alcoholism. *Journal of Clinical Psychiatry*, v. 54, n. 5 (suplemento), p. 37-43, 1993.

GOLDSMITH, R. J. Overview of psychiatric comorbidity. In: MILLER, N. S.; SWIFT, R. M. (Eds.). *The Psychiatric clinics of North America*, v. 22, n. 2, p. 331-349, 1999.

HELZER, J. E.; PRYZBECK, T. R. The co-occurrence of alcoholism with other psychiatric disorders in the general population and its impact on treatment. *Journal of Studies on Alcohol*, v. 49, p. 219-224, 1988.

HIMLE, J. A. *et al.* Effect of alcohol on social phobic anxiety. *American Journal of Psychiatry*, v. 156, p. 1237-1243, 1999.

KESSLER, R. C. The national comorbidity survey of the United States. *International Review Psychiatry*, v. 6, p. 365-376, 1994.

______. *et al.* Lifetime co-occurrence of DSM-III-R alcohol abuse and dependence with other psychiatric disorders in the national comorbidity survey. *Archives of General Psychiatry*, v. 54, p. 313-321, 1997.

MADIANOS, M. J.; GEFOU-MADIANOU, D. S.; STEFANIS, C. N. Simptoms of depression, suicidal behavior and use of substances in Greece: a nationwide general population survey. *Acta Psychiatrica Scandinavica*, v. 89, p. 159-166, 1994.

MCCUSKER, C. G.; BROWN, K. The cue-responsivity phenomenon in dependent drinkers: "personality" vulnerability and anxiety as intervening variables. *British Journal of Addiction*, v. 86, p. 905-912, 1991.

MCLELLAN, A. T. "Psychiatric Severity" as a predictor of outcome from substance abuse treatments. In: MEYER, R. E. (Ed.). *Psychopathology and addictive disorders*. New York: The Guilford Press, 1986. p. 97-139.

REGIER, D. A. *et al.* Comorbidity of mental disorders with alcohol and other drug abuse. *Journal of American Medical Association*, v. 264, n. 19, p. 2511-2518, 1990.

SCHUCKIT, M. A.; HESSELBROCK, V. Alcohol dependence and anxiety disorders: what is the relationship? *American Journal of Psychiatry*, v. 151, n. 12, p. 1723-1734, 1994.

SCIVOLETTO, S.; ANDRADE, A. G. Complicações psiquiátricas pelo uso de álcool. In: RAMOS, S. P.; BERTOLOTE, J. M. (Eds.). *Alcoolismo hoje*. 3. ed. Porto Alegre: Artes Médicas, 1997. p. 111-129.

VERSIANI, M. *et al.* Fobia social e depressão. *Jornal Brasileiro de Psiquiatria*, v. 43, n. 12, p. 673-675, 1994.

WITTCHEN, H. U. *et al.* DSM-III-R generalized anxiety disorder in the national comorbidity survey. *Archives of General Psychiatry*, v. 51, p. 355-364, 1994.

WU, L. T.; KOUZIS, A. C.; LEAF, P. J. Influence of comorbid alcohol of mental health services in the national comorbidity survey. *American Journal of Psychiatry*, v. 156, p. 1230-1236, 1999.

Avaliação laboratorial do abuso de drogas

Flavia Valladão Thiesen

As aplicações das análises toxicológicas para detectar a presença de drogas e seus metabólitos em amostras biológicas têm-se expandido progressivamente e extrapolado seu uso original, quando os resultados eram utilizados apenas no diagnóstico de intoxicações e tratamento de dependentes químicos. Atualmente, essas análises são amplamente empregadas em outros setores da sociedade, como em serviços de atendimento de emergência, na avaliação de condutores de veículos automotores, no sistema judicial, em programas antidopagem nos esportes e em programas para prevenir o uso de drogas no trabalho (Levine, 2003; Huestis; Smith, 2006; Jaffee *et al.*, 2007). Essas aplicações traduzem a importância do papel das análises toxicológicas na prevenção de acidentes decorrentes do uso e do consumo de drogas propriamente dito, bem como no diagnóstico e no tratamento de intoxicações agudas e da dependência química. Resultados positivos na identificação de substâncias psicotrópicas podem ter um grande impacto na vida do indivíduo, razão pela qual os aspectos éticos e legais devem ser amplamente considerados. Assim, as análises toxicológicas devem ser realizadas de forma inequívoca e estar associadas a programas de prevenção e tratamento da dependência química, uma vez que a finalidade de tais análises é servir como ferramenta de apoio aos referidos programas. Para que seus resultados sejam empregados de forma inequívoca, alguns cuidados devem ser tomados.

Aplicações

Existem diversas áreas nas quais a execução de análises toxicológicas para detectar o uso de substâncias psicotrópicas pode contribuir de forma importante. Entre elas:

1. Programas de prevenção ao uso de drogas: esses programas frequentemente estão associados a testes para detecção de substâncias ilícitas, pois a experiência nos esportes demonstra que testes laboratoriais para identificar o abuso de drogas é um importante instrumento de prevenção. Algumas escolas realizam testes para detectar uso de drogas em seus alunos com o objetivo de preveni-lo e reduzi-lo. No entanto, essa medida é bastante polêmica no que diz respeito ao uso dos resultados desses exames, bem como a sua validade em termos de prevenção.

2. Procedimentos legais: o emprego de exames toxicológicos no diagnóstico do abuso de drogas tem provado ser de extrema relevância, principalmente nos casos em que aspectos legais estão presentes. Esses exames permitem verificar se estão presentes substâncias psicotrópicas ou seus metabólitos no organismo de indivíduos envolvidos em acidentes, homicídios e demais situações que envolvam aspectos legais ou judiciais (Levine, 2003). Nos casos da determinação da interferência de substâncias psicotrópicas na condução de veículos automotores, esses testes demonstram

contribuir para a prevenção de acidentes ao servirem como medida educativa (Dijkhuis; Widdop, 1998; Polla *et al.*, 2009).

3. Tratamentos para reabilitação de dependentes químicos: esses programas encontram na realização de análises toxicológicas um importante instrumento para auxiliar no acompanhamento dos pacientes em tratamento de reabilitação. Nesses casos é sugerido que os testes sejam realizados periodicamente como forma de estimular a abstinência e monitorar o sucesso da terapia. Muitos pacientes percebem esses testes como uma oportunidade de provar sua recuperação (Huestis *et al.*, 2000; Hammett-Stabler, Pesce, Cannon, 2002; Kronstrand *et al.*, 2010).

4. Programas para prevenir o uso de drogas e reduzir os acidentes no ambiente de trabalho: a realização de exames laboratoriais para detectar o uso de drogas, aliada a programas de prevenção, proporciona um aumento nos cuidados com a saúde dos trabalhadores e, por isso, tem uso crescente em empresas. Seus objetivos são reduzir o número de acidentes e de usuários de drogas, o absenteísmo e as despesas com tratamentos médicos; além disso, objetiva proporcionar um melhor relacionamento do grupo, diminuir o envolvimento com atividades ilícitas e aumentar a produtividade, o tempo de permanência no emprego e a qualidade dos produtos ou serviços oferecidos (Dijkhuis; Widdop, 1998; Substance Abuse and Mental Health Services Administration, 2004; National Institute on Drug Abuse, 1991).

Porém, essas análises em empresas são polêmicas, pois se contrapõem à privacidade dos trabalhadores. Entretanto, em situações que envolvem a segurança da comunidade, como em empresas de transporte, há um maior consenso quanto à indicação desses exames, uma vez que a segurança da comunidade prevalece sobre a privacidade dos funcionários. É importante salientar que esses programas devem ser aplicados por uma equipe multidisciplinar e incluir a prevenção ao uso de substâncias lícitas, como álcool e tabaco. Seu caráter deve ser preventivo, ao invés de punitivo, devendo estar associado a programas de educação e reabilitação e permitindo a reintegração dos indivíduos ao trabalho.

5. Diagnóstico e tratamento de pacientes com suspeita de uso de drogas: os resultados das análises laboratoriais podem interferir no diagnóstico e tratamento dos pacientes. É recomendável realizar testes para detectar exposição a drogas quando estão presentes sinais e sintomas de abuso de substâncias psicotrópicas (National Institute on Drug Abuse, 1990). Esses testes são amplamente difundidos e suas aplicações se expandiram para populações especiais, como a de recém-nascidos com suspeita de exposição intrauterina a drogas de abuso (National Institute on Drug Abuse, 1990). Em tais casos, quando se identifica a presença de substâncias psicotrópicas em amostras biológicas do recém-nascido ou de sua mãe, é possível realizar um tratamento específico.

Substâncias investigadas

De acordo com a população, podem ser realizadas análises para detecção de uma ou mais substâncias psicotrópicas. A escolha das substâncias a serem investigadas depende da frequência de uso na população investigada. Desse modo, no Brasil, as drogas testadas com maior frequência são etanol, cocaína, maconha e anfetaminas. Em outros países, muitas vezes também é investigado o uso de benzodiazepínicos, barbitúricos, derivados do ópio, metanfetamina e fenciclidina (National Institute on Drug Abuse, 1991). O consumo de inalantes raramente é avaliado, uma vez que esses compostos não são detectados nos testes de triagem empregados na rotina laboratorial. Essa classe de substâncias geralmente é testada apenas quando há suspeita de seu uso.

Dessa forma, a escolha das substâncias a serem analisadas deve ser baseada na clínica dos pacientes, em informações epidemiológicas da população em estudo e na tecnologia disponível para realização dos testes. Nos testes realizados em programas para prevenção ao abuso de drogas em empresas, o usual é realizar a pesquisa para detectar a exposição a etanol, cocaína, maconha e anfetaminas. A realização de testes para investigar uso de anfetaminas é mais frequente em empresas de transporte, onde essas substâncias são utilizadas para aumentar o período de vigília dos condutores de veículos. Análises para detectar uso de derivados do ópio e fenciclidina, drogas geralmente testadas em países da América do Norte e Comunidade Europeia, não são empregadas no Brasil, pois sua frequência de uso é baixa em relação às demais substâncias. O fato de o uso de tabaco ser lícito e não interferir de forma direta nas atividades do indivíduo exclui a nicotina da relação das substâncias investigadas pelas análises toxicológicas.

Tipos de amostras

Vários tipos de amostras biológicas são empregados para o diagnóstico laboratorial do uso de drogas. Atualmente, a amostra preferencial é a urina, uma vez que sua coleta é simples e não invasiva. Além disso, as substâncias psicoativas e seus metabólitos geralmente se encontram em concentrações maiores que no sangue e, por ser uma matriz aquosa, os procedimentos analíticos são facilmente conduzidos. Seu período de detecção é apropriado para grande parte das aplicações a que se destina, e os valores de referência necessários à interpretação dos resultados estão bem estabelecidos. No entanto, na urina geralmente são encontrados metabólitos inativos, e sua concentração não pode ser relacionada a efeitos comportamentais e fisiológicos (International Association of Forensic Toxicologists, 1997). A excreção urinária da droga e de seus metabólitos é influenciada pela dose, via de administração, padrão de uso e cinética da substância. Consequentemente, os resultados positivos indicam apenas que houve uso anterior à coleta, não sendo possível definir a quantidade empregada e a frequência de uso ou relacionar os níveis encontrados aos sinais de intoxicação no momento da tomada da amostra. Diversos países europeus utilizam testes de urina seriados para avaliar o uso frequente. No entanto, outros tipos de amostras são mais indicados para esse tipo de avaliação. A desvantagem é que as amostras de urina são facilmente adulteráveis ou substituídas, exigindo condições especiais de coleta, o que pode dificultar a realização da tomada das amostras (Ferrara, 1994; Huestis; Smith, 2006; Levine, 2003; Moore *et al.*, 2007; Polla *et al.*, 2009).

Amostras de sangue também são empregadas para detectar o abuso de drogas. No entanto, sua coleta é invasiva e seu período de detectabilidade é menor, quando comparado à análise urinária. Além disso, a quantidade de amostra disponível pode ser limitada, e, em termos analíticos, a presença de proteínas torna o método mais complexo. Sua vantagem em relação ao teste de urina é a possibilidade de estabelecer uma relação entre a quantidade detectada e a clínica do paciente (Levine, 2003). Por esse motivo, a avaliação da exposição ao álcool etílico é realizada preferencialmente em amostras de sangue ou ar expirado, pois, por se tratar de uma substância lícita, a quantidade presente no organismo deve ser determinada.

O uso de saliva para análises de exposição a drogas é crescente, principalmente para avaliar o consumo de drogas por motoristas e no ambiente de trabalho (Toennes *et al.*, 2005; Wille *et al.*, 2010). Amostras de saliva apresentam como vantagens o fato de sua coleta não ser invasiva, minimizando a chance de adulteração ou troca de amostras, e não causar constrangimento ao paciente. Análise em saliva permite detectar uso recente de drogas de abuso, mais especificamente avalia exposição nas 24 ou 48 horas que antecedem sua coleta. A transferência da substância para o fluido oral continua enquanto a droga está na corrente sanguínea e há uma relação direta entre os níveis sanguíneos e aqueles presentes na saliva (International Association of Forensic Toxicologists, 1997; Wille *et al.*, 2010). No entanto, deve haver cuidado para relacionar as concentrações salivares com os efeitos farmacológicos, pois logo após o consumo de drogas pode haver contaminação da cavidade oral, dependendo da via de administração (Wille *et al.*, 2010; Klinzig *et al.*, 2007). Geralmente o que está presente na saliva é a substância ativa responsável pelos efeitos psicoativos. Dessa forma, quando uma substância é detectada na saliva, significa que ela estava presente no organismo do paciente durante a coleta da amostra, e é provável que ele estivesse sob efeito da droga quando testado.

Como drogas de caráter básico (cocaína, anfetaminas e derivados do ópio, por exemplo) são encontradas em maior concentração na saliva, para essas substâncias há uma maior possibilidade de detecção. No entanto, no caso de drogas que se ligam fortemente às proteínas plasmáticas, como o tetra-hidrocanabinol (principal componente ativo da maconha), há pouca transferência da corrente sanguínea para a saliva (International Association of Forensic Toxicologists, 1997; Wille *et al.*, 2010).

Na Comunidade Europeia testes em saliva vêm sendo utilizados para avaliar o uso de drogas por condutores de veículos com equipamentos que fornecem resultados em poucos minutos. Essa amostra tem seu uso crescente, pois a avaliação do uso de drogas em saliva é considerada efetiva para sugerir a influência de substâncias psicoativas em motoristas. Seus resultados estão mais bem relacionados aos resultados de testes de sangue do que aqueles de testes que empregam urina, pois apresentam menos resultados falso-positivo, além de a coleta ser mais simples (Wille *et al.*, 2010; Klingzig *et al.*, 2007).

Vários métodos foram desenvolvidos para determinar a exposição a drogas por meio da análise de fios de cabelos. Fâneros, como pelos axilares, pubianos e barba, também podem ser empregados. Essa amostra tem como vantagens a facilidade para coleta e armazenamento, a estabilidade dos analitos, a possibilidade de coletar nova amostra quando necessário, maior dificuldade para adulterar as amostras e o maior período de detectabilidade. Como os cabelos crescem cerca de um centímetro por mês, a análise dos fios separadamente de acordo com o segmento pode indicar o momento aproximado do uso – por exemplo, quando a droga é detectada próxima à raiz, o uso é recente. Além disso, pode evidenciar exposição crônica a drogas (Kronstrand *et al.*, 2010; Klinzig *et al.*, 2007). No caso de ser detectada em diversos segmentos, conclui-se que o uso é frequente. Dependendo do comprimento do fio, as substâncias psicoativas e seus metabólitos são detectados meses depois de cessada a exposição.

O uso de cabelos para análise de drogas tem como desvantagens a necessidade de realizar a remoção prévia de possíveis contaminantes externos e a complexidade da matriz, que torna mais difícil extrair as drogas do cabelo. Além disso, exige o emprego de um método de análise de grande sensibilidade, mais especificamente cromatografia gasosa associada à espectrometria de massas, uma vez que as quantidades de droga de abuso presentes são inferiores àquelas encontradas na urina, saliva ou sangue. É importante ressaltar que o uso recente de drogas não é detectado, pois as drogas levam cerca de uma semana para serem incorporadas pela matriz. No entanto, são necessários de três a quatro meses para que a porção proximal de uma amostra de cabelos de usuários frequentes de cocaína se torne livre do composto, uma vez que as amostras possuem fios na fase telógena, em que o cabelo para de crescer (Garcia-Bournissen *et al.*, 2009).

A interferência de fatores como tinturas, descoloramentos e raça está razoavelmente definida, e é conhecido o fato de as drogas ligarem-se preferencialmente a fios pigmentados. É provável que fios de cabelo sejam cada vez mais utilizados para o diagnóstico de exposição a drogas de abuso; porém, alguns aspectos, como os valores de corte para cada droga, precisam ser mais bem definidos e, até o momento, a quantidade de substância detectada não pode ser relacionada à dose. Também é fator limitante o custo de tais testes e o número reduzido de laboratórios que dispõe de tecnologia apropriada para realizar essas análises (Levine, 2003; Huestis; Smith, 2006; Cone, 1996; Nakahara, 1999).

No ar expirado podem ser determinadas quantitativamente todas as substâncias voláteis, as quais são excretadas pelos pulmões (Levine, 2003). Esse tipo de amostra é amplamente empregado para avaliar os níveis de álcool etílico no organismo, por meio de equipamentos portáteis e de fácil utilização – os etilômetros, popularmente conhecidos como bafômetros. São equipamentos que fornecem os resultados de forma imediata e seu uso não é restrito a laboratórios, o que permite que sejam distribuídos pelas diversas regiões do país para agilizar a avaliação da exposição ao álcool etílico.

No entanto, certos cuidados devem ser tomados para assegurar a qualidade dos resultados fornecidos por esses instrumentos. Devem ser empregados apenas equipamentos certificados pelo órgão de metrologia responsável, o que garante que o etilômetro não sofra interferência de outras substâncias e que seja específico para detectar álcool etílico, entre outros aspectos, como exatidão, precisão e robustez. Os etilômetros também devem ser aferidos periodicamente para garantir a confiabilidade dos resultados. Quando corretamente determinados, os níveis de álcool no ar expirado refletem de maneira precisa a quantidade de álcool no Sistema Nervoso Central, uma vez que medem a quantidade de álcool no ar alveolar, que está em contato direto com o sangue arterial (Substance Abuse and Mental Health Services Administration, 2004).

O uso de tabaco pode ser verificado pela da determinação dos níveis de monóxido de carbono no ar expirado, ou de cotinina, principal metabólito da nicotina, em urina, saliva e sangue. A determinação de cotinina é mais indicada, pois o monóxido de carbono não é específico da exposição ao tabaco, e seus níveis podem estar aumentados após realização de atividade física ou exposição a poluentes ambientais (Levine, 2003).

Outra amostra amplamente investigada é o suor. Sua coleta é realizada por adesivos que contêm uma membrana de material absorvente e impermeável à contaminação ambiental. Nos Estados Unidos, dispositivos para coleta de suor têm sido utilizados para monitorar a abstinência em justiça criminal em casos de liberdade condicional e em tratamentos de reabilitação. Cada adesivo possui um número de série e pode ser utilizado por um período variável, entre um dia e uma semana. Se retirados, não permitem que sejam recolocados.

Esse tipo de espécime apresenta como vantagens o fato de sua coleta ser não invasiva e fornecer uma amostra cumulativa. Geralmente, a substância original é o principal analito detectado no suor; assim, testes direcionados à detecção de seus metabólitos, como os imunoensaios, podem não ter sensibilidade suficiente. Limitações adicionais são a falta de informações a respeito do período mínimo de colocação do adesivo no paciente e da dose de droga necessária para produzir resultados positivos. Além disso, a quantidade de amostra coletada e os níveis detectados são menores, quando comparados à urina (Huestis *et al.*, 2000; Huestis; Smith, 2006; Garcia-Bournissen *et al.*, 2009; Kintz; Cirimele; Ludes, 2000).

No caso de diagnóstico de exposição intrauterina a drogas de abuso, o mecônio é considerado amostra de escolha. O termo "mecônio" refere-se ao conteúdo intestinal do feto, expelido nos primeiros dois ou três dias após o nascimento. Começa a ser formado no final do primeiro trimestre da gestação, não sendo excretado até o parto e permitindo que as substâncias psicoativas e seus metabólitos se acumulem. Sua coleta é simples e sua análise possibilita o diagnóstico da exposição a drogas de abuso durante, aproximadamente, as últimas vinte semanas de gestação (Levine, 2003).

Técnicas empregadas em análises laboratoriais

Na análise de drogas de abuso em amostras biológicas inicialmente deve ser realizada uma triagem por um método rápido e sensível, que permita descartar espécimes com resultados negativos. Com esse objetivo, os imunoensaios são amplamente empregados, pois, além da alta sensibilidade e rapidez, têm a vantagem adicional de serem automatizáveis, exigirem um investimento inicial pequeno e dispensarem tratamento prévio das amostras.

Alguns deles podem ser realizados no local de coleta (com o uso de fitas ou cassetes com antígenos e anticorpos impregnados em uma membrana, por isso também denominadas técnicas imunocromatográficas), tendo a vantagem adicional de fornecer resultados de forma imediata. O uso desses testes para detectar drogas em urina parece funcionar bem e apresenta um período de detecção de dois a três dias. No caso de testes que utilizam saliva, eles são apropriados para detectar algumas drogas, mas não fornecem resultados consistentes em relação a outras, de acordo com o dispositivo empregado. No entanto, seu desenvolvimento está ocorrendo de forma bastante rápida, o que provavelmente conduzirá a melhores resultados em breve. No caso de amostras de saliva, seu período de detecção é de algumas horas (Walsh, 2008).

Os imunoensaios utilizam anticorpos para identificar e medir a quantidade da substância a ser analisada. Porém, essas técnicas não apresentam a especificidade necessária para o diagnóstico do uso de drogas e podem fornecer resultados falso-positivos (indicam uso de drogas quando este não existiu) devido a efeitos da matriz e à presença de substâncias com estruturas semelhantes que também podem ligar-se aos anticorpos. Por esse motivo, são considerados métodos de triagem, e é imperioso que todos os resultados positivos obtidos por imunoensaios sejam confirmados por outra técnica de princípio diferente e com maior especificidade (Huestis; Smith, 2006; Dijkhuis; Widdop, 1998; Substance Abuse and Mental Health Services Administration, 2004; National Institute on Drug Abuse, 1991; Wille *et al.*, 2010; Klingzig *et al.*, 2007; Preston *et al.*, 1999; Liu; Goldberger, 1995; Buckley, 2001). Diferentes marcas de imunoensaios apresentam diferentes problemas de sensibilidade e especificidade. Esses aspectos devem estar relacionados nas informações que acompanham os testes fornecidas pelo fabricante (Levy *et al.*, 2006).

Todas as amostras que obtiverem resultados positivos na etapa de triagem devem ser confirmadas. A técnica mais indicada, por sua alta especificidade e sensibilidade, é a cromatografia gasosa associada à espectrometria de massas (CG/EM), sendo definida como "padrão ouro" em testes para detectar uso de drogas. O uso dessa técnica confirmatória é recomendado por unanimidade no meio científico (Dijkhuis; Widdop, 1998; National Institute on Drug Abuse, 1990; Substance Abuse and Mental Health Services Administration, 2004; Ferrara, 1994; Liu; Goldberger, 1995; Walsh, 1989).

O emprego dessas duas técnicas associa a alta sensibilidade dos imunoensaios à alta especificidade da técnica cromatográfica confirmatória (Levine, 1999). Essa associação, acompanhada de um programa eficiente de controle de qualidade, proporciona a confiabilidade necessária para os testes de identificação do uso de drogas. A segurança para que não existam resultados falso-positivos é fundamental quando os analitos são substâncias psicotrópicas, uma vez que deve ser evitado o risco de identificar erroneamente um indivíduo como usuário.

CUIDADOS NECESSÁRIOS

Durante a realização dos testes para detectar uso de drogas, alguns procedimentos devem ser rigorosamente observados para assegurar a integridade da amostra, a confidencialidade dos dados gerados e a validade dos resultados obtidos, além de evitar resultados falso-negativos, ou seja, situações em que houve consumo de drogas, mas não foi identificado.

Como frequentemente há tentativa de burlar os resultados de testes para drogas, alguns cuidados devem ser tomados durante a coleta da amostra. Os métodos mais empregados para burlar os resultados são substituição ou diluição da amostra e adição de adulterantes.

Para reduzir o risco de se burlar os resultados, diversos programas recomendam que a coleta de urina seja acompanhada ou que sejam tomadas medidas prévias ao ingresso do paciente no sanitário, as quais diminuem as chances de troca, diluição ou adulteração de amostra. Compostos frequentemente adicionados à urina para mascarar os resultados incluem vinagre, suco de limão, detergentes, ácido ascórbico, peróxidos, entre outros.

Com o objetivo de avaliar a autenticidade da amostra, deve ser determinada sua temperatura logo após a coleta. Como são muito empregados agentes oxidantes para adulterar os resultados, é recomendável realizar testes para detectar estes compostos, além da determinação do pH urinário. Também deve ser avaliada a densidade ou os níveis de creatinina urinária para detectar casos de diluição (Jaffee *et al.*, 2007; Polla *et al.*, 2009; National Institute on

Drug Abuse, 1991; Bush, 2008; Arndt, 2009). Os testes de triagem são mais sensíveis aos efeitos dos adulterantes do que as técnicas confirmatórias, e o impacto do adulterante também depende do tipo de substância testada, sendo que os canabinoides são os mais sensíveis. O resultado também é influenciado pelo tipo de tecnologia utilizada na análise, podendo ser, inclusive, aumentado em alguns casos (Levine, 2003; Ferrara, 1994; Liu; Goldberger, 1995).

Outro cuidado indispensável para assegurar a integridade das amostras é o uso de cadeia de custódia. A cadeia de custódia é aplicada por meio de um documento que acompanha a amostra em todas as etapas, desde sua coleta. Nesse documento são registrados todos os procedimentos realizados, com nome e assinatura do responsável por cada etapa. O uso de cadeia de custódia assegura que não houve troca ou adulteração de amostras durante sua coleta, transporte e processamento (Levine, 2003; Ferrara, 1994; Bush, 2008).

Interpretação dos resultados

O clínico deve compreender os limites dos testes realizados em relação ao que pode e ao que não pode ser detectado. Antes de os resultados serem interpretados como positivos, alguns cuidados devem ser tomados. Em primeiro lugar, deve ser verificado se o resultado foi confirmado por método específico. Deve ser considerada também a possibilidade de interferentes fornecerem resultados positivos. Por exemplo, a ingestão de alimentos com sementes de papoula pode resultar em teste positivo para derivados do ópio, uma vez que será encontrada morfina na urina do paciente. Medicamentos contendo efedrina, fenfluramina ou metilfenidato poderão interferir em testes para diagnóstico do uso de anfetaminas, caso as amostras positivas não sejam confirmadas.

Face ao exposto, é recomendado que todos os resultados sejam interpretados por um especialista, que descartará a possibilidade de o resultado positivo dever-se à presença de interferentes. Nos Estados Unidos, quem desempenha esse papel é o *Medical Review Officer* (MRO), o equivalente ao *Medical Advisor* da Nova Zelândia. São profissionais com treinamento especial relativo a drogas de abuso, responsáveis pela interpretação dos resultados. Eles devem certificar-se de que a cadeia de custódia foi seguida e verificar se o resultado encontrado não é devido ao uso de medicamentos ou a outras razões legítimas (Substance Abuse and Mental Health Services Administration, 2004; Walsh, 2008; Bush, 2008; Nolan, 2008).

Antes de definir que uma amostra apresenta resultado positivo ou foi adulterada ou substituída, o médico especialista deve entrevistar o paciente para determinar se há uma explicação médica válida que justifique o resultado. Essa atividade pode incluir uma revisão da história médica do paciente e de outros fatores biomédicos relevantes (Substance Abuse and Mental Health Services Administration, 2004). Na Comunidade Europeia, as "Recomendações para a detecção de substâncias ilícitas na urina", estabelecidas por especialistas em toxicologia, definem os parâmetros a serem seguidos pelos países membros, dando especial atenção aos testes realizados em programas ligados ao ambiente de trabalho (International Association of Forensic Toxicologists, 1997).

Quando a substância analisada é ilícita, não há necessidade de executar análises quantitativas, a menos que seja importante estabelecer relação com a clínica do paciente. Por esse motivo, resultados de testes de urina são expressos apenas como positivos ou negativos e significam que o indivíduo consumiu a substância em questão pelo menos uma vez. Esses resultados não permitem concluir a respeito da dosagem, momento do uso, via de administração ou condições físicas e mentais no momento da coleta; apenas indicam que houve exposição prévia.

Valor ou ponto de corte é a concentração abaixo da qual todos os resultados são considerados negativos (Cone, 2007). Geralmente é superior ao limite de detecção do método, a fim de evitar que exposições passivas sejam identificadas. No Brasil, os valores de corte adotados são preconizados por agências internacionais ou pelo fabricante dos reagentes empregados na análise, os quais consideram os aspectos éticos e as consequências legais de resultados positivos.

Os valores de corte são grandemente influenciados pela sensibilidade do método de análise utilizado. Esses valores são diferentes conforme a substância testada e o tipo de amostra empregado. Os valores de corte são menores para testes confirmatórios, uma vez que quantificam apenas o analito marcador de exposição à droga em questão (National Institute on Drug Abuse, 1990). Em testes de triagem, além da droga em questão, são determinados seus metabólitos, e o valor de corte refere-se à medida conjunta de todos esses compostos.

O período de detecção das substâncias psicoativas depende da dose, da via de administração, do pH e fluxo urinário, de taxas individuais de metabolismo e excreção, da frequência de uso da droga, do valor de corte empregado, das características da amostra e da sensibilidade do teste (Jufer *et al.*, 2006; Lowe *et al.*, 2009). O uso crônico de substâncias lipofílicas, característica da maior parte das drogas de abuso, provoca seu armazenamento no organismo, aumentando o período de detecção. Dessa forma, o período de detecção dos metabólitos da maconha na urina varia entre três (exposição única) e trinta dias (uso regular). Para a cocaína, o período de detecção varia entre sessenta horas e sete dias (Liu; Goldberger, 1995).

Considerações finais

Testes para detectar abuso de drogas devem ser realizados somente após o consentimento informado do paciente e devem incluir a testagem de substâncias lícitas e ilícitas, uma vez que a preocupação maior deve ser com a saúde do indivíduo. Também é fundamental que os testes estejam inseridos em programa de reabilitação e possuam caráter educativo, a fim de evitar políticas discriminatórias.

O laboratório que realiza análises para detecção do uso de drogas deve seguir rigorosos procedimentos técnico-científicos e ético-legais. Não existem normas de testagem ou sistema para credenciamento de laboratórios no Brasil. No entanto, é indispensável a adoção de alguns cuidados fundamentais, como confirmação dos resultados positivos por técnica de análise apropriada, execução dos testes por pessoal capacitado, uso de programa de controle de qualidade laboratorial e avaliação dos resultados por profissional treinado.

Referências bibliográficas

ARNDT, R. Urine-creatinine concentration as a marker of urine dilution: reflections using a cohort of 45,000 samples. *Forensic Science International*, v. 186, p. 48-51, 2009.

BUCKLEY, N. A. Drug screens. *Australian Prescriber*, v. 24, n. 4, p. 90-91, 2001.

BUSH, D. M. The U. S. Mandatory Guidelines for federal workplace drug testing programs: current status and future considerations. *Forensic Science International*, v. 174, p. 111-119, 2008.

CONE, E. J. Mechanisms of drug incorporation into hair. *Therapeutic Drug Monitoring*, v. 18, p. 438-443, 1996.

______. Oral fluid testing for drugs. *Dental Abstracts*, v. 52, n. 1, p. 21-22, 2007.

DIJKHUIS, L. C.; WIDDOP, B. Programmes for psychoactive substances. *Bulletin of The International Association of Forensic Toxicologists*, v. 27, n. 5, p. 9-11, 1998.

FERRARA, S. D. Drugs-of-abuse testing in urine: statistical approach and experimental comparison of immunochemical and chromatographic techniques. *Journal of Analytical Toxicology*, v. 18, p. 278-291, 1994.

GARCIA-BOURNISSEN, F. *et al.* Pharmacokinetics of disappearance of cocaine from hair after discontinuation of drug use. *Forensic Science International*, v. 189, p. 24-27, 2009.

HAMMETT-STABLER, C. A.; PESCE, A. J.; CANNON, D. J. Urine drug screening in the medical setting. *Clinica Chimica Acta*, v. 315, p. 125-135, 2002.

HUESTIS, M. A.; SMITH, M. L. Modern analytical technologies for the detection of drug abuse and doping. *Drug Discovery Today: Technologies*, v. 3, n. 1, p. 49-57, 2006.

HUESTIS, M. A. *et al.* Monitoring opiate use in substance abuse treatment patients with sweat and urine drug testing. *Journal of Analytical Toxicology*, n. 24, p. 509-521, 2000.

INTERNATIONAL ASSOCIATION OF FORENSIC TOXICOLOGISTS. Recommendations for the reliable detection of illicit drugs in urine in the European Union, with special attention to the workplace. *Bulletin of The International Association of Forensic Toxicologists*, v. 27, n. 2, p. 14-18, 1997.

JAFFEE, W. B. *et al.* Is this urine really negative? A systematic review of tampering methods in urine drug screening and testing. *Journal of Substance Abuse Treatment*, v. 33, p. 33-42, 2007.

JUFER, R. *et al.* Effect of repeated cocaine administration on detection times in oral fluid and urine. *Journal of Analytical Toxicology*, v. 30, p. 458-462, 2006.

KINTZ, P.; CIRIMELE, V.; LUDES, B. Detection of cannabis in oral fluids (saliva) and forehead wipes (sweat) from impaired drivers. *Journal of Analytical Toxicology*, v. 24, p. 557-561, 2000.

KLINZIG, F. *et al.* Hair analysis by LC-MS as evidence of nalbuphine abuse by a nurse. *Journal of Analytical Toxicology*, v. 31, p. 62-65, 2007.

KRONSTRAND, R. *et al.* Hair analysis for drugs in driver's license regranting. A Swedish pilot study. *Forensic Science International*, v. 196, p. 55-58, 2010.

LEVINE, B. S. *Principles of forensic toxicology*. Washington: American Association for Clinical Chemistry, 2003.

LEVY, S. *et al.* Drugs testing of adolescents in ambulatory medicine. *Archives of Pediatric Adolescent Medicine*, v. 160, p. 146-150, 2006.

LIU R, H.; GOLDBERGER, B. A. *Handbook of workplace drug testing.* Washington: American Association for Clinical Chemistry, 1995.

LOWE, R. H. *et al.* Extended urinary Δ^9-tetrahydrocannabinol excretion in chronic cannabis users precludes use as a biomarker of new drug exposure. *Drug and Alcohol Dependence*, v. 106, p. 24-32, 2009.

MOORE, C. et al. Detection of conjugated 11-nor-delta-9-tetrahydrocannabinol-9-carboxylic acid in oral fluid. *Journal of Analytical Toxicology*, v. 31, p. 187-194, 2007.

NAKAHARA, Y. Hair analysis for abused and therapeutic drugs. *Journal of Chromatography B*, v. 733, p. 161-180, 1999.

NATIONAL INSTITUTE ON DRUG ABUSE. U. S. Department of Health and Human Services. *Employee drug screening & detection of drug use by urinalysis*. Rockville: National Institute on Drug Abuse, 1990.

______. U. S. Department of Health and Human Services. *Methodological issues in controlled studies on effects of prenatal exposure to drug abuse*. Rockville: National Institute on Drug Abuse, 1991.

NOLAN, S. Drug-free workplace programmes: New Zealand perspectives. *Forensic Science International*, v. 174, n. 2-3, p. 125-132, 2008.

POLLA, M. *et al.* Hair testing is superior to urine to disclose cocaine consumption in driver's licence regranting. *Forensic Science Internacional*, n. 189, p. 41-43, 2009.

PRESTON, K. L. *et al.* Monitoring cocaine use in substance-abuse-treatment patients by sweat and urine testing. *Journal of Analytical Toxicology*, v. 23, p. 313-322, 1999.

SUBSTANCE ABUSE AND MENTAL HEALTH SERVICES ADMINISTRATION. *Mandatory guidelines for federal workplace drug testing programs*. Federal Register 69, 2004. Disponível em: <http://workplace.samhsa.gov>.

TOENNES, S. W. *et al.* Driving under the influence of drugs - evaluation of analytical data of drugs in oral fluid, serum and urine, and correlation with impairment symptoms. *Forensic Science International*, v. 152, p. 116-149, 2005.

WALSH, J. M. Drug testing in the private and public sectors. *Bulletin of The New York Academy of Medicine*, v. 65, p. 166-172, 1989.

______. New technology and new initiatives in U. S. workplace testing. *Forensic Science International*, v. 174, n. 2-3, p. 120-124, 2008.

WILLE, S. M. R. *et al.* Evaluation of on-site oral fluid screening using Drugwipe-5®, RapidSTAT® and Drug Test 5000® for the detection of drugs of abuse in drivers. *Forensic Science International*, v. 198, p. 2-6, 2010.

4

Tratamento das Dependências Químicas

Tratamento da síndrome de abstinência do álcool

Irma Rossa

Abordamos aqui a proposta atual para o tratamento da síndrome de abstinência do álcool que obteve o consenso dos especialistas da área por seus excelentes resultados. Não dispomos, até o momento, desta mesma conduta para a abstinência de outras drogas.

A grande maioria dos alcoolistas não necessita de medicação para desintoxicação. Cerca de 10% dos pacientes, porém, irão desenvolver a Síndrome de Abstinência do Álcool (SAA), cujo tratamento será discutido com base no "Consenso sobre a síndrome de abstinência do álcool (SAA) e o seu tratamento" (Laranjeira *et al.*, 2000). O tratamento não farmacológico será abordado, mas a ênfase será dada aos fármacos, cujo uso traz alívio ao sofrimento, elimina os sinais e sintomas e previne o agravamento da SAA. Esse procedimento evita o aparecimento de convulsões e *delirium* e prepara o paciente para aderir ao tratamento do alcoolismo (Raistrick, 2000). A gravidade da síndrome de abstinência do álcool varia de leve a grave.

As situações mais dramáticas e que põem em risco a vida do paciente devem ser encaminhadas para o hospital e, dependendo da circunstância, para uma unidade de tratamento intensivo. Uma dessas situações é a síndrome de abstinência com *Delirium Tremens* (DT), cuja mortalidade é de 5%, mesmo após o advento dos benzodiazepínicos (BZD). Qualquer que seja a magnitude da SAA, o uso de um medicamento é imprescindível: a vitamina B, especialmente a tiamina, 100 mg/dia por pelo menos cinco dias. Graças a essa medida simples, o desenvolvimento da Síndrome de Korsakoff é evitado. Pacientes em risco de desenvolver SAA devem iniciar o uso de benzodiazepínicos precocemente, o que, em muitos casos, evita ou ameniza o aparecimento da síndrome. O uso de betabloqueadores pode minimizar os sinais secundários, a hiperatividade autonômica (Raistrick, 2000; Williams; McBride, 1998).

A avaliação cuidadosa do paciente pode dar indícios da gravidade da síndrome de abstinência do álcool. No Quadro 1 estão listadas algumas situações que sugerem SAA grave.

Quadro 1. Situações que sugerem gravidade da SAA

1. História de quadro de abstinência grave no passado.
2. Paciente nitidamente alcoolizado, sem sinais de intoxicação.
3. Sinais de abstinência, ainda alcoolizado.
4. Paciente usuário de sedativos ou hipnóticos.
5. Complicações médicas, especialmente as que provocam hipoxemia e alterações metabólicas.

Para o diagnóstico diferencial devem ser consideradas as seguintes patologias: infecções (meningites, encefalites, pneumonia), traumatismo cranioencefálico, hematoma subdural, encefalopatia porto-sistêmica, má nutrição e efeitos adversos de outros medicamentos. Na presença de convulsões, afastar as hipóteses de tumor, traumatismo craniano e distúrbio hidroeletrolítico. Afastar também outras causas capazes de provocar *delirium* (Laranjeira *et al.*, 2000). A gravidade da SAA definirá a escolha do melhor tratamento (Williams; McBride, 1998; Sullivan *et al.*, 1989). A decisão será facilitada se um protocolo, baseado nos itens listados no Quadro 2, for utilizado.

Quadro 2. Critérios para definir gravidade da SAA

1. Cuidadosa revisão da história médica pregressa e atual.
2. Aplicação da Escala *Clinical Institute Withdrawal Assessment for Alcohol, Revised* (CIWA-r) para avaliar a severidade dos sintomas.
3. Exame físico minucioso buscando trauma, doença pulmonar, hipovolemia e outras condições importantes capazes de complicar o curso natural da SAA
4. Exames laboratoriais, afastando outras condições, tais como hiper ou hipoglicemia, hipomagnesemia.
5. Avaliação do estado mental, de doenças psiquiátricas coexistentes e de risco de suicídio.
6. Outros riscos específicos, tais como idade avançada, gravidez e outras condições comórbidas.
7. Observação cuidadosa do estado de consciência, da orientação, da capacidade de usar medicação por via oral, e de sinais de gravidade: pulso acima de 100 bpm, hipo ou hipertermia.

A definição da SAA leve conforme o escore da CIWA-r (Sullivan *et al.*, 1989) sugere que o paciente não necessita de hospitalização (Laranjeira *et al.*, 2000; Raistrick, 2000; Williams; McBride, 1998). Outros fatores devem ser levados em consideração para definir se o paciente pode ser tratado em regime ambulatorial ou internação domiciliar: a ausência de comorbidades clínicas ou psiquiátricas, detectadas no exame geral; a falta de um suporte social e econômico; o juízo crítico e a orientação espaçotemporal preservados; e, ainda, a ausência de riscos contra si ou outros (Laranjeira *et al.*, 2000).

Quanto à internação domiciliar, é fundamental que os familiares ou responsáveis sejam instruídos quanto à evolução e possíveis complicações da SAA, com orientação de busca de serviços mais complexos, caso a evolução não seja favorável. Os familiares ou responsáveis devem ser orientados a propiciar um ambiente calmo, com pouca estimulação audiovisual. O paciente deve ingerir líquidos e seguir uma dieta livre, caso não haja nenhum impeditivo. Tanto o paciente como os responsáveis devem ser orientados sobre a proibição de dirigir veículos e manejar instrumentos ou máquinas que possam feri-lo. A reavaliação ambulatorial deve ser precoce, de preferência na mesma semana ou nos primeiros quinze dias. A prescrição de medicação deve incluir tiamina intramuscular (IM) nos primeiros sete a quinze dias, passando a via oral (VO) após esse período; benzodiazepínicos VO com retirada gradual em uma semana (ver Quadro 3) (Laranjeira *et al.*, 2000; Raistrick, 2000; Williams; McBride, 1998; Stein, 1999).

Quadro 3. Tratamento da SAA leve ou moderada

Cuidados gerais:

- ⇨ Esclarecimento sobre a SAA para paciente e familiares.
- ⇨ Avaliação frequente por profissional da saúde.
- ⇨ Dieta leve ou conforme tolerância, com ênfase na hidratação.
- ⇨ Ambiente calmo, pouca estimulação.

- ⇨ Monitorização por familiares ou responsável.
- ⇨ Encaminhar para emergência se necessário.

Medicação:

- ⇨ Tiamina 300 mg/dia IM, inicialmente, e depois VO.
- ⇨ Benzodiazepínicos: dose individualizada, retirada gradual.
- ⇨ Diazepan: 20-40 mg VO/dia.
- ⇨ Clordiazepóxido: 100-200 mg VO/dia.
- ⇨ Lorazepan: 4-8 mg VO/dia (em caso de hepatopatia grave).

Em situação ideal, o paciente com SAA moderada pode ficar restrito ao seu leito domiciliar, com visitas de profissional de saúde para acompanhamento. Os familiares ou responsáveis devem ser instruídos a avaliar as condições do nível de consciência, a acompanhar a evolução dos sinais clínicos, tais como sudorese, tremores e, principalmente, as situações relacionadas com a orientação tempo-espaço. As visitas desnecessárias devem ser evitadas. O paciente deverá receber dieta leve, com ênfase na hidratação. Deverá, também, receber as mesmas doses de vitamina, e os familiares deverão ser orientados a manejar a dose de benzodiazepínicos conforme a evolução do quadro. Para maior conforto do paciente, a dose noturna deverá ser um pouco maior. Doses maiores de BZD que as recomendadas aqui poderão ser utilizadas (ver Quadro 3), pois o objetivo é aliviar os sintomas da abstinência (Raistrick, 2000). O uso do BZD está restrito à primeira semana ou dez dias de evolução. Conforme as condições dos familiares, o uso da Escala CIWA-r pode ser orientado.

Em caso de recaída ou de evolução desfavorável, a hospitalização está indicada. A internação hospitalar está indicada nos casos de SAA grave, conforme a Escala CIWA-r, mas também em situações em que o apoio familiar ou social é inexistente, quando a rede social se restringe ao uso da substância ou quando a situação econômica não permite o tratamento domiciliar. Também tem indicação de hospitalização as comorbidades clínicas ou psiquiátricas detectadas no exame geral, bem como as condições psicológicas do paciente, seja por alteração de seu estado de consciência ou de seu juízo crítico, ou ainda quando seu comportamento violento põe em risco a si ou aos outros. Durante a internação, a aplicação da escala CIWA-r deve ser monitorada, o paciente deve permanecer no leito, as visitas, limitadas e a dieta, quando aceita, deve ser leve.

Em situações de agitação ou confusão mental, recomenda-se jejum, para evitar aspiração e a consequente infecção respiratória. Quando a agitação é intensa, e apenas enquanto a medicação não começa seu efeito, o paciente deve ser contido. Essa contenção deve ser feita com cuidado para não machucá-lo, mantendo a cabeceira elevada, as pernas afastadas, um braço ao longo do corpo e o outro sobre a cabeça. A contenção deve ser removida uma de cada vez, a cada cinco minutos, assim que o paciente apresentar melhora do quadro de agitação. A reposição hídrica e de eletrólitos deve ser condizente com o estado do paciente e com os exames laboratoriais. A solução glicosada, mesmo a 5%, deve ser acompanhada de vitaminas do complexo B. A tiamina deve ser reposta como indicado anteriormente, mas a dose poderá ser aumentada se o paciente apresentar confusão mental, ataxia e nistagmo. A prescrição de BZD será orientada pelo escore da escala CIWA-r, aplicada de hora em hora até que o escore seja igual ou inferior a oito, quando o paciente poderá ser avaliado a cada quatro horas (Laranjeira *et al.*, 2000; Raistrick, 2000; Williams; McBride, 1998; Stein, 1999). O resumo dessas orientações está no Quadro 4.

Quadro 4. Tratamento da SAA grave

Cuidados gerais

- ⇨ Repouso absoluto
- ⇨ Dieta leve ou jejum
- ⇨ Controle por meio da CIWA-r
- ⇨ Monitorização do equilíbrio hidroeletrolítico

Medicação

- ⇨ Tiamina 300 mg/dia IM (dose deve ser aumentada na suspeita de Síndrome de Wernicke-Korsakoff)
- ⇨ Benzodiazepínicos: dose individualizada, retirada gradual
- ⇨ Diazepan: 10-20 mg VO/de hora em hora
- ⇨ Se necessário: EV 10 mg em 4 min, com atenção para a função respiratória
- ⇨ Clordiazepóxido: 50-100 mg VO/de hora em hora
- ⇨ Lorazepan: 2-4 mg VO/de hora em hora (em caso de hepatopatia grave)

Se for necessária a administração endovenosa, a aplicação deve ser lenta, e o BZD pode ser diluído apenas no sangue do paciente. Essa técnica minimiza os riscos de parada respiratória e é especialmente útil no tratamento de crises convulsivas, que costumam acompanhar a SAA grave. As convulsões, do tipo tônico-clônica, em 40% dos casos são isoladas ou limitadas. Geralmente aparecem nas primeiras 48 horas após a parada da ingestão de álcool. O BZD de escolha é o diazepan, e a dose indicada é de 10 a 20 mg VO de hora em hora.

Anticonvulsivantes não são indicados, a menos que haja história prévia de epilepsia. Um terço dos pacientes que apresentam convulsões evoluem para *delirium tremens*, condição que se estabelece no período de um a três dias pós-abstinência. A evolução para a morte pode ocorrer, pois há uma pronunciada atividade autonômica, com febre alta, confusão intensa e alucinações. Para maior segurança do paciente, está indicada a internação em UTI, pois frequentemente grandes doses de benzodiazepínicos EV são necessárias. Clonidina, 0,1 mg a 0,2 mg/dia ou propranolol, 40-120 mg/dia podem ser usados para alívio da atividade autonômica. Para a agitação, podem-se associar neurolépticos: haloperidol 5 mg/dia; o uso de clorpromazina e outros neurolépticos de baixa potência devem ser evitados, pois podem desencadear convulsões.

O haloperidol está indicado também para o tratamento de outra complicação da SAA, a alucinose alcoólica. Esse quadro caracteriza-se por alucinações auditivas, com sons do tipo clique, rugidos, barulhos de sinos, cânticos, vozes; algumas vezes as alucinações são de caráter visual e tátil. A consciência permanece, o que propicia que o paciente fique muito assustado e ansioso com a experiência. O quadro diferencia-se de DT especialmente pela ausência de alterações autonômicas. Se o uso de neurolépticos provocar distonias agudas ou distúrbios de movimento, anticolinérgicos (biperideno 2 mg) devem ser usados (Raistrick, 2000) (ver Quadro 5).

Quadro 5. Tratamento das complicações da SAA

Convulsões:

- ⇨ Diazepan: de 10 a 30 mg/dia VO
- ⇨ Durante a crise: 10 mg EV, lentamente

***Delirium tremens*:**

- ⇨ Diazepan: 60 mg/dia VO
- ⇨ Lorazepam: 12 mg/dia VO
- ⇨ Se necessário, haloperidol: 1-5 mg/dia VO

⇨ Clonidina: 0,1-0,2 mg/dia VO

⇨ Propronolol: 40-120 mg/dia VO

Alucinose alcoólica

⇨ Haloperidol: 5 mg/dia

Referências bibliográficas

LARANJEIRA, R. *et al.* Consenso sobre a síndrome de abstinência do álcool (SAA) e o seu tratamento. *Revista Brasileira de Psiquiatria*, v. 22, p. 62-71, 2000.

RAISTRICK, D. Management of alcohol detoxication. *Advances in psychiatric treatment*, v. 6, p. 348-355, 2000.

SULLIVAN, J. T. *et al.* Assessment of alcohol withdrawal: the revised clinical institute withdrawal assessment for alcohol scale (CIWA-r). *British Journal of Addiction*, v. 84, p. 1353-1357, 1989.

STEIN, M. D. Medical consequences of substance abuse. *The Psychiatric Clinics of North America*, v. 22, n. 2, p. 351-370, 1999.

WILLIAMS, D.; MCBRIDE, A. The drug treatment of alcohol withdral symptoms: a systematic review. *Alcohol & Alcoholism*, v. 33, n. 2, p. 103-115, 1998.

PRINCÍPIOS BÁSICOS PARA O TRATAMENTO DO TABAGISMO

Mauro Soibelman

O tabagismo é uma condição crônica que frequentemente demanda repetidas intervenções. Por outro lado, existem tratamentos comprovadamente efetivos, incluindo intervenções breves, que podem resultar em abstinência prolongada ou mesmo permanente. Quando comparadas a outras intervenções médicas, além de clinicamente efetivas, as alternativas de tratamento para o tabagismo são custo-efetivas. Dessa forma, o uso de tabaco deve ser sistematicamente investigado em todos os pacientes. Pelo menos uma destas opções deveria ser oferecida a todo fumante (Fiore *et al.*, 2000; Laranjeira; Maria; Lourenço, 2001):

a. aqueles que *desejam* tentar parar de fumar devem ser submetidos a algum tratamento comprovadamente efetivo;
b. àqueles que não desejam tentar parar de fumar, deve ser oferecido algum tipo de intervenção breve com o objetivo de aumentar sua motivação para parar.

Uma vez que é grande a proporção de fumantes em qualquer serviço de saúde, todo profissional dessa área deve conhecer os princípios básicos para uma intervenção que vise a coibir o tabagismo. O modelo apresentado na Figura 1 resume a estratégia geral para a abordagem do tabagismo, propondo cinco passos para uma intervenção breve pelo não especialista – os cinco "A's" –, adaptado do inglês (Fiore *et al.*, 2000):

a. *Avaliar* se o paciente fuma; perguntando sempre sobre o tipo e quantidade, por exemplo, cigarros ou charutos por dia, cachimbo etc.;
b. *Aconselhar* todo fumante a parar de fumar, explicando, de forma clara e firme, a importância dessa atitude, relacionando-a com problemas e vantagens individualizadas;
c. *Abordar* a motivação para parar, perguntando, por exemplo, se está disposto a fazer uma tentativa séria, em princípio, nos próximos trinta dias;
d. *Auxiliar* na tentativa de parar;
e. *Agendar* contatos para prevenir a recaída, incluindo revisão inicial na mesma semana da parada; cumprimentar pelo sucesso ou, se ocorreu algum uso, revisar as circunstâncias e renovar o comprometimento com a abstinência total, relembrando ao paciente que pequenos lapsos podem ser usados como experiências educativas; identificação de problemas já enfrentados para manter a abstinência e antecipação de desafios para o futuro imediato; revisão da terapia farmacológica; considerar o encaminhamento do paciente para alternativas mais intensivas e especializadas.

Para efetivamente auxiliar o paciente em sua tentativa de parar de fumar, algumas ações específicas, com estratégias para implementação bem definidas, devem ser adotadas, como demonstrado na Figura 1.

Figura 1. Ações e estratégias que auxiliam o paciente a parar de fumar

Ação	Estratégia para implementação
Ajude o paciente a elaborar um *plano de parada*	1. Estabeleça uma data. 2. Informe ao cônjuge, familiares, amigos e colegas de trabalho, solicitando compreensão e paciência. 3. Preveja os desafios para alcançar o objetivo, principalmente aqueles que ocorrem nas primeiras semanas – as de maior risco. Inclua os sintomas de privação da nicotina. 4. Remova resíduos do tabaco dos ambientes que frequenta: antes da parada, evite fumar em locais onde permanece por longos períodos, como no carro, em casa e no local de trabalho.
Forneça (resolução de problemas e treinamento de habilidades)	*Abstinência total* é essencial – nem uma só tragada depois da data marcada. *Experiência anterior de parada* – identifique o que ajudou e o que prejudicou nas tentativas anteriores. *Antecipe "gatilhos" e desafios para a tentativa atual* – discuta como o paciente pode superá-los com sucesso. *Álcool* – como está associado a lapso, o paciente deve considerar a limitação ou a abstinência do álcool na fase da parada.

Ação	Estratégia para implementação
Forneça (resolução de problemas e treinamento de habilidades)	*Outros fumantes em casa* – é mais difícil parar quando há outros fumantes em casa. Os pacientes devem encorajar outros moradores a parar junto com eles ou a não fumar em sua presença.
Busque apoio social/ aconselhamento prático intratratamento	Garanta um ambiente de tratamento acolhedor para encorajar o paciente em sua tentativa: "nossa equipe está inteiramente disponível para ajudá-lo".
Ajude o paciente a encontrar apoio social extratratamento	Ajude o paciente a desenvolver apoio social nos ambientes que frequenta: "peça a seu (sua) esposo(a) ou companheiro(a), amigos e colegas para apoiá-lo em sua tentativa de parar de fumar".
Recomende o uso de terapias farmacológicas aprovadas, exceto em circunstâncias especiais	Recomende uma alternativa e explique como essas medicações aumentam o sucesso da cessação de fumar e diminuem os sintomas de privação.
Forneça material suplementar	Tenha disponível materiais adequados à cultura local, para cada faixa etária e grau de instrução, ou as fontes nas quais possam ser encontrados.

Além dessas estratégias, diversas terapias farmacológicas para o tabagismo tiveram efetividade em aumentar as taxas de abstinência de longo prazo comprovada (Fiore *et al.*, 2000; Laranjeira; Maria; Lourenço, 2001). A menos que haja contraindicações, algumas das formas de terapia de reposição da nicotina, isoladas ou em conjunto com a bupropiona, podem e devem ser usadas em todo paciente que está tentando parar de fumar (Tabelas 1, 2 e 3). Ainda não disponíveis para venda no Brasil, estão aprovadas a nicotina sob a forma de *spray* nasal ou para inalação. No caso de falha das drogas de primeira linha, ainda podem ser utilizadas a clonidina ou a nortriptilina.

Tabela 1. Sugestões para o uso de goma de nicotina

Precauções/contraindicações	Encorajar gestantes e lactentes fumantes a pararem sem usar medicação; a goma deve ser usada somente se a probabilidade de abstinência e seus efeitos benéficos ultrapassarem os riscos da medicação e da potencial manutenção do tabagismo concomitante. A terapia de reposição da nicotina não é fator de risco independente para eventos miocárdicos agudos. Mesmo assim, usar com cuidado nas duas primeiras semanas pós-infarto agudo do miocárdio, em casos de arritmias graves e angina importante ou com piora recente. Considerar que a nicotina "em bolo" proveniente do cigarro é mais prejudicial para o sistema cardiovascular do que a absorvida da goma. Gomas de 2 ou 4 mg. Fumantes de mais de vinte cigarros por dia devem utilizar a maior dosagem, se esta for a única medicação.

Posologia	Regime fixo de administração (um chiclete a cada hora ou a cada duas horas enquanto estiver acordado) parece alcançar maiores taxas de abstinência a longo prazo do que o uso *ad libitum* (quando tiver vontade de fumar ou sintomas de privação).
Efeitos colaterais	Mais comuns: irritação e dor na boca, soluços, dispepsia e dor na mandíbula; geralmente são leves e transitórios, podendo aliviar com orientações corretas de uso: mascar devagar até o aparecimento de um sabor apimentado ou de menta; depois, deixar entre a gengiva e a bochecha para facilitar a absorção da nicotina, alternando com períodos de mastigação por cerca de trinta minutos ou até o gosto desaparecer.

Tabela 2. Sugestões para o uso de adesivo de nicotina

Precauções/ contraindicações	As mesmas da goma de nicotina.
Posologia	Adesivos com 7 mg a 30 mg, dependendo do fabricante Deve-se trocar o adesivo a cada 24 horas.

Posologia	Fumantes de mais de dois maços por dia devem utilizar adesivos de maior concentração, por exemplo, 30 mg, por quatro semanas, seguidas de mais quatro semanas com adesivos e outras quatro semanas com os de 10 mg. Dependendo do grau da dependência, da quantidade de cigarros fumados por dia e da experiência prévia de tratamento, alguns pacientes podem atingir bons resultados com menor duração e doses mais baixas; outros podem necessitar de uso prolongado por mais de um ano. Monitoramento cuidadoso e frequente, com ajuste de dose, pode ser necessário para o controle dos sintomas de abstinência.
Efeitos colaterais	Mais comum: irritação da pele no local da aplicação – costuma ser leve e autolimitada, mas pode piorar com o curso da terapia. Tratamento com corticoide tópico e rotatividade do local de aplicação costumam minimizar as reações cutâneas, sendo a taxa de abandono do tratamento por essa causa menor que 5%.

Tabela 3. Sugestões para o uso de bupropiona (liberação lenta)

Precauções/contraindicações	Evitar uso na gestação; contraindicado em indivíduos com história de convulsões, acidente vascular cerebral, cirurgia craniana ou trauma com perda da consciência, história de distúrbio da alimentação, que estão em uso de outra forma de bupropiona ou que tenham usado inibidor da MAO nos últimos catorze dias. Não usar concomitantemente a drogas que diminuam o limiar convulsivante (por exemplo, álcool e neurolépticos).
Posologia	Iniciar com uma dose de 150 mg pela manhã por três dias; se bem tolerado, aumentar para 150 mg duas vezes ao dia e seguir até sete a doze semanas após a data da parada. Para terapia de manutenção, considerar o mesmo esquema por até seis meses. Ao contrário dos produtos para reposição de nicotina, o tratamento com bupropiona deve iniciar uma a duas semanas antes de o paciente parar de fumar.

Efeitos colaterais	Mais comuns: insônia, boca seca e cefaleia; causas mais frequentes de abandono do tratamento: cefaleia, *rash* cutâneo e urticária. Insônia muito pronunciada pode melhorar se o paciente ingerir a segunda dose mais cedo, pela tarde, com intervalo mínimo de oito horas da primeira tomada.

Pacientes que não manifestam desejo de parar de fumar devem ser motivados a modificar sua postura. Em todas as visitas, as principais razões para deixar de fumar devem ser abordadas com o paciente. Estruturada em quatro tópicos, os quatro "R's", um modelo de intervenção motivacional breve propõe enfatizar, de forma objetiva, a *relevância*, os *riscos*, as *recompensas* e as *resistências* que cada paciente, em particular, apresenta para parar de fumar.

Mesmo isoladamente que as taxas de sucesso percebidas por cada profissional que se dispõe a auxiliar pacientes a parar de fumar não aparentem grande impacto, a adoção de um modelo global, como o que foi apresentado, pode contribuir para a promoção de significativa mudança de comportamentos, cuja repercussão final na melhora das condições de saúde da população tem inquestionável relevância clínico-epidemiológica.

Referências bibliográficas

FIORE, M. C. *et al.* Treating tobacco use and dependence. In: *Clinical Practice Guideline*. Rockville: U. S. Department of Health and Human Services, Public Health Service, 2000.

LARANJEIRA, R.; MARIA, A. G.; LOURENÇO, T. C. Tratamento da dependência da nicotina. In: PRADO, F. C.; RAMOS, J.; VALE, J. R. (Eds.). *Atualização terapêutica*: manual prático de diagnóstico e tratamento. 20. ed. São Paulo: Artes Médicas, 2001.

Abordagens psicoterápicas nas dependências químicas

Margareth da Silva Oliveira

São muitas as abordagens direcionadas para o tratamento do dependente de substâncias psicoativas, no entanto algumas têm despontado como mais efetivas em nosso meio, independentemente da substância de uso, ou da gravidade da dependência. Os modelos de tratamento atuais são norteados numa perspectiva desenvolvida por Albert Bandura (1997), em que os comportamentos dependentes são vistos como hábitos hiperaprendidos, que podem ser analisados e modificados do mesmo modo que outros hábitos (Marlatt; Gordon, 1993). Esses modelos baseiam-se na ideia de que as pessoas têm determinados comportamentos porque acreditam que eles produzirão certos resultados e, além disso, têm sistemas de crenças que ajudam a considerar e explicar, tomar decisões e planejar objetivos e estratégias. Os motivos sociais aprendidos são uma influência crucial na determinação da intensidade e persistência com que uma pessoa apresenta certo comportamento (Barnes, 1997). "O modelo endossa um posicionamento pró-ativo no processo de mudança de hábitos, em contraste com a posição mais passiva e reativa de impotência pessoal inerente ao modelo da doença" (Marlatt; Gordon, 1993, p. 43).

Muitos programas de tratamento indicam aos pacientes que procurem, regularmente, os Alcóolicos Anônimos ou grupos similares, baseados na filosofia dos doze passos. Outros programas utilizam a Entrevista Motivacional (EM) como ponto crucial no tratamento para trabalhar os processos de mudanças; outros ainda empregam a técnica da prevenção à recaída para ajudar os pacientes na aquisição das habilidades necessárias para prevenir a recaída; há ainda aqueles que trabalham exclusivamente com intervenções comportamentais e, mais recentemente, no modelo de terapia cognitivo-comportamental (Beck; Steer, 1993).

Ramos (2001) propõe um modelo que denomina como sequencial, sugerindo, fundamentalmente, que, quando um cliente busca ajuda, deve-se iniciar o tratamento pela entrevista motivacional, e vai depender de cada momento do tratamento o seguimento das abordagens sequenciais. Muitas vezes, o cliente parte para a recuperação apenas com uma abordagem breve; em outras situações, pode-se indicar o modelo de prevenção à recaída ou a terapia cognitivo-comportamental e, mais futuramente, o cliente poderá submeter-se a uma intervenção de orientação analítica. Entendemos que da forma como a entrevista motivacional foi estruturada, ela atende à demanda dos clientes em vários *settings*, além de examinar com o paciente o que está acontecendo naquele momento de vida, promovendo assim uma ajuda ativa.

A entrevista motivacional é uma técnica descrita inicialmente por William Miller (1983) cujos princípios fundamentais e procedimentos práticos foram descritos com detalhes por Miller e Rolnick (1991). Está amplamente difundida na Europa, na Austrália e, mais recentemente, no Brasil. O objetivo principal é auxiliar nos processos de mudanças comportamentais, trabalhando a resolução da ambivalência. Basicamente, foi delineada para ajudar os clientes na decisão de mudança nos comportamentos considerados aditivos, tais como: transtornos alimentares, tabagismo, abuso de álcool e outras drogas, jogo patológico e outros comportamentos compulsivos. A técnica é breve, pode ser realizada numa única entrevista ou como um processo terapêutico comumente desenvolvido em quatro ou cinco sessões. Inspira-se em várias abordagens, principalmente na terapia cognitivo-comportamental, terapia sistêmica, terapia centrada na pessoa, combinando elementos diretivos e não diretivos.

A entrevista motivacional (*motivational interviewing*) é conhecida como Intervenção Motivacional (IM) ou como *Motivational Enhancement Therapy* (MET) e é delineada para uma intervenção focada no problema; é breve em intensidade e duração, sendo essencialmente útil nos serviços de atenção primária. Uma definição de motivação é a probabilidade de que uma pessoa inicie, dê continuidade e permaneça num processo de mudança específico (Miller, 1983). Heather (1992) resumiu na expressão "[...] os transtornos aditivos são essencialmente problemas motivacionais" a tendência humana para ignorar, mais do que reconhecer, caminhos para a resolução de problemas, creditando dessa forma a *motivação* como a força propulsora que move os indivíduos a um objetivo específico.

Miller (1998) comenta que todos os comportamentos são motivados por uma complexa combinação de fatores, tais como aprendizado, cognição, humor e influências sociais. Acerca do uso de álcool e drogas, no início o indivíduo geralmente tem um alto nível de controle sobre o seu uso, e pode, inclusive, experimentar diferentes níveis de autocontrole em determinado período de tempo. Porém, com o uso continuado da substância, algumas pessoas ultrapassam seu limite e tornam-se dependentes. Nesse modelo, o indivíduo pode ser ajudado a buscar a sua mudança de comportamento. A mudança tem muito mais chances de ocorrer se houver uma intervenção terapêutica, especificamente a intervenção motivacional, que leva a pessoa a modificar a sua percepção sobre as consequências do seu comportamento atual (Ingersoll; Wagner; Gharib, 2000).

Ambivalência é o foco da EM, e é o primeiro princípio norteador do processo de mudança. Segundo Davidson (1997), trabalhar a ambivalência nos comportamentos aditivos é trabalhar a essência do problema. As abordagens atuais de tratamento enfatizam a natureza situacional da ambivalência. Implícito no modelo de tomada de decisão, encontra-se o fato de que, se os prós superam os contras, é mais provável que o indivíduo tome uma decisão em prol da mudança. A motivação ou prontidão para a mudança em comportamentos aditivos era entendida como uma negação dos pacientes, principalmente em tratamentos confrontacionais. A prontidão para mudança era tradicionalmente percebida como uma dicotomia: os pacientes estão motivados ou não estão motivados.

As respostas dos clientes, como "sim, mas...", que exemplificam a expressão do conflito motivacional – manter o comportamento aditivo ou parar com o comportamento aditivo –, supostamente sugerem uma negação, que provavelmente foi provocada pelo terapeuta quando tentou persuadi-los. Os terapeutas menos avisados podem entender como resistência, e não como um conflito na interação entre terapeuta e cliente (Rollnick; Kinnersley; Stott, 1993).

Ambivalência é normal. Uma ideia chave da Entrevista Motivacional é a de que a maioria das pessoas não está completamente pronta para a mudança. Se as pessoas estivessem prontas, seria interessante promover o desenvolvimento das habilidades e outras tarefas relacionadas à ação. Se elas não estão prontas, não significa que não queiram mudar. Ambivalência, enfim, significa que, embora a pessoa queira mudar, ela também quer continuar igual. As pessoas tipicamente continuam com comportamentos que trazem algum tipo de recompensa. Esses comportamentos podem transformar-se em hábitos ou em comportamentos aditivos. A recompensa (a felicidade, o entusiasmo, o prazer), resultado do uso de substância (ou outro comportamento problemático), leva a pessoa a continuar aquele comportamento. O motivo para mudá-lo precisa ser maior para que ocorra. Dessa forma, a pessoa pode não estar pronta porque existem razões significativas para não mudar (Ingersoll; Wagner; Gharib, 2000).

Mas Rollnick, Heather e Bell (1992) afirmam que a entrevista motivacional explora ambivalências e conflitos, encorajando os pacientes a expressarem suas preocupações a respeito das mudanças. O cliente e o terapeuta dividem responsabilidades em relação à motivação do cliente no processo de mudança. A motivação pode ser entendida, numa visão abrangente, não como algo que a pessoa "tem ou não tem", mas como algo que ela deve fazer, existindo várias maneiras de auxiliar as pessoas a se moverem em direção ao reconhecimento do seu problema e à ação efetiva para a mudança. O terapeuta evita a confrontação, que é sinalizada como provocadora de mais conflito, e os clientes são estimulados a articular para si mesmos suas razões para mudar por meio de técnicas de aconselhamento, de *feedback* adequado e de análise de custo-benefício, entre outros. A balança decisacional nesse momento é uma estratégia fundamental e deve ser utilizada para mostrar os dois lados do conflito, como na ilustração a seguir.

Balança decisacional (caso de um usuário de cocaína)

Continuar com o comportamento problema	Fazendo mudanças no comportamento problema
Vantagens:	Vantagens:
Eu estarei mais alegre	Eu ficaria "chapado"
Eu posso arranjar um trabalho	Em casa as brigas podem melhorar

Continuar com o comportamento problema	Fazendo mudanças no comportamento problema
Desvantagens:	Desvantagens:
As coisas podem piorar	Os caras não vão mais ser meus amigos
Vou precisar internar	Vou ficar mais triste

O modelo transteórico descrito por Prochaska e DiClemente (1986) descreve os processos de mudança do comportamento humano baseados nos estágios de mudança (1999). Esse modelo está baseado na premissa de que a mudança comportamental é um processo e que as pessoas têm diversos níveis de motivação e de prontidão para mudar. O modelo, diferentemente da maioria das teorias, não se preocupa com a definição dos problemas que eram para ser o foco da saúde mental e do tratamento do abuso de substâncias, mas sim em *como* as pessoas mudam. Esse outro foco tem permitido aos profissionais de diferentes linhas teóricas dividirem uma perspectiva comum (Ingersoll; Wagner; Gharib, 2000). Os estágios de mudança, balança decisional e autoeficácia são características dos processos de mudança.

Prochaska e DiClemente (1986) estudaram a automotivação na cessação do uso do tabaco e identificaram três estágios de mudança: decisão para mudança, ação para mudança e manutenção. Em outro estudo sobre fumantes, McConnaughy, Prochaska e Velicer (1983) identificaram cinco estágios: pré-contemplação, contemplação, determinação, ação e manutenção. Prochaska, DiClemente e Norcross (1999) descrevem os estágios como uma trajetória linear no processo de mudança, seguindo progressivamente os estágios da pré-contemplação para a contemplação, da preparação para a ação e, finalmente, para a manutenção.

Pré-contemplação: a pessoa não considera o comportamento aditivo como o foco de seus problemas e tampouco a possibilidade de mudança do comportamento. Para as pessoas nesse estágio, há mais benefícios do que custos. Muitos indivíduos nesse estágio não demonstram consciência de seus problemas. Os amigos, familiares, vizinhos identificam claramente os problemas que os pré-contempladores estão manifestando mas não tomam conhecimento. Os pré-contempladores não se enxergam em tratamento porque não percebem que têm um problema e precisam de ajuda. Normalmente, quando buscam atendimento é por pressão dos outros e frequentemente retornam ao problema manifestado.

Contemplação: é o estágio em que os sujeitos consideram que existe um problema, pensam no problema, mas, ao mesmo tempo, rejeitam-no, mostrando despreocupação. Os clientes nesse estágio são mais abertos às tentativas de aumentar a conscientização, tais como observação, confrontações e interpretações. Os contempladores são mais propensos a intervenções educacionais. Outro importante aspecto deste estágio é a balança decisacional dos prós e contras do problema. Os contempladores parecem debater-se com a avaliação positiva do comportamento de risco bem como com os esforços, a energia e os custos para superar o problema. É aí que se manifesta a ambivalência. O normal e característico do estilo contemplativo é a manifestação do "sim, mas...", como nas palavras de um cliente, citadas por Hester e Miller:

> Às vezes, eu me pergunto se bebo muito, entretanto, eu, na verdade, não bebo muito, mas meus amigos bebem. Eu posso parar de beber quando quiser, mas às vezes me preocupa não lembrar o que aconteceu na noite anterior, e isto não é normal. (1995, p. 92)

Determinação: ou preparação é um estágio que combina intenção e conduta. É um ponto hipotético, trata-se de um momento em que uma decisão ou determinação será alcançada e será definido o momento de mudar. As pessoas nesse estágio verbalizam: "[...] alguma coisa precisa mudar, eu não posso continuar desta maneira, o que eu posso fazer?" (Hester; Miller, 1995). Nesse caso, é tarefa do terapeuta ajudar a pessoa a encontrar uma estratégia de mudança adequada (Miller; Rollnick, 1991).

Ação: é o estágio em que o cliente faz alguma coisa, ou seja, é escolhida e operacionalizada uma estratégia de mudança. As modificações do comportamento de risco nesse estágio tendem a ser mais visíveis e recebem o reconhecimento externo. Durante esse período, é importante que o cliente esteja baseado no senso de autoeficácia. Ele precisa acreditar que tem autonomia para mudar seu modo de viver. A ação envolve a maioria das mudanças e requer considerável compromisso, tempo e energia. Os sujeitos que experimentam esse momento, comumente endossam estados como "[...] qualquer um pode falar sobre mudanças, mas eu estou realmente fazendo alguma coisa sobre isto" (Prochaska; Diclemente; Norcross, 1999).

Manutenção: é o estágio em que se trabalha a prevenção à recaída e a consolidação dos ganhos obtidos durante a ação. Tradicionalmente, a manutenção é vista como um estágio estático. Entretanto, ela é um estágio dinâmico, pois é entendida como a continuação do novo comportamento para a mudança que demora algum tempo para se estabelecer (Jungerman; Laranjeira, 1999). Nos comportamentos aditivos, os estágios se mantêm por cerca de seis meses, mas o estágio de manutenção pode continuar por toda a vida. A estabilização do comportamento em foco, evitando a recaída é a marca do estágio de manutenção (Jungerman; Laranjeira, 1999). Manutenção é o desafio real em todos os comportamentos de risco, pois não é tão difícil parar de beber, o difícil é ficar sóbrio; não é difícil parar de fumar, o desafio é não voltar a fazê-lo; é fácil fazer uma dieta e perder peso, mas o difícil é mantê-lo (Hester; Miller, 1995).

O modelo inicial de Prochaska e DiClemente (1982) mostrava que o processo de mudança se desenvolvia por meio da metáfora de uma porta giratória. Sutton (1997) faz uma crítica a esse modelo no emprego do termo "estágio", considerando que a pessoa entra por uma porta e fica no mesmo estágio até sair. Então, sugere a utilização de "estados" de mudança, pois esse termo não implicaria ordenamento ou sequência. Optamos, contudo, por utilizar o termo "estágio" em decorrência de tal uso ser corrente na literatura internacional.

Miller (1995) explica as mudanças de estágios como se fossem uma porta que se abre por um período de tempo, e, se a pessoa consegue atravessar o próprio estágio, o processo continua, caso contrário, a porta se fecha e ela volta para a contemplação ou até mesmo à pré-contemplação.

Prochaska e Diclemente (1992) apresentaram, posteriormente, um modelo em espiral para explicar melhor como a maioria das pessoas se move pelos estágios. Esse modelo permite ao sujeito voltar ao estágio de pré-contemplação várias vezes, antes de chegar ao estágio final de manutenção. O indivíduo move-se do estágio de contemplação para a ação, e da ação para a manutenção, mas a maioria das pessoas recai.

Durante a recaída, os indivíduos voltam para estágios anteriores. Infelizmente, as pesquisas indicam que a grande maioria recai em curto espaço de tempo. Allsop e colaboradores (1997) citam um estudo realizado em usuários de opiáceos, em que 70% dos clientes tratados recaíram dentro de um mês ou, como no estudo de Prochaska e Diclemente (1983), em que 85% dos fumantes voltavam ao estágio de contemplação ou preparação. A recaída é considerada um evento que marca o final do estágio de ação ou manutenção, e deve ser encarada como um estado de transição. Marlatt e Gordon (1993) sugerem que a recaída faz parte do processo de mudança e que, muitas vezes, é o modo como a pessoa aprende e recomeça de uma forma mais consciente.

Miller e Rollnick (1991) descreveram cinco princípios para trabalhar na entrevista motivacional: expressar empatia, desenvolver discrepância, evitar argumentação, fluir com a resistência e estimular a autoeficácia.

Expressar empatia: consiste na habilidade de ouvir reflexivamente. É utilizada para ajudar a clarificar a ambivalência sem provocar a resistência, ou seja, assumir a ambivalência como normal no processo de mudança. Esse princípio, de certa forma, é paradoxal, pois, ao aceitar o paciente como ele é, deixa-o livre para mudança.

Desenvolver discrepância: é ajudar o cliente a ver e sentir como o seu comportamento ameaça importantes metas pessoais, evidenciando a distância entre o ponto em que a pessoa está e aquele no qual gostaria de chegar. O cliente será estimulado a desenvolver consciência das consequências de seu atual comportamento.

Evitar argumentação: a confrontação gera resistência e é um sinal para que o terapeuta mude as estratégias. As discussões são contraprodutivas, suscitam defesas, fazendo, por exemplo, com que o cliente no confronto aceite o rótulo da dependência de substâncias.

Fluir com a resistência: é mover-se através dela, sabendo reconhecer o momento do cliente, auxiliando-o, dessa forma, na resolução da ambivalência. Existem vários tipos de comportamento, por parte do cliente, que assinalam resistência: discutir, interromper, negar e ignorar (Miller; Rollnick, 1991). Várias formas de reflexão podem auxiliar na reformulação, como um simples conhecimento da responsabilidade pessoal e liberdade de escolha, assim como podem envolver o cliente na resolução do problema.

Estimular a autoeficácia: os clientes vão considerar a mudança quando perceberem que é possível. É necessário acreditar na possibilidade de mudança. Autoeficácia é uma condição básica no processo de motivação. O conceito foi elaborado por Bandura (1997) como um importante mediador cognitivo do comportamento. Ele sugere que as terapias mais bem-sucedidas são aquelas que consideram as crenças na eficácia (Davidson, 1997).

Miller e Sanchez (1993) enumeraram seis elementos que parecem ser os princípios ativos da entrevista motivacional, considerados indispensáveis para trabalhar estratégias de mudanças. Podem ser sumarizados pelo acrônimo inglês FRAMES: *Feedback*, *Responsibility*, *Advice*, *Menu*, *Empathy* e *Self-Eficacy*.

Feedback é o uso da informação com base nos resultados obtidos por meio da avaliação inicial, estruturada e objetiva, das reais condições do cliente, por meio da história familiar, severidade da dependência, perfis dos exames laboratoriais e neuropsicológicos, totalizando de quatro a cinco horas de exame. A simples participação na avaliação pode produzir um efeito motivacional. O cliente recebe informações sobre os efeitos do seu problema no organismo e, dessa forma, reflete sobre sua situação presente (Orford; Edwards, 1977; Kristenson *et al.*, 1983). Cada escore é explicado ao cliente, assim como a relação dos seus escores com os dados normativos. Por exemplo, o cliente recebe informações sobre seus níveis de Gamaglutamil Transpeptidase (GGT), que é uma enzima do fígado indicadora do uso excessivo de bebida. Se os valores estão acima dos níveis normais, serão preditores de doenças hepáticas ou outros prejuízos; o cliente irá, então, refletir sobre as consequências negativas dessa substância no seu organismo e, com isso, tomar uma decisão de mudar seu comportamento aditivo. Oferecer resultados pessoais é proporcionar informações pertinentes e claras sobre sua real situação, auxiliando no monitoramento do processo terapêutico. A avaliação é o primeiro estágio importante do tratamento e cabe ao terapeuta a habilidade de utilizá-la para engajar o paciente no processo (Gossop, 1997).

Responsabilidade: é a ênfase na responsabilidade pessoal do cliente e na liberdade de escolha. O terapeuta não pode mudar os comportamentos do seu cliente ou fazer com que mude, pois depende dele escolher entre continuar com o problema ou fazer mudanças. Ninguém pode mudar ou decidir por você. O que você vai fazer sobre seu problema é só você que vai decidir (Bien; Miller; Tonigan, 1993).

Aconselhamento: significa proporcionar ao cliente conselhos claros e diretos, porque ele necessita de mudança e de informações sobre como ela pode ser obtida. A chave é recomendar a mudança de maneira enfática. Algumas vezes são orientações específicas; em outras, a prescrição é a abstinência total, como em situações de dependência alcóolica (Miller; Sanchez, 1993). Estudos têm demonstrado que conselhos ou intervenções breves, podem desencadear mudanças mais efetivas que tratamentos longos (Bien; Miller; Tonigan, 1993).

Menu: propõe fornecer opções de escolha para o cliente, mostrando alternativas para mudança. As opções podem variar, criando efeito de controle e escolha pessoal. Por exemplo, "Existem maneiras diferentes de as pessoas mudarem com sucesso seus hábitos de beber, eu vou dizer algumas delas, e você vai escolher a que faz mais sentido para você" (Hester; Miller, 1995).

Empatia: o terapeuta vai mostrar ao cliente a aceitação, tentando entendê-lo sem julgá-lo, escutando-o reflexivamente. O estilo empático tem demonstrado ser preditivo de sucesso no tratamento de transtornos aditivos. A ambivalência é aceita como parte da experiência humana e coloca-se como um dos elementos mais significativos da entrevista motivacional. Estudos a revelam como o fator determinante na mudança do cliente (Orford; Edwards, 1977; Miller, 1985).

Autoeficácia: o cliente acredita na própria capacidade de mudança, sendo um preditor de resultados positivos em comportamentos aditivos. O otimismo do terapeuta também é um fator de motivação do cliente. Ele percebe o que o seu terapeuta busca e fica mais propenso a permanecer no tratamento por meio da entrevista motivacional.

Outras estratégias também são utilizadas para trabalhar a motivação do cliente para a mudança, a simples identificação de barreiras, como o acesso dos clientes a serviço, transporte, horários, entre outros, é um obstáculo que pode ser removido.

O emprego de escalas para identificar os estágios motivacionais e monitorar as mudanças são frequentes e fazem parte do estilo de trabalho da entrevista motivacional. A escala SOCRATES (*Stages of Change Readiness and Treatment*) foi desenvolvida por Miller e Tonigan (1996) e é empregada especificamente no uso e abuso de álcool. Em nosso meio tem sido empregada a versão reduzida de dezenove itens (Oliveira, 2000) constituida de sete itens relacionados ao reconhecimento, quatro relacionados a ambivalência e oito itens relacionados à ação; enquanto a escala URICA (*University of Rhode Island Change Assessment*) criada por McConnaughy, Prochaska e Velicer (1983) não é específica para o tipo de comportamento problema, mas se refere genericamente ao "problema" do sujeito. A escala é constituída por 32 itens dos quais oito avaliam a pré-contemplação, oito itens, a contemplação, oito itens, a ação e oito itens, a manutenção. Exemplificamos um plano de metas, elaborado com um cliente de cinquenta anos, sexo masculino, casado, dependente grave de álcool, internado para tratamento.

As mudanças que eu quero fazer: "Mudar meus hábitos do tempo de ativa, valorizar a minha saúde".

As razões mais importantes pelas quais eu quero fazer mudanças são: "Minha vida que está em jogo, pois sou muito importante para minha família".

Os passos que eu pretendo seguir para a mudança são: "Parar de beber, continuar o tratamento para a reformulação de vida, não deixar para depois".

Como as outras pessoas podem lhe ajudar: "Compreendendo minha doença e entendendo meu esforço pessoal para esta mudança. Os incentivos do meu filho e da minha família".

Como vou saber se meu plano está funcionando: "Me mantendo sóbrio e me sentindo mais feliz".

O que pode interferir nos meus planos: "A depressão, o desânimo e a falta de perseverança".

Nesse caso, o tratamento hospitalar está começando a agir, e o verdadeiro desafio é retornar ao lugar onde vivem e, com o sucesso, manter a abstinência do álcool. Comumente, a primeira sessão da entrevista motivacional será próxima à alta hospitalar, e as sessões subsequentes, bem planejadas e combinadas com o cliente. A segunda e subsequentes sessões serão utilizadas para rever o progresso e modificar o plano, caso necessário. O cônjuge ou outro familiar também é solicitado a comparecer nesses encontros e, posteriormente, as entrevistas são mais espaçadas, sendo consideradas de manutenção.

Em estudo recente para avaliar a eficácia desse modelo de tratamento, Oliveira (2000), delineou a entrevista motivacional em quatro a cinco sessões, após uma detalhada avaliação do paciente, envolvendo aspectos biopsicossociais, entre eles os exames laboratoriais de GGT, GTO, GTP, levantamento do consumo e frequência da ingestão de bebida alcóolica, gravidade da dependência, consequências do hábito de beber, intensidade dos sintomas de ansiedade e depressão, funções cognitivas e o emprego das escalas específicas para identificar os estágios motivacionais, como a URICA e a SOCRATES, demostrando nos resultados de um seguimento de três meses que a intervenção foi mais eficaz que o tratamento padrão.

As sessões foram propostas da seguinte forma: na primeira sessão, os pacientes recebiam o *Feedback* de seus desempenhos e trabalhavam-se aspectos relacionados ao diagnóstico, questões que foram ativadas ao completarem os instrumentos, questões relacionadas aos sintomas e, finalmente, relacionadas ao processo de mudança, enfatizando o conflito motivacional.

Na segunda sessão, é feita uma breve revisão da semana e a proposta de delinear os prós e contras da mudança, utilizando uma folha para a realização da balança decisacional, e introduz-se os conhecimentos sobre os estágios motivacionais e como cada um se encontra.

Na terceira sessão, a entrevista é conduzida proporcionando reflexões, revisando os prós e contras e, finalmente, planejando com o paciente um plano de mudanças.

Na quarta sessão, é realizada uma revisão breve da semana e o exame do plano de mudanças, verificando dificuldades e facilidades encontradas em sua execução, sugerindo a leitura do texto "Álcool e você", de William Miller.

Na última sessão, há o monitoramento da semana, e são feitos esclarecimentos sobre o texto e definidas as sessões de reforço e de manutenção.

Oliveira (2000) concluiu que a técnica da entrevista motivacional é especialmente útil em pacientes que se submeteram a tratamento de internação e que são acompanhados imediatamente após a alta hospitalar, sendo indicada, inclusive, para pacientes crônicos, corroborando a necessidade de desenvolver uma escuta reflexiva, evitando a rotulação e acreditando na capacidade do paciente. Outro elemento claramente identificado foi a adesão ao tratamento, os pacientes que se submeteram à entrevista motivacional permaneceram mais tempo em tratamento, corroborando a proposta de Isenhart (1997) que sugere que a entrevista motivacional promove maior aderência ao tratamento em curto prazo.

A entrevista motivacional é um modelo que o técnico especializado nos tratamentos dos comportamentos aditivos poderá empregar como recurso terapêutico, sendo bastante útil em muitas fases do tratamento e, especialmente, nos casos em que os clientes estão ambivalentes e resistentes à mudança (Oliveira, 2000). A abordagem motivacional em grupos para o tratamento da dependência química tem sido empregada no Brasil e, comumente, são empregadas as técnicas da "entrevista motivacional e também técnicas de prevenção da recaída.

São planejados de seis a oito encontros para cada grupo de pacientes, ao longo dos quais se discutem cinco temas principais, incluindo: prós e contras de se usar drogas; situação de alto risco; rotina; decisões aparentemente irrelevantes e estágio de mudanças. Os pacientes iniciam o tratamento nesse grupo logo após passarem por uma entrevista de triagem, em que são identificadas a adequação ou não do paciente a um atendimento grupal (Jungerman; Laranjeira, 2001).

Os modelos de grupos que são apresentados por Ingersoll, Wagner e Gharib caracterizam-se por serem psicoeducacionais, combinando aspectos da interação interpessoal com informações didáticas. E eles têm como objetivo principal aumentar a motivação dos indivíduos para a mudança de comportamentos dependentes. Os autores acrescentam a possibilidade de se constituírem grupos terapêuticos "puros" com base motivacional, mas salientam que esses grupos ficariam completamente dependentes das habilidades motivacionais de cada terapeuta, o que nem sempre é viável para locais com grande demanda de pacientes, com a atuação de uma equipe heterogênea de terapeutas. Dessa forma, um grupo psicoeducacional que inclui conteúdos didáticos e elementos do processo grupal oferece a estrutura de trabalho mais manejável para a maioria dos estabelecimentos de tratamento (Ingersoll; Wagner; Gharib, 2000).

Algumas contribuições importantes sobre a questão da dependência foram introduzidas pelo modelo cognitivo-comportamental de prevenção da recaída, de Marlatt e Gordon (1993). Os autores definem "Prevenção à Recaída" (PR) como um termo amplo, vinculado a um repertório de estratégias de que o indivíduo possa lançar mão, no sentido de evitar uma recaída na área dos comportamentos dependentes.

A PR baseia-se nos princípios da teoria do aprendizado social, constituindo um programa de autocontrole que mescla procedimentos de treinamento de habilidades, intervenções cognitivas e de mudança no estilo de vida (Beck; Steer, 1993). Nessa perspectiva, o foco do tratamento é sobre a questão da manutenção do processo de mudança do hábito, objetivando a prevenção de lapsos iniciais ou a evitação de que o lapso seja seguido de uma recaída total. Para tanto, o terapeuta tem como finalidade ensinar os indivíduos que buscam mudar seu comportamento a prever e a evitar o problema da recaída (Marlatt; Gordon, 1993). A recaída é um retorno a níveis anteriores de uso, seguido de uma tentativa de parar ou diminuir o referido uso, ou apenas o fracasso de atingir objetivos estabelecidos por um indivíduo após um período definido de tempo (Marlatt; Gordon, 1993). A recaída, por sua vez, é entendida como um colapso na tentativa de mudança de qualquer comportamento-alvo; uma mudança pessoal duradoura resulta de um início de mudança comportamental, aliado à sua manutenção ao longo do tempo. Dessa forma, ambos os componentes devem estar presentes para determinar um tratamento eficaz.

Os comportamentos dependentes são definidos como padrões de hábitos adquiridos ou hiperaprendidos, que podem ser modificados mediante a aplicação de procedimentos de novo aprendizado. Tal fato constitui premissa importante da abordagem, proposta por Marlatt e Gordon (1993), e se contrapõe aos modelos de doença, por exemplo, pois permite que o cliente seja o seu próprio operador de manutenção, isto é, que ele assuma "as rédeas" de sua escolha no processo de mudança do hábito.

A prevenção à recaída abrange estratégias ou técnicas em três áreas principais, que Marlatt e George (1984) categorizam como aquisição de habilidades de enfrentamento adaptativas, como alternativa aos comportamentos dependentes; apoio a novas cognições (atitudes, atribuições e expectativas), envolvendo tanto a natureza da mudança de hábitos como a própria capacidade de controlar a própria vida; e desenvolvimento de um estilo de vida diário, que inclua atividades positivas de cuidados consigo mesmo e modos não destrutivos de atingir a satisfação e a gratificação pessoais.

Marlatt e Gordon (1993) explicam que o indivíduo experiencia um senso de controle percebido (autoeficácia), enquanto mantém a abstinência.

A ideia é de que a pessoa, enquanto se mantém sem usar ou em controle do consumo, tem a experiência de uma sensação de autocontrole; quanto mais a pessoa mantém seus objetivos, maior será a percepção de autoeficácia. O comportamento está sob controle desde que não ocorra, durante esse período, uma situação de alto risco, que pode significar uma ameaça ao senso de controle do indivíduo e constituir fator de aumento do risco de recaída. As situações de alto risco podem vincular-se aos estados físicos, aos estados emocionais (negativos ou positivos) e aos conflitos interpessoais (como as pressões sociais exercidas sobre o sujeito). Se o indivíduo é capaz de executar uma resposta de enfrentamento eficaz na situação de alto risco, a probabilidade de recaída diminui. As expectativas positivas de resultado dos efeitos da substância e as expectativas positivas quanto ao resultado são um determinante primário do uso de álcool e de outras formas de abuso de substâncias psicoativas.

Efeito de Violação da Abstinência (EVA) é um componente importante nesse modelo, pois está relacionado com a percepção que o sujeito tem das causas do lapso, episódio alcoólico, e das noções associadas à ocorrência da transgressão do objetivo terapêutico, no caso a abstinência. É caracterizado por dois elementos cognitivo-afetivos: dissonância cognitiva e o efeito da atribuição pessoal do ato de beber (Knapp, 1997).

A terapia cognitivo-comportamental desenvolvida por Aaron Beck é um sistema de psicoterapia que objetiva reduzir as reações emocionais excessivas e as condutas contraproducentes, desde a modificação do pensamento disfuncional e das crenças desadaptativas subjacentes a essas reações (Beck *et al.*, 1979). Essa abordagem se realiza a partir de um trabalho colaborativo entre terapeuta e paciente, de forma ativa, baseado, em boa parte, em perguntas abertas, além de ser uma proposta altamente estruturada e centrada (Beck; Steer, 1993). A terapia cognitiva é baseada na teoria compreensiva da personalidade, que enfatiza a importância das crenças e dos processos de pensamento, mediando os comportamentos, as emoções e as respostas fisiológicas.

É um sistema de psicoterapia que busca reduzir as reações emocionais excessivas e as condutas inadequadas mediante a modificação dos pensamentos disfuncionais ou distorcidos e das crenças desadaptativas subjacentes (Beck; Steer, 1993). Além disso, consiste em um trabalho baseado em estratégias cognitivas específicas que auxiliam o sujeito a lidar com os impulsos e estabelecer um sistema mais forte de controle interno. A Terapia Cognitivo-Comportamental vai auxiliar o paciente de duas formas: reduzindo a intensidade e frequência dos impulsos de consumir a substância mediante a refutação das crenças subjacentes e ensinando ao paciente técnicas específicas de controlar e manejar seus impulsos.

O terapeuta ajuda o paciente no exame das situações que o levaram ao abuso de substâncias e explora as crenças centrais do indivíduo em relação às drogas. Algumas pessoas com vulnerabilidade ao abuso de substâncias têm crenças específicas, que são ativadas sob determinadas circunstâncias, aumentando a probabilidade do uso continuado da substância. O terapeuta ajuda o paciente a modificar seu pensamento, proporcionando maior compreensão de seus problemas reais e desfazendo as crenças disfuncionais por meio dos pensamentos automáticos disfuncionais (Beck; Wright; Newmann, 1998).

As técnicas empregadas incluem a avaliação das vantagens e desvantagens de consumir as drogas, a análise dos custos e benefícios e o questionamento socrático. Realizando perguntas com muita habilidade, o terapeuta conduz o paciente a gerar soluções que eles não haviam considerado, avaliando mais objetivamente suas atitudes e crenças. Muitos pacientes que apresentam dificuldades para serem assertivos, com o aprendizado de novas habilidades interpessoais, são capazes de defender seus direitos de forma mais efetiva, e isso pode ajudá-los quando outras pessoas os pressionarem a consumir drogas.

As técnicas de distração são ferramentas poderosas no controle do impulso ou do *craving*, pois a pessoa passa a mudar o foco de atenção do mundo interno para o externo. No delineamento do tratamento alguns aspectos são essenciais:

a. conceituação do problema;
b. relacionamento cooperativo;
c. motivação para reduzir a necessidade de substância;
d. formulação do problema pelo paciente;
e. determinação das metas;
f. localização de pacientes ao modelo;
g. técnicas cognitivo-comportamentais;
h. prevenção à recaída.

A terapia cognitiva proporciona as ferramentas para auxiliar o paciente a deixar de usar drogas, e também a conseguir uma vida mais agradável e plena. É um modelo que exige uma formação teórica específica do profissional e que tem sido objeto de muitos estudos empíricos para validar sua eficácia.

Referências bibliográficas

ALLSOP, S. *et al.* A trial of relapse prevention with severely dependent male problem drinkers. *Addiction*, v. 1, n. 92, p. 61-74, 1997.

BANDURA, A. Self-efficacy: toward a unifying theory of behavior change. *Psychology Review*, v. 84, p. 191-215, 1997.

BARNES, G. G. Forças e vulnerabilidades pessoais no contexto familiar e social. In: EDWARDS, G.; DARE, C. (Eds.). *Psicoterapia e tratamento de adições*. Porto Alegre: Artes Médicas, 1997. p. 42-54.

BECK, A. T.; STEER, R. A. *Beck Anxiety Inventory: manual*. San Antonio: Psychological Corporation, 1993.

BECK, A. T.; WRIGHT, F.; NEWMANN, C. Abuso de cocaína. In: FREEMAN, A.; DATTILIO, F. M. (Eds.). *Compreendendo a terapia cognitiva*. Campinas: Editorial Psy, 1998. p. 217-224.

BECK, A. T. *et al. Cognitive therapy of depression*. New York: The Guilford Press, 1979.

BIEN, T. H.; MILLER, W. R.; TONIGAN, J. S. Brief interventions for alcohol problems: a review. *Addiction*, v. 88, p. 315-336, 1993.

DAVIDSON, R. Questões motivacionais no tratamento do comportamento aditivo. In: EDWARDS, G.; DARE, C. (Eds.). *Psicoterapia e tratamento de adições*. Porto Alegre: Artes Médicas, 1997. p. 159-172.

EDWARDS, G.; MARSHALL, E. J.; COOK, C. H. *O tratamento do alcoolismo*: um guia para profissionais da saúde. 3. ed. Porto Alegre: Artes Médicas, 1999.

GOSSOP, M. Tratamentos cognitivos e comportamentais para o uso inadequado de substâncias. In: EDWARDS, G.; DARE, C. (Eds.). *Psicoterapia e tratamento das adições*. Porto Alegre: Artes Médicas, 1997. p. 146-158.

HEATHER, N. Addictive disorders are essentially motivational problems. *British Journal of Addiction*, v. 87, p. 827-830, 1992.

HESTER, R. K.; MILLER, W. R. *Handbook of alcoholism treatment approaches*: effective alternatives. Washington: Allyn & Bacon, 1995.

INGERSOLL, K. S.; WAGNER, C.; GHARIB, S. *Motivational groups for community substance abuse programs*. Richmond: Mid-Atlantic Addiction Technology Transfer Center, 2000.

ISENHART, C. E. Pre-treatment readiness for change in malre alcohol dependent subjects: predictors of one-year follow-up status. *Jornal of Studies on Alcohol*, v. 58, p. 357-359, 1997.

JOSEPH, J.; BRESLIN, C.; SKINNER, H. Critical perspectives on the transtheoretical model and stages of change. In: TUCKER, J. A.; DONOVAN, D. M.; MARLLAT, G. A. (Eds.). *Changing addictive behavior*: bridging clinical and public health strategies. New York: The Guilford Press, 1999. p. 160-190.

JUNGERMAN, F. S.; LARANJEIRA, R. Entrevista motivacional: bases teóricas e práticas. *Jornal Brasileiro de Psiquiatria*, v. 48, n. 5, p. 197-207, 1999.

______.; ______. Entrevista motivacional a teoria e uma experiência de sua aplicação em grupos. In: FOCCHI, G. *et al.* (Eds.). *Dependência química*: novos modelos de tratamento. São Paulo: Roca, 2001. p. 19-47.

KNAPP, P. Prevenção da recaída. In: RAMOS, S.; BERTOLOTE, J. M. (Eds.). *Alcoolismo hoje*. Porto Alegre: Artes Médicas, 1997. p. 173-183.

KRISTENSON, H. *et al.* Identification and intervention of heavy drinking in middle-aged men: results and follow-up of 24-60 months of long-term study with randomised controls. *Alcoholism, clinical and experimental research*, v. 7, p. 203-209, 1983.

MARLAT, A.; GEORGE, W. Relapse prevention: introduction and overview of model. *British Journal of Addiction*, v. 79, p. 161-273, 1984.

MARLATT, A.; GORDON, J. *Prevenção da recaída*: estratégia e manutenção no tratamento de comportamentos aditivos. Porto Alegre: Artes Médicas, 1993.

MCCONNAUGHY, E. A.; PROCHASKA, J. O.; VELICER, W. F. Stages of change in psychoterapy: measurement and sample profiles. *Psychoterapy: theory, research & practice*, v. 20, p. 368-375, 1983.

MILLER, W. R. Motivational interwing with problem drinkers. *Behavioural Psychotherapy*, v. 11, p. 147-172, 1983.

______. Motivation for treatment: a review with special emphasis on alcoholism. *Psychological Bulletin*, v. 98, p. 84-107, 1985.

______. Increasing motivation for change. In: HESTER, R. K.; MILLER, W. R. (Eds.). *Handbook of alcoholism*: treatment approaches, effective alternatives. 2. ed. Washington: Allyn & Bacon, 1995.

______. Toward a motivational understanding and definition of addiction. *Motivational Interviewing Newsletter for Trainners*, v. 5, n. 3, p. 2-4, 1998.

______.; ROLLNICK, S. *Motivational interviewing*: preparing people to change. New York: Guilford Press, 1991.

______.; SANCHEZ, V. C. Motivating young adults for treatment and lifestyle change. In: HOWARD, G. (Ed.). *Issues in alcohol use and misuse by young adults*. Notre Dame: University of Notre Dame Press, 1993.

______.; TONIGAN, J. S. Assessing drinkers motivation for change: the stages of change readiness and treatment eagerness scale (SOCRATES). *Psychology of Addictive Behaviors*, v. 10, n. 2, p. 81-89, 1996.

OLIVEIRA, M. S. *Eficácia da intervenção motivacional em dependentes do álcool*. Tese (Doutorado em Psiquiatria e Psicologia Médica). Universidade Federal de São Paulo, São Paulo, 2000.

______. Entrevista motivacional. In: CUNHA, J. (Ed.). *Psicodiagnóstico-V*. Porto Alegre: Artes Médicas, 2000. p. 88-95.

ORFORD, J.; EDWARDS, G. *Alcoholism*. New York: Oxford Universities Press, 1977.

PROCHASKA, J. O.; DICLEMENTE, C. C. Transtheoretical therapy: toward a more integrative model of change. *Psychotherapy: theory, research and practice*, v. 20, p. 161-173, 1982.

______.; ______. Stages and processes of self-change of smoking: toward in integrative model of change. *Journal of Consulting and Clinical Psychology*, v. 51, p. 390-395, 1983.

______.; ______. The transtheoretical approach. In: MILLER, W. R.; HEATHER, N. (Eds.). *Treating addictive behaviors*: processes of change. New York: Plenum Press, 1986. p. 3-27.

______.; ______. Stages of change in the modicafication of problem behaviors. In: HERSEN, M.; EISER, M.; MILLER, P. M. (Eds.). *Progress in behavior modification*. Sycamore: Sycamore Press, 1992. p. 184-214.

______.; ______.; NORCROSS, J. C. Search of how people change: applications to addictive behaviors. In: MARLATT, G.; VANDENBOS, G. (Eds.). *Addictive behaviors*: readings on etiology, prevention and treatment. Washington: American Psychological Association, 1999. p. 671-696.

RAMOS, S. P. *Teorias psicológicas dos tratamentos de dependência química*. Curso do XIV Congresso Brasileiro sobre Alcoolismo, Tabagismo e outras Dependências; 2001 set 19-23; Gramado/RS.

ROLLNICK, S.; HEATHER, N.; BELL, A. Negotiating behaviour change in medical settings: the development of brief motivational interviewing. *Journal of Mental Health*, v. 1, p. 25-37, 1992.

ROLLNICK, S.; KINNERSLEY, P.; STOTT, N. Methods of helping patients with behaviour change. *British Medical Journal*, v. 307, p. 188-190, 1993.

SUTTON, S. Os estágios de mudança podem orientar o tratamento das adições? Um exame crítico do modelo de Prochaska e Diclemente. In: EDWARDS, G.; DARE, C. (Eds.). *Psicoterapia e tratamento das adições*. Porto Alegre: Artes Médicas, 1997. p. 173-188.

Tratamento farmacológico dos transtornos por uso de substâncias

Nyvia Sousa

A busca de abordagens terapêuticas eficazes para o tratamento dos transtornos por uso de substâncias é de crescente interesse na área médica. A utilização do tratamento farmacológico nos transtornos aditivos resumia-se, anteriormente, ao manejo dos quadros de intoxicação aguda e dos sintomas da síndrome de abstinência. Atualmente, com os avanços da neurociência, há a possibilidade da utilização dessa modalidade terapêutica também para o tratamento da síndrome de dependência.

Neste capítulo serão abordadas as propostas de tratamento farmacológico dos transtornos aditivos e, mais especificamente, da dependência do álcool, cocaína e opioides. O tratamento da dependência de outras drogas como maconha, solventes e alucinógenos não será abordado porque, até o presente momento, não se dispõe de terapêutica farmacológica avaliada e promissora ou comprovadamente eficaz para esses transtornos.

Álcool

As primeiras medicações propostas para o tratamento da dependência de álcool foram descobertas aleatoriamente. Mais recentemente, com o conhecimento da neurobiologia do mecanismo de ação do álcool, pode-se falar da possibilidade de desenvolvimento de medicamentos que sejam úteis nesses quadros, especialmente visando a diminuir as taxas de recaídas após a desintoxicação (Swift, 1999; Johnson; Ait-Daoud, 1999).

Atualmente alguns medicamentos encontram-se em fase de experimentação para o tratamento do alcoolismo, uns permanecem promissores e outros apresentaram resultados pobres nos estudos clínicos.

O ondansetron, um antagonista seletivo de 5-HT (Kranzler, 2000), foi utilizado com resultados preliminares positivos em alcoolistas de início precoce (Johnson *et al.*, 2000), que apresentam alta vulnerabilidade biológica para o alcoolismo, e permanece como uma possibilidade promissora de tratamento. Esse medicamento age mediando a neurotransmissão mesolímbica dopaminérgica. Outras drogas serotoninérgicas, como a fluoxetina e a buspirona, já foram testadas, mas não apresentaram resultados consistentes no tratamento do alcoolismo (Miller; Gold, 1995; Pettinatti, 1996).

O nalmefene é um antagonista opioide estruturalmente similar ao naltrexone, que apresentou resultados positivos na diminuição das taxas de recaídas em alcoolistas, e se mantém como um fármaco promissor no tratamento do alcoolismo. O nalmefene apresenta algumas vantagens farmacológicas quando comparado ao naltrexone, como melhor biodisponibilidade e menor hepatotoxicidade (Mason *et al.*, 1999).

A tiaprida, um antagonista seletivo de D2, aumentou a taxa de abstinência em dois estudos, mas não apresentou os mesmos resultados em estudos mais recentes (Tambour; Quertemont, 2007).

O haloperidol e a olanzapina, dois antipsicóticos com perfis diferentes de ação, também apresentaram como resultado uma diminuição do *craving* em alcoolistas severos, porém não foi observado efeito significativo na diminuição das taxas de recaída em longo prazo. Em resumo, não há evidências de que antagonistas dopaminérgicos sejam úteis no tratamento do alcoolismo (Tambour; Quertemont, 2007).

Os agonistas dopaminérgicos, como a bromocriptina e o lisuride, também já foram testados em estudos clínicos, embasados na ideia de que eles poderiam mimetizar o efeito do álcool em estimular a via dopaminérgica (Miller; Gold, 1995; Lawford *et al.*, 1995), porém não apresentaram efeito clínico relevante.

O baclofen, um agonista gabaérgico, apresentou em estudos clínicos uma diminuição do *craving* e das taxas de recaídas e um aumento das taxas de abstinência quando comparado ao placebo. Essa droga parece agir por meio da modulação do sistema dopaminérgico e, apesar de não apresentar ainda aprovação para o uso em alcoolistas, permanece como uma possibilidade promissora à espera de novos estudos que possam comprovar sua eficácia (Tambour; Quertemont, 2007).

Atualmente, encontram-se no mercado três drogas aprovadas para o tratamento da dependência do álcool e que apresentam mecanismos de ação diversos, o dissulfiram, a naltrexona e o acamprosato.

O dissulfiram é um inibidor da enzima aldeído desidrogenase, caracteriza-se por tornar o hábito de beber bastante desagradável, portanto, uma droga aversiva. Esse foi o primeiro medicamento utilizado para o tratamento da síndrome de dependência do álcool, assim como liberado pelo FDA (*Food and Drug Administration*) com essa finalidade.

Na busca de medicamentos que atuem diminuindo a vontade de beber, ou seja, o *craving* (a fissura), que irá determinar o comportamento aditivo, encontram-se outros dois medicamentos: a naltrexona, um antagonista opioide, e o acamprosato, um antagonista gabaérgico (Swift, 1999; Johnson; Ait-Daoud, 1999; Kranzler, 2000). Neste capítulo serão detalhados apenas esses medicamentos aprovados para uso clínico quanto a suas características individuais, ao modo de usá-los e às implicações da terapêutica.

DISSULFIRAM

O dissulfiram age alterando o metabolismo hepático do álcool, mais especificamente inibindo a enzima acetoaldeído-desidrogenase que transformaria o acetoaldeído em ácido acético, ocorrendo um acúmulo de acetoaldeído na corrente circulatória, que é o responsável pelos sintomas aversivos (Miller; Gold, 1995). Esse fármaco é utilizado para o tratamento do alcoolismo há cinco décadas por apresentar o que chamamos de reação aldeídica, que ocorre quando um paciente utilizando dissulfiram ingere álcool. A reação caracteriza-se por sintomas como: rubor facial, cefaleia, taquipneia, precordialgia, náuseas, vômitos, sudorese e cansaço, geralmente seguidos de sonolência, visão borrada, vertigem e alteração do nível de consciência (Garbutt *et al.*, 1999; Cordioli, 2005). Nos casos mais graves e de forma rara, especificamente quando há uma complicação médica não identificada previamente, como uma cardiopatia, a reação poderá evoluir para hipotensão, coma e morte.

Esse medicamento funciona, portanto, como um freio externo à ingestão de bebida alcóolica, que, para ser eficaz, necessita da aderência do paciente ao tratamento. Por isso é frequentemente utilizado em associação a outras técnicas, como abordagem psicossocial, educacional e grupos de apoio. A utilização do dissulfiram erroneamente por familiares ou amigos de pacientes, diluído em bebida alcóolica ou misturado aos alimentos, com o intuito de tornar o hábito de beber desagradável, é comum, mas bastante perigosa, devendo ser contraindicada.

No Brasil, esse fármaco é apresentado sob a forma de comprimidos de 250 mg ou em associação com o metronidazol, apresentado sob a forma de pó para ser diluído em solução aquosa (Cordioli, 2005). O regime terapêutico usual para o dissulfiram é de 250 mg a 500 mg ao dia nas duas primeiras semanas. Na manutenção, o tratamento deverá ser individualizado, podendo ser utilizadas doses menores, em torno de 125 mg a 250 mg ao dia. A primeira dose de dissulfiram deverá ser administrada após doze horas da última ingestão de álcool (Cordioli, 2005).

No período inicial do tratamento com dissulfiram, os pacientes poderão apresentar tontura e letargia. Outros efeitos colaterais mais raros são: *rash* cutâneo, cefaleia, tremores, gosto metálico, alteração das provas de função hepática e convulsões. Em longo prazo poderá ocorrer o aparecimento de polineurite e hipotireoidismo (Schuckit, 2000). Quanto às disfunções sexuais, o dissulfiram poderá provocar diminuição da libido e prejuízo da ereção, mais comumente no início do tratamento.

Apesar dos efeitos colaterais descritos, o dissulfiram habitualmente é um medicamento bem tolerado e com baixa toxicidade. Esse medicamento é contraindicado apenas quando houver hepatopatias graves, como insuficiência hepática ou hepatite aguda. Como tais comorbidades são comuns em alcoolistas, deverão ser pesquisadas antes de se iniciar o tratamento com dissulfiram, devido ao seu reconhecido potencial hepatotóxico. É importante, portanto, o controle basal e periódico dos seguintes testes laboratoriais: TGP, TGO, γ-GT e bilirrubinas (Cordioli, 2005). Há relatos de hipotireoidismo no tratamento de longo prazo com dissulfiram. Por esse motivo, a avaliação periódica de T4 livre e TSH pode ser necessária (Schuckit, 2000).

O dissulfiram pode levar a um quadro de neuropatia periférica no tratamento prolongado, por esse motivo e também por aumentar os níveis séricos de colesterol, pode agravar o quadro de pacientes diabéticos com relação às complicações vasculares (Schuckit, 2000). O referido fármaco deverá ser evitado durante a gravidez pelo seu reconhecido potencial teratogênico. Com relação à amamentação, é desconhecida a sua presença no leite materno (Rybacki; Long, 1997; Cordioli, 2005).

O dissulfiram apresenta interação com diversos medicamentos, como, por exemplo, com a warfarina, potencializando-o e aumentando o risco de sangramento, e com a fenitoína, podendo levar à toxicidade. Existe outro medicamento que apresenta esse perfil farmacológico, a carbamida de cálcio, que é um inibidor mais específico da enzima acetoaldeído-desidrogenase. Caracteriza-se por um início rápido de ação (em torno de uma hora) e curta duração de efeito, podendo apresentar um papel importante em situações nas quais o paciente apresenta alto risco para beber. Esse fármaco não está disponível no Brasil e também não é liberado nos Estados Unidos, porém é comercializado no Canadá e na Europa (Miller; Gold, 1995).

Há ainda um número variado de medicamentos com indicações diversas, que desencadeiam a reação aldeídica, o que chamamos de efeito dissulfiram-*like*. Entre eles estão o metronidazol, a furazolidona, os hipoglicemiantes orais, o hidrato de cloral, o cloranfenicol, a nitrofurantoína, a quinacrina, as sulfonamidas e o tinidazol.

O paciente em uso de dissulfiram deve estar atento para a possibilidade do uso inadvertido de álcool, por exemplo, em alimentos como vinagres, molhos, sobremesas, bombons e outros. Qualquer quantidade de álcool deverá ser evitada até quatorze dias após a última dose de dissulfiram. A reação aldeídica parece variar quanto à sua intensidade e duração, de acordo com a sensibilidade individual dos pacientes.

Naltrexone

Nos últimos anos, os estudos em animais têm sugerido uma relação entre o uso de álcool e os receptores opioides. O consumo de álcool aumenta a atividade dos opioides endógenos. A deficiência do sistema opioide levaria a um aumento no consumo de álcool (Miller; Gold, 1995). Mais recentemente, as pesquisas em seres humanos têm demonstrado que pacientes dependentes de opioides (heroína) ingerem maior quantidade de álcool quando em abstinência; inversamente, os mesmos pacientes, quando em uso de heroína, diminuem a ingestão de álcool (Volpiccelli *et al.*, 1992).

Outros estudos demonstram que os agonistas opioides, em pequenas quantidades, aumentam o consumo de álcool, enquanto os antagonistas e agonistas parciais reduzem-no, pois o ato de beber se torna menos prazeroso, por não provocar liberação de opioides endógenos.

Um antagonista opioide com uma meia-vida longa, absorvido via oral, que, portanto, bloqueie os receptores opioides, poderia ser promissor no tratamento do alcoolismo. Com esse objetivo tem sido utilizado o naltrexone, um antagonista opioide com essas características, que demonstrou diminuição do *craving*, diminuição do consumo de álcool e, principalmente, evitou que lapsos viessem a configurar uma recaída completa em pacientes alcoolistas, especificamente pela diminuição do efeito prazeroso após ingestão inicial de álcool (Volpiccelli *et al.*, 1992, 1995a, 1995b, 1997). Esse fármaco foi liberado pelo FDA para o tratamento do alcoolismo desde 1995, e encontra-se disponível no Brasil em comprimidos de 50 mg. A recomendação de uso é de 50 mg via oral ao dia. Ele é rapidamente absorvido, alcança o pico plasmático em uma hora e tem meia-vida de 24 horas. Sua metabolização é hepática, e a excreção é renal (Cordioli, 2005).

A eficácia da droga para o alcoolismo foi testada inicialmente por um período de doze semanas, em um estudo duplo-cego placebo controlado, que demonstrou os resultados descritos anteriormente (Volpiccelli *et al.*, 1992). A eficácia do uso de longo prazo foi testada posteriormente em um estudo com *follow-up* de seis meses de tratamento, demonstrando que a melhora na continuação do tratamento é persistente para alguns, mas não para todos os pacientes (O'Malley *et al.*, 1996), concluindo-se, assim, que é necessária a avaliação periódica quanto aos riscos e benefícios da utilização do medicamento na fase de manutenção do tratamento do alcoolismo. Os pacientes que apresentam maior aderência ao tratamento com naltrexone, por características individuais ou na associação desse medicamento com outras técnicas de tratamento, como a psicoterapia, são os mais propensos a obter melhores taxas de abstinência, quando comparados aos demais (Volpiccelli *et al.*, 1997).

O naltrexone pode ser hepatotóxico. Por esse motivo, a função hepática deverá ser avaliada antes e durante o tratamento. Está contraindicado o uso desse fármaco quando houver insuficiência hepática ou hepatite aguda. Como efeitos colaterais mais comuns ocorrem náuseas, tonturas e cefaleia. Raramente poderá ocorrer *rash* cutâneo, perda de cabelo, mialgias, artralgia, anorexia, insônia, alteração da função hepática, depressão, ansiedade, trombocitopenia, entres outros (Cordioli, 2005). Em testes com animais, o naltrexone demonstrou ser teratogênico, portanto deverá ser evitado em mulheres grávidas. A presença do naltrexone no leite materno é desconhecida, por isso deverá ser suspenso durante a amamentação.

Acamprosato

O sistema gabaérgico está implicado nos sintomas da síndrome de abstinência do álcool e, por outro lado, parece estar também relacionado com o comportamento de beber (Miller; Gold, 1995). Os estudos têm demonstrado que há um número aumentado de terminais gabaérgicos no núcleo *accumbens* de ratos que geneticamente têm preferência por álcool (Miller; Gold, 1995). As pesquisas em humanos têm testado um derivado sintético com a estrutura análoga à do GABA, o acamprosato, um agonista gabaérgico que parece diminuir o risco de recaída em alcoolistas graves (Krazler, 2000; Garbutt *et al.*, 1999; Schuckit, 2000).

O acamprosato, além de aumentar a neurotransmissão gabaérgica, age também diminuindo a transmissão glutamatérgica, que, por sua vez, é uma via de neurotransmissão excitatória. Acredita-se que a associação desses efeitos seja responsável pela ação anti-*craving* do referido medicamento (Garbutt *et al.*, 1999; Schuckit, 2000). Na Europa, cerca de 5 mil pacientes dependentes de álcool foram testados, resultando em taxas de melhoras significativas em relação ao placebo na evolução do tratamento, especialmente quando combinado com outras técnicas de tratamento psicológico e/ou comportamental (Garbutt *et al.*, 1999; Schuckit, 2000). Nos Estados Unidos essa droga está aprovada e é a terceira droga liberada no país para o tratamento do alcoolismo, depois do dissulfiram e do naltrexone.

O acamprosato pode ser iniciado imediatamente após a desintoxicação, pois esse medicamento leva sete dias para atingir níveis terapêuticos. As doses utilizadas para o tratamento do alcoolismo são de quatro a seis cápsulas ao dia. No Brasil, o acamprosato é apresentado em cápsulas de 333 mg. O referido medicamento é contraindicado em casos de insuficiência hepática e renal. Apresenta como efeitos colaterais mais comuns náuseas, vômito, diarreia, dor abdominal e prurido. Não está liberado para o uso na gravidez e na lactação.

Cocaína

A busca de fármacos com perfil anti-*craving* para cocaína baseia-se nas alterações neuroquímicas provocadas por essa droga.

A cocaína age inibindo o transportador de dopamina pré-sináptico, aumentando, portanto, a viabilidade de dopamina na fenda sináptica. Esse efeito é responsável pela sensação de euforia provocada pelo uso agudo, porém, quando usada cronicamente, provoca a diminuição dos níveis de dopamina no núcleo *accumbens*, que é uma importante via cerebral de gratificação. Portanto, a eficácia da terapêutica farmacológica para o tratamento da dependência de cocaína está no entendimento dos mecanismos neurobiológicos de adaptação do cérebro à exposição crônica à cocaína, não aos efeitos agudos da droga (Miller; Gold, 1995; Jaffee, 2000).

Alguns fármacos têm sido pesquisados ou desenvolvidos visando a essa ação, como os antagonistas dopaminérgicos parciais, que limitam a transmissão doparminérgica, os agonistas dopaminérgicos, especialmente agonistas de D3, que parecem estar relacionados com a adição à cocaína e a drogas que modulem indiretamente a transmissão dopaminérgica, como os antagonistas serotoninérgicos.

Drogas que afetam o sistema gabaérgico central parecem ser promissoras no tratamento da adição à cocaína, pois esse sistema funcionaria regulando a função dopaminérgica no núcleo *accumbens*, drogas gabaérgicas tais como a tiagabina, o baclofen e a vigabatrina já foram testadas com essa finalidade (Joshua *et al.*, 2004; Winhusen *et al.*, 2007b).

A tiagabina, um inibidor de recaptação do GABA, age bloqueando o aumento de dopamina na fenda sináptica provocado pela cocaína. Funcionaria por esse mecanismo diminuindo o efeito euforizante da droga, reduzindo dessa forma o seu uso. Esse fármaco foi testado em um ensaio clínico randomizado de doze semanas e comparado ao placebo, não demonstrando efeito clínico robusto que justificasse sua indicação para esse uso (Winhusen *et al.*, 2007b).

A reserpina, uma droga anti-hipertensiva, por ser um depletor de dopamina, agiria diminuindo dessa forma o efeito euforizante da cocaína. Ela foi testada inicialmente em um estudo patrocinado pelo NIDA (*National Institute of Drug Addiction*), que comparou sua eficácia com a da lamotrigina e da gabapentina e o placebo (Berger *et al.*, 2005). Nesse estudo, o grupo utilizando a reserpina foi o único que mostrou uma significante diminuição do uso de cocaína. Em um ensaio clínico randomizado posterior, a reserpina falhou em replicar esse resultado quando comparada ao placebo (Winhusen *et al.*, 2007a).

Atualmente ainda não foi encontrado tratamento farmacológico comprovadamente eficaz para a dependência de cocaína, pois os medicamentos propostos apresentam resultados controversos. As drogas que hoje estão disponíveis para uso clínico não são reconhecidas como eficazes e não são liberadas pelo FDA para o fim esperado, porém podem auxiliar no manejo clínico, especialmente se relacionadas a certas características do quadro, tais como a presença e o perfil de comorbidade em um dado paciente. Por exemplo, a bupropiona, um antidepressivo com propriedades dopaminérgicas que age inibindo o transportador de dopamina pré-sináptico (Cordioli, 2005), o principal sítio de ação da cocaína (Howell; Wilcox, 2001), apesar de não apresentar resultados positivos em estudos controlados comprovando sua eficácia no tratamento da dependência de cocaína (Cordioli, 2005; Rybacki; Long, 1997), pode ser um antidepressivo de escolha para pacientes que apresentem comorbidade com transtorno depressivo.

Outro grupo de antidepressivos, o dos tricíclicos, foi utilizado no tratamento dos dependentes de cocaína, possivelmente por sua ação no sistema dopaminérgico. Esses medicamentos bloqueam a recaptação de dopamina na pré-sinapse, aumentando a atividade dopaminérgica. Por aliviar a deficiência de dopamina provocada pelo uso crônico de cocaína, diminuindo os sintomas de abstinência, seriam úteis no tratamento da dependência dessa droga (Jaffee, 2000). As pesquisas utilizando esses antidepressivos apresentaram resultados negativos quanto à sua eficácia. Há uma relação direta entre a eficácia dos antidepressivos tricíclicos e a presença de depressão associada à dependência de cocaína, o que é relativamente comum na prática clínica.

A utilização de medicamentos com efeito estimulante similar ao da própria cocaína, como o metilfenidato, poderia estar relacionada à redução do *craving* e à compulsão ao uso de cocaína (Howell; Wilcox, 2001). O metilfenidato, utilizado para o tratamento do transtorno de défice de atenção e hiperatividade, não apresentou eficácia comprovada no tratamento da síndrome de dependência de cocaína isolada. A associação desses dois diagnósticos é observada na prática clínica. Nesses casos, o metilfenidato poderá ter também alguma utilidade no comportamento aditivo (Jaffee, 2000).

Opioides

O tratamento da dependência de opioides, assim como o do álcool, caracteriza-se por duas fases: a desintoxicação e, posteriormente, o tratamento da dependência propriamente dita. O tratamento de manutenção e a abstinência de opioides serão discutidos neste capítulo. Para o tratamento de longo prazo, seja de manutenção ou de abstinência, encontram-se disponíveis os seguintes fármacos: a metadona, o LAAM, a buprenorfina e o naltrexone (Ling; Rawson; Compton, 1994; Rawson *et al.*, 1998).

A dependência de opioides, especificamente a heroína, ainda não é de grande incidência no Brasil, mas representa um problema de saúde pública nos Estados Unidos e na Europa, onde sua ocorrência é bastante alta. No Brasil, a atenção, quando se trata de opioides, volta-se para o abuso e dependência de medicamentos de uso clínico, os analgésicos opioides, como a meperidina, a morfina, o fentanil, o propoxifeno e a codeína. Os usuários dessas drogas são principalmente os profissionais da área de saúde, pela facilidade de acesso a elas. Outro grupo de usuários estaria representado pelos pacientes que necessitaram fazer uso de opioides para analgesia, como, por exemplo, em pacientes com litíase renal e com pancreatite crônica.

Metadona

O mecanismo de ação da metadona no tratamento de manutenção à dependência de opioides baseia-se nos fenômenos de tolerância e substituição (Jaffee; Jaffee, 2000). A utilização desse medicamento tem seus benefícios comprovados, porém existem também algumas desvantagens: a metadona, sendo um agonista opioide, assim como os demais opioides de abuso, causa dependência física e apresenta síndrome de abstinência, que é menos intensa, porém mais duradoura, do que a da heroína ou da morfina.

Sua eficácia terapêutica está baseada na função de substituição, que poderá ser mantida por meses ou mesmo por anos, até que os pacientes, com a ajuda de outras modalidades de tratamento, possam alterar seu estilo de vida. Apesar das desvantagens descritas, a metadona é utilizada amplamente nos Estados Unidos e na Europa em programas de reabilitação para dependentes de heroína por apresentar uma boa aceitação e uma boa taxa de permanência no tratamento; por reduzir drasticamente o uso ilícito de opioides e, consequentemente, os índices de criminalidade frequentemente associados a esse transtorno; por melhorar o *status* psicossocial dos usuários e, ainda, por diminuir a morbidade e a mortalidade relacionadas ao uso da droga, inclusive a infecção pelo HIV.

A eficácia da metadona em atenuar o uso de opioides é dose-dependente. As doses preconizadas estão em torno de 60 mg a 120 mg ao dia, via oral (Rawson *et al.*, 1998). A metadona deve ser tomada a cada 24 horas; por esse motivo é fornecida para que os pacientes a levem para casa, o que pode facilitar o uso inapropriado ou mesmo o abuso e a comercialização do medicamento. No Brasil, a apresentação encontrada desse medicamento é de comprimidos de 5 mg e 10 mg e ampolas de 10 mg.

Levo-a-acetilmetadol (LAAM)

LAAM é uma droga liberada pelo FDA desde 1993 para o tratamento de manutenção da dependência de opioides. O LAAM é um agonista opioide sintético de longa ação, estruturalmente semelhante à metadona, e sua eficácia também está relacionada à substituição e tolerância. Foi sintetizado na tentativa de se obter um opioide com efeito analgésico e menor potencial para abuso. Esse medicamento também causa dependência, assim como síndrome de abstinência, similar à da metadona quanto à intensidade e duração.

A diferença entre o LAAM e a metadona é a duração de ação, já que os metabólitos desse fármaco, ao contrário dos da metadona, são ativos e possuem meia-vida longa, permitindo a utilização em dias alternados ou três vezes por semana, o que é preconizado nos programas de manutenção (Ling; Rawson; Compton, 1994; Rawson *et al.*, 1998; Glanz *et al.*, 1997). Por esse motivo, o medicamento é administrado de forma supervisionada, diminuindo a possibilidade de abuso ou até mesmo de comercialização ilícita, como no caso da metadona. Essa parece ser a única vantagem do LAAM sobre a metadona (Ling; Rawson; Compton, 1994).

O LAAM pode ser iniciado com doses de 20 mg a 40 mg. As doses subsequentes poderão ser aumentadas em 5 mg a 10 mg, até que o medicamento alcance o seu estado de equilíbrio, o que ocorre em torno das duas primeiras semanas. A dosagem usual de manutenção fica em torno de 60 mg a 90 mg, três vezes por semana. A dose máxima recomendada é de 140 mg três vezes por semana ou em dias alternados. Esse medicamento não é comercializado no Brasil.

Buprenorfina

A buprenorfina é um agonista opioide parcial, ou seja, tem efeitos tanto como agonista (metadona-*like*), em nível do μ-receptor, quanto como antagonista (naltrexone-*like*). Em virtude de seu perfil, esse medicamento apresenta menor potencial de abuso, dependência física leve e síndrome de abstinência discreta, após a sua descontinuação; portanto parece ser mais seguro se comparado aos agonistas totais, como a metadona (Ling; Rawson; Compton, 1994; Schottenfeld *et al.*, 1997). É utilizado no tratamento de manutenção de dependentes de opioides e tem também utilidade na dependência de analgésicos opioides em pacientes com dor crônica.

O mecanismo de ação da buprenorfina no tratamento da dependência de opioides ainda não está bem esclarecido. Ainda não se sabe se o seu efeito é devido ao mecanismo de tolerância e substituição (efeito como agonista) ou se é via bloqueio de receptores opioides (efeito como antagonista). É provável que esses dois diferentes aspectos possam, cada um, exercer um papel para a eficácia do medicamento no manejo farmacológico de dependentes de opioides (Schottenfeld *et al.*, 1997). A buprenorfina é comercializada no Brasil em comprimidos de 0,2 mg; a via de administração é sublingual, e a dose para o tratamento de dependentes de opioides é de 4 mg a 16 mg ao dia, oferecidos a cada 24 ou 48 horas, de preferência com supervisão.

Naltrexone

O naltrexone é um antagonista opioide que bloqueia os efeitos agudos da administração de opioides exógenos, representando a única opção de tratamento para os dependentes de opioides que não seja necessariamente uma substituição (Rawson *et al.*, 1998; Judson; Goldstein, 1982, 1984). A sua desvantagem está no fato de haver uma baixa aderência dos pacientes a esse tipo de tratamento. Uma forma *depot* desse fármaco está sendo desenvolvida, com duração de ação em torno de um mês, o que poderá minimizar a desvantagem do seu uso. No momento, continua com uma aplicação reservada àqueles pacientes altamente motivados, como profissionais médicos e outros que estão envolvidos em processos legais, cuja recaída no uso de opioides pode representar uma perda da licença profissional, ou quando se pode realizar uma supervisão do uso da medicação.

O naltrexone, por ser um antagonista opioide, poderá precipitar uma síndrome de abstinência, portanto seu uso só deverá ser iniciado após a desintoxicação completa, ou seja, após sete dias para a heroína e após quatorze dias para a metadona e outros compostos de longa ação. É usado na dose de 50 mg a cada 24 horas, ou 100 mg duas vezes por semana mais uma dose adicional de 150 mg no fim de semana, via oral. O naltrexone é a única opção atual de tratamento medicamentoso para dependentes de opioides que prevê uma total abstinência, já que os demais fornecem uma terapia de manutenção com agonistas opioides. Tem ainda como vantagens não causar dependência física e não apresentar potencial para abuso. O que dificulta a sua aplicabilidade clínica é a baixa taxa de aderência ao tratamento.

REFERÊNCIAS BIBLIOGRÁFICAS

BALTIERI, D. A.; ANDRADE, A. G. Efficacy of acamprosate in the treatment of alcohol-dependent outpacients. *Revista Brasileira de Psiquiatria*, v. 25, n. 3, p. 156-159, 2003.

BERGER, P. *et al.* A medication screening trial evaluation of reserpine, gabapentin and lamotrigine pharmacotherapy of cocaine dependence. *Addiction*, v. 100 Supplement 1, p. 58-67, 2005.

CORDIOLI A. V. *Psicofármacos*: consulta rápida. 3. ed. Porto Alegre: Artmed, 2005.

GARBUTT, J. C. *et al.* Pharmacological treatment of alcohol dependence. *Jornal of American Medical Association*, v. 281, p. 1318-1325, 1999.

GLANZ, M. *et al.* Methadone vs. L-alpha-acetylmethadol (LAAM) in the treatment of opiate addiction. A meta-analysis of the randomized, controlled trials. *American Journal of Addiction*, v. 6, p. 339-349, 1997.

HOWELL, L. L.; WILCOX, K. M. The dopamine transporter and cocaine medication development: drug self-administration in nonhuman primates. *Journal of Pharmacology and Experimental Therapy*, v. 298, p. 1-6, 2001.

JAFFE, H. J. Cocaine-related disorders. In: SADOCK, B. J.; SADOCK, V. (Eds.). *Kaplan & Sadock's comprehensive textbook of Psychiatry*. 7th ed. Washington, D. C.: Lippincott Williams & Wilkins, 2000. p. 6.

______.; JAFFE, A. B. Opioid-related disorders. In: SADOCK, B. J.; SADOCK, V. (Eds.). *Kaplan & Sadock's comprehensive textbook of*

Psychiatry. 7th ed. Washington, D. C.: Lippincott Williams & Wilkins, 2000. p. 10.

JOHNSON B. A.; AIT-DAOUD, N. Medications to treat alcoholism. *Alcohol Research and Health*, v. 2, p. 99-106, 1999.

JOHNSON, B. A. *et al*. Ondansetron for reduction of drinking among biologically predisposed alcoholic patients: a randomized controlled trial. *Journal of American Medical Association*, v. 284, p. 963-971, 2000.

JOSHUA, A. *et al*. Acute administration of the GABA reuptake inhibitor tiagabine does not alter the effects of oral cocaine in humans. *Drug and Alcohol Dependence*, v. 76, p. 81-91, 2004.

JUDSON, B. A.; GOLDSTEIN, A. Symptom complaints of patients maintained on methadone, LAAM (methadyl acetate), and naltrexone at different times in their addiction careers. *Drug and Alcohol Dependence*, v. 10, p. 269-282, 1982.

______.; ______. Naltrexone treatment of heroin addiction: one-year follow-up. *Drug and Alcohol Dependence*, v. 13, p. 357-365, 1984.

KIEFER, F. *et al*. Comparing and combining naltrexone and acamprosate in relapse prevention of alcoholism: a double-blind, placebo-controlled study. *Archives of General Psychiatry*, v. 60, n. 1, p. 92-99, 2003.

KRANZLER, H. R. Pharmacotherapy of alcoholism: gaps in knowledge and opportunities for research. *Alcohol*, v. 6, p. 537-547, 2000.

LAWFORD, B. R. *et al*. Bromocriptine in the treatment of alcoholics with the D2 dopamine receptor A1 allele. *Nature Medicine*, v. 1, p. 337-341, 1995.

LING, W.; RAWSON, R. A.; COMPTON, M. A. Substitution pharmacotherapies for opioid addiction: from methadone to LAAM and buprenorphine. *Journal of Psychoactive Drugs*, v. 26, p. 119-128, 1994.

MASON, B. J. *et al.* A double-blind, placebo-controlled study of oral nalmefene for alcohol dependence. *Archives of General Psychiatry*, v. 56, p. 719-724, 1999.

MILLER, N. S.; GOLD, M. S. *Pharmacological therapies for drug and alcohol addictions*. New York: Marcel Decker, 1995.

O'MALLEY, S. S. *et al.* Experience of a "slip" among alcoholics treated with naltrexone or placebo. *American Journal of Psychiatry*, v. 153, p. 281-283, 1996.

PETTINATI, H. M. Use of serotonin selective pharmacotherapy in the treatment of alcohol dependence. *Alcoholism: Clinical and Experimental Research*, v. 20, p. 23-29, 1996.

RAWSON, R. A. *et al.* A 3-year progress report on the implementation of LAAM in the United States. *Addiction*, v. 93, p. 533-540, 1998.

RYBACKI, J. J.; LONG, J. W. *The essential guide to prescription drugs*. 12th ed. New York: Harper Perennial, 1997.

SCHOTTENFELD, S. R. *et al.* Buprenorphine vs methadone maintenance treatment for concurrent opioid dependence and cocaine abuse. *Archives of General Psychiatry*, v. 54, p. 713-720, 1997.

SCHUCKIT, M. A. Alcohol-related disorders. In: SADOCK, B. J.; SADOCK, V. (Eds.). *Kaplan & Sadock's comprehensive textbook of Psychiatry*. 7th ed. Washington: Lippincott Williams & Wilkins, 2000. p. 953-971.

SWIFT, R. M. Medications and alcohol craving. *Alcohol Research and Health*, v. 23, p. 207-213, 1999.

TAMBOUR, S.; QUERTEMONT, E. Preclinical and clinical pharmacology of alcohol dependence. *Fundamental & Clinical Pharmacology*, v. 21, p. 9-28, 2007.

VOLPICCELLI, J. R. *et al.* Naltrexone in the treatment of alcohol dependence. *Archives of General Psychiatry*, v. 49, p. 876-880, 1992.

______. *et al.* Effect of naltrexone on alcohol "high" in alcoholics. *American Journal of Psychiatry*, v. 152, p. 613-615, 1995a.

______. *et al.* Naltrexone in the treatment of alcoholism: predicting response to naltrexone. *Journal of Clinical Psychiatry*, v. 56, p. 39-45, 1995b.

______. *et al.* Naltrexone and alcohol dependence. *Archives of General Psychiatry*, v. 54, p. 737-742, 1997.

WINHUSEN, T. *et al.* A double-blind, placebo-controlled trial of reserpine for the treatment of cocaine dependence. *Drug and Alcohol Dependence*, v. 91, n. 2-3, p. 205-212, 2007a.

______. *et al.* A double-blind, placebo-controlled trial of tiagabine for the treatment of cocaine dependence. *Drug and Alcohol Dependence*, v. 91, n. 2-3, p. 141-148, 2007b.

5

Temas Atuais

Justiça terapêutica: Um programa judicial de redução do dano social

Carmen Có Freitas
Ricardo de Oliveira Silva

Este capítulo aborda o Programa de Justiça Terapêutica, contextualizando-o socialmente, apresentando dados históricos, marcos legais, sistemática de implantação no Brasil, adoção por outros países, especificidades do tratamento, dados de efetividade na redução da criminalidade e do uso de drogas, bem como o posicionamento das agências internacionais.

A magnitude do problema

Dados da Organização Mundial da Saúde (OMS) e da Organização das Nações Unidas (ONU) revelam que, nas últimas décadas, tem havido um aumento significativo na produção, no tráfico e no consumo de substâncias que alteram o funcionamento do cérebro e causam dependência.

Segundo a OMS, 73,6 milhões de pessoas no mundo apresentam problemas decorrentes do uso do álcool; outras 15,3 milhões, problemas relacionados ao uso de drogas; 136 países reportam uso de drogas injetáveis, sendo que 93 deles referem a presença de infecção pelo HIV em sua população. Além disso, enfatiza que, para cada dólar investido em tratamento, sete dólares são economizados nos custos sociais e de saúde (World Health Organization, [s.d.]).

Igualmente, a United Nations Office on Drugs and Crime (UNODC), instância da ONU dedicada a questões relativas a drogas e crimes, vem apontando que o aumento na criminalidade relacionada às drogas representa uma séria ameaça à segurança em diversas partes do mundo (United Nations, 2009).

Esse quadro tem sido observado em todo o mundo e, infelizmente, o Brasil não é exceção. O problema é grave e causa prejuízos importantes aos indivíduos, às famílias e à sociedade como um todo.

Embora dados estatísticos no Brasil sobre o tema ainda sejam insuficientes, pode-se observar que, nos últimos anos, houve um melhor monitoramento sobre o consumo de drogas que causam dependência em diferentes grupos populacionais, medida essencial que, além de permitir o diagnóstico situacional, aponta o caminho a ser tomado pelas políticas públicas com vistas ao enfrentamento da questão.

Quanto ao uso de drogas na população geral, foram realizados dois levantamentos domiciliares, o primeiro em 2001 e o segundo em 2005, abrangendo as 108 maiores cidades do país. De modo geral houve aumento no uso de todas as drogas pesquisadas, conforme tabela a seguir (Carlini *et al.*, 2002, 2007).

Tabela 1.

Droga	2001	2005
Álcool	68,7	74,6
Tabaco	41,1	44
Maconha	6,9	8,8
Solventes	5,8	6,1
Benzodiazepínicos	3,3	5,6
Cocaína	2,3	2,9

O *V Levantamento nacional sobre o consumo de drogas psicotrópicas entre estudantes do Ensino Fundamental e Médio da rede pública de ensino nas 27 capitais brasileiras* (Galduróz *et al.*, 2004), conduzido pelo Centro Brasileiro de Informações sobre Drogas Psicotrópicas (CEBRID), com uma amostra de 48.155 estudantes, apontou que existe maior defasagem escolar e maior evasão entre os estudantes que já tinham feito uso de drogas pelo menos uma vez na vida, quando comparados aos que nunca haviam utilizado. Mostrou também que, embora a partir dos dezesseis anos se observem as maiores porcentagens de usuários, já é expressiva a porcentagem de 12,7% de usuários que fizeram uso de drogas pelo menos uma vez na vida, na faixa etária de dez a doze anos.

As drogas mais utilizadas pelos estudantes, em ordem, foram: álcool, tabaco, solventes, maconha, ansiolíticos, anfetamínicos e anticolinérgicos. Os dados gerais, referentes a todas as regiões do país, para o uso de drogas pelo menos uma vez na vida entre os estudantes pesquisados apontam que 65,2% deles já usou álcool, 25% tabaco e 22,6% outras drogas. Chamam a atenção os dados relativos à alta prevalência do consumo de drogas lícitas, como o álcool e o tabaco, entre a população estudada.

Já o uso de drogas no ambiente de trabalho tem demandado muita atenção devido aos prejuízos tanto a empregados como a empregadores; entre eles destacam-se o absenteísmo, os atrasos, o aumento no número de acidentes de trabalho, os conflitos e os problemas disciplinares, além das graves questões de saúde ao usuário e da deterioração das relações interpessoais. O levantamento realizado sobre o uso de drogas pelo menos uma vez na vida entre trabalhadores da indústria apontou os seguintes achados entre os trabalhadores pesquisados: álcool, 78,8%; tabaco, 38,7%, medicamentos (sem prescrição), 87%; inalantes, 10,5%; maconha, 5,9%, e cocaína, 1,2%. Vale ressaltar que o uso de drogas pelos trabalhadores também leva a uma expressiva queda na produtividade (Serviço Social da Indústria, [s.d.]).

O estudo sobre o consumo de drogas entre crianças e adolescentes em situação de rua revelou que as drogas utilizadas com maior frequência e intensidade, com uso diário, por esse grupo foram: tabaco, 29,5%; solventes, 16,3%, e maconha, 11,2% (Noto *et al.*, 2003).

Os dados anteriores permitem inferir que houve, nas últimas décadas, um aumento intenso e rápido do consumo de drogas por diferentes segmentos sociais, sem que tenham sido adotadas medidas necessárias que oportunizassem soluções, o que agravou sobremaneira o quadro.

Por outro lado, os dados do sistema penitenciário sobre a população carcerária também mostram um crescente aumento de apenados no sistema: 233.755 presos, em 2000; 361.402, em 2005, com déficit de vagas de 90.360; e 473.626 em 2009, com déficit de 139.266 vagas (Ministério da Justiça, 2002). Vale ressaltar que, além do aumento de 49,35% da população carcerária em nove anos, não está aqui mencionado o assustador número de infratores já condenados à pena de restrição de liberdade pelo sistema de justiça que permanecem fora do sistema penitenciário por falta de vagas, bem como o significativo número de crimes cometidos por apenados em progressão de regime.

Portanto, o consumo de drogas, gerando uma crescente criminalidade que retroalimenta o tráfico, criando a porta giratória sem fim do "[...] uso/dependência de drogas que levam à criminalidade e a criminalidade que se mantém pelo uso/dependência de drogas", exige da sociedade a adoção de medidas que, de forma efetiva, façam esse ciclo ser interrompido. Como?

Historicamente, o sistema jurídico, especialmente o Ministério Público, sempre trabalhou com ênfase na repressão, nas questões relativas às drogas. Derivado de observações de caráter sociológico, concluiu-se que outro braço deveria apoiar essa atribuição institucional e com o advento do Estatuto da Criança e do Adolescente, Lei n. 8.069, de 1990, surgiram várias análises e experiências positivas, mais notadamente na área da adolescência. Esse diploma possibilitou a aplicação de medidas socioeducativas (Ishida, 2006) quando o jovem está envolvido no binômio drogas-crimes. São as denominadas medidas protetivas (Cury; Silva; Mendez, 2001) do artigo 101, que preveem, nos seus incisos II e IV, orientação, apoio e acompanhamento temporários; inclusão em programa comunitário ou oficial de auxílio à família, à criança e ao adolescente; e, especificamente nos incisos V e VI, requisição de tratamento médico, psicológico ou psiquiátrico, em regime hospitalar ou ambulatorial; inclusão em programa oficial ou comunitário de auxílio, orientação e tratamento a alcoólatras e toxicômanos.

Dessa forma, surgiu o balizamento para uma aplicação geral de tratamento estimulado pelo sistema de justiça, inclusive para o adulto. O Princípio da Atenção Integral contido no Estatuto da Criança e do Adolescente foi a fonte inspiradora para que esse tipo de atenção também fosse estendida aos adultos, ou seja, ao Programa de Justiça Terapêutica (Bardou, 2004). Em outras palavras, o princípio da "atenção integral", derivado do ECA, significa, na prática, olhar para o infrator e enxergar, além do conflito com a lei, o problema do uso, abuso e dependência de drogas. Para isso, são necessários visão e abordagem multidimensionais e multidisciplinares, assim como procurar fazer um pouco mais do que apenas determina a letra fria da lei.

Como decorrência das operacionalizações na área da infância e juventude, surgiu, no Ministério Público do Estado do Rio Grande do Sul, em 1996, o Projeto Consciência (Muratt, 1998), que integrou especialistas de saúde, assistência social e operadores do direito, gerando um programa de atenção e informação sobre drogas nos âmbitos jurídico e de saúde para os municípios. Esse plano foi destinado aos ambientes escolares, por meio da atuação de profissionais da área de saúde com o Promotor de Justiça da cidade sede de comarca.

Posteriormente, no ano de 1998, em sequência ao Projeto Consciência, foi criado, por intermédio do Departamento de Recursos e Projetos Especiais do Ministério Público, o Projeto RS Sem Drogas, o qual começou a estruturar as atividades de capacitação de operadores do Direito com os profissionais de saúde para ações conjuntas em seus trabalhos diários. Com esses paradigmas, o Ministério Público estabeleceu, a partir de 1999, uma primeira grande parceria com o Poder Judiciário do estado do Rio Grande do Sul. Assim, a evolução do Projeto RS Sem Drogas culminou no Programa de Justiça Terapêutica, que pode ser compreendido como um conjunto de medidas que visam a oferecer atenção terapêutica integral aos infratores usuários e infratores dependentes de drogas e, com isso, a possibilidade de modificar os comportamentos delituosos anteriores para comportamentos legais e socialmente adequados.

A QUESTÃO DAS DROGAS: A EXPERIÊNCIA BRASILEIRA DA ÁREA DA INFÂNCIA E JUVENTUDE

Os relatórios das Promotorias da Infância e Juventude do Rio Grande do Sul (Promotorias da Infância e Juventude do Estado do Rio Grande do Sul, [s.d.]) apontam que em 90% dos casos de crianças e adolescentes atendidos o problema das drogas está presente. É um dado significativo, pois a situação se apresenta também entre as crianças (até doze anos de idade incompletos), principalmente com as colas, os solventes e o álcool. Com essa realidade, promotores de Justiça e juízes de Direito da Infância e da Juventude do estado do Rio Grande do Sul passaram a mudar a sua forma de atuação, que consistia, basicamente, da imposição de sanções àqueles que estivessem envolvidos com drogas e em conflito com a lei, com a adoção de uma visão mais ampla, que agora contempla a questão de saúde envolvida no problema (Rio Grande do Sul, 2002).

O Estatuto da Criança e do Adolescente (ECA) foi o instrumento legal que permitiu essa mudança de paradigma na busca de uma proteção integral da criança e do adolescente. Os relatórios de atividades das Promotorias da Infância e Juventude mostram que os adolescentes envolvidos com drogas que são submetidos unicamente a uma solução de medida socioeducativa de internação na Fundação de Atendimento Socioeducativo do Rio Grande do Sul (FASE) retornam ao sistema em cerca de três a seis meses depois, quando não antes.

Em torno de 85% das vezes, eles mantêm o uso ou abuso de substâncias psicoativas (SPA) que a internação não afastou (Promotorias da Infância e Juventude do Estado do Rio Grande do Sul, [s.d.]). Sabe-se que somente a medida privativa de liberdade não os afasta do uso e do convívio com as drogas. A partir desses dados e com base no próprio ECA, os promotores de Justiça e juízes de Direito da Infância e Juventude começaram a encaminhar adolescentes em conflito com a lei à avaliação de profissionais da área da saúde, a fim de verificar a presença do componente droga no comportamento do infrator e a necessidade ou não de tratamento, bem como a indicação de tratamento, se necessário, e da instituição adequada para fazê-lo.

Essa mudança do enfoque jurídico mostrou-se primordial, não obstante inicialmente aplicada de forma empírica e pontual, a partir da implantação do ECA. Vários jovens e suas famílias tiveram acesso a tratamento. Portanto, a experiência do encaminhamento do envolvido com drogas a um sistema de tratamento, e não a um sistema de encarceramento, mostrou-se bastante efetiva na área da infância e juventude, trazendo claramente a possibilidade de mudança de paradigma: antes, somente privação de liberdade; no momento atual, atenção e tratamento, se necessários (Silva, 2006).

Considerando-se a alta prevalência dos mais variados tipos infracionais cometidos por adultos que são usuários, abusadores ou dependentes de drogas, a questão que se coloca é: o que fazer com uma pessoa que pratica um delito de menor potencial ofensivo e que está envolvida com drogas (Muratt, 1998)? São três as atuais alternativas do sistema de justiça: 1) processar e prender o infrator; 2) arquivar o inquérito; e 3) oferecer o Programa de Justiça Terapêutica.

Processar e prender o infrator: resolve apenas o processo legal; o réu vai para a prisão e fica com antecedentes criminais. As consequências dessa medida são várias. Entre elas, destaca-se o alto custo social – dados da Secretaria Nacional de Justiça revelam que cada preso custa, por mês, uma média de 5,5 salários mínimos ao Estado (Silva, 2006); além disso, a prisão funciona como uma escola do crime, e 85% deles reincidem no delito ao sair do sistema prisional. Via de regra, o preso é colocado em liberdade sem estar recuperado, sem ter sido reinserido socialmente e sem ter sido recolocado no mercado profissional. Tais fatores decorrem diretamente do fato de não ter sido realizado o tratamento adequado para seu problema de saúde, o que continuará a contribuir com a conduta criminosa.

Arquivar o inquérito: resolve apenas o processo legal; sendo arquivado por entender o sistema de justiça que falta justa causa para o desencadeamento de uma ação penal. As consequências dessa medida são duas indesejáveis mensagens: uma para o infrator, de que o seu comportamento "não deu em nada", ou seja, o infrator sente-se como que "autorizado" a continuar a fazer o que vinha fazendo; isso leva a outro fato, que é a volta do infrator ao sistema de justiça, entre três e seis meses depois, por ter cometido outro delito igual ou mais grave que o anterior. A outra mensagem é para os policiais que, cumprindo seu papel, prenderam conforme determina a lei ou instauraram a investigação, e o promotor e o juiz arquivaram o processo; isso leva a um justo sentimento de frustração dos policiais.

Programa de Justiça Terapêutica: resolve o processo e a causa dele, isto é, o envolvimento com drogas (uso, abuso, dependência), pelo Princípio da Atenção Integral, ou seja, olhar para o infrator e enxergar, além do conflito com a lei, um problema de saúde, que contribui significativamente para a conduta infracional. A utilização desse programa faz com que o operador do direito levante os olhos do processo e olhe para a realidade lá fora. É a constatação, por parte do sistema de justiça, de que existe uma faixa de delitos na qual a sua efetividade será maior se atuar conjuntamente com o sistema de saúde.

O Programa de Justiça Terapêutica tem compromisso com o tratamento, que dará ao infrator paciente as habilidades e as condições de estabilizar a evolução de sua enfermidade, adquirindo assim melhor qualidade de vida, deixando inclusive de delinquir. Portanto, o principal objetivo do Programa de Justiça Terapêutica é evitar que a prisão aconteça, pois a pessoa que apresenta um comportamento (uso de drogas) ou uma enfermidade (dependência química) que a levam a delinquir necessita de orientação, aconselhamento e tratamento e não de prisão.

A experiência norte-americana das *Drug Courts* e a experiência internacional das *Drug Treatment Courts*

Na década de 1990, a cidade de Miami, no estado da Flórida, Estados Unidos, estava com um sério problema: os presídios estavam superlotados com pessoas condenadas por envolvimento com drogas e as estatísticas criminais demonstravam que o problema social do consumo de drogas, com toda a nefasta cadeia criminal que o envolve, não havia diminuído. Ao contrário, havia aumentado significativamente. Para fazer frente a essa situação, os promotores e juízes de Miami passaram a propor tratamento aos infratores envolvidos com drogas em substituição aos processos criminais, dando início, naquele país, a uma verdadeira revolução referente à matéria (Hora *et al.*, 1999). Inúmeros estudos que avaliaram as *Drug Courts* demonstraram a efetividade da proposta em vários aspectos da vida do infrator usuário de drogas, especialmente na redução do uso de drogas e do cometimento de crimes, o que tem oportunizado significativas economias de custos sociais, considerando que tratar o infrator usuário ou dependente de drogas é mais barato que encarcerá-lo. Essas evidências foram de tal modo consistentes que, cada vez mais, o governo norte-americano tem alocado recursos às *Drug Courts*, sendo que foram totalizadas, em 2010, aproximadamente 2.600 unidades (National Association on Drug Court Professionals, 2010).

Essa é, basicamente, a doutrina das Cortes de Drogas nos Estados Unidos: encaminhar o infrator envolvido com drogas a um sistema de tratamento, e não de encarceramento. Essa nova forma de abordagem do problema das drogas já foi adotada por vários países, e outros vêm planejando ativamente o estabelecimento do Sistema das Cortes de Tratamento de Drogas.

Além dos Estados Unidos e do Brasil, adotaram essa filosofia de trabalho países como Inglaterra, Irlanda, Canadá, Austrália, África do Sul, Suécia, Jamaica, Chile, Porto Rico, Bermudas, entre outros, que têm colhido sucessivas vitórias na matéria, ao diminuir os índices de infratores envolvidos com drogas no sistema penal.

Esses países também adotam o tratamento do infrator usuário ou dependente de drogas como alternativa ao seu encarceramento. Além disso, estão congregados pela *International Association of Drug Treatment Courts* (IADTC), que elabora diretrizes, recomendações, capacitações, treinamentos e troca de experiências entre os países membros (International Association of Drug Treatment Courts, 2010).

Entende-se necessária a menção anterior sobre o programa das *Drug Courts* norte-americano, haja vista que existe um entendimento por parte de alguns profissionais brasileiros, tanto da área do direito como da saúde, de que o programa brasileiro de Justiça Terapêutica seria uma "cópia" do modelo norte-americano, o que não corresponde à realidade. O modelo do Programa de Justiça Terapêutica é genuinamente brasileiro, tendo como fundamento doutrinário o Princípio da Atenção Integral do Estatuto da Criança e Adolescente, que data de 1990.

Certamente existe uma importante semelhança entre todos os países que adotam tal medida: oferecer tratamento, reabilitação e reinserção social ao usuário, abusador ou dependente de drogas que cometeu um delito de menor potencial ofensivo, evitando, assim, a adoção de outras medidas, como a prisão, que não resolverão o problema, somente o processo.

A denominação "Programa de Justiça Terapêutica"

A Justiça Terapêutica pode ser compreendida como um conjunto de medidas que visa a um novo entendimento pelos operadores do direito e sociedade em geral sobre os infratores usuários ou dependentes de drogas. Eles passam a ser reconhecidos como pessoas portadoras de um transtorno mental, como descrito no Código Internacional de Doenças, CID-10, e no Manual Diagnóstico e Estatístico de Transtornos Mentais, DSM-IV, com direito a tratamento, não se transformando unicamente em réus. São de fato pessoas que apresentam dois problemas: um legal – infração cometida – e outro de saúde – dependência química.

A expressão "justiça terapêutica" reúne os principais aspectos que justificam a denominação. O conceito de "justiça" abrange os aspectos legais e sociais do Direito, enquanto o termo "terapêutica", relativo à ciência médica, define atenção, tratamento e reabilitação de uma situação patológica. Assim sendo, a nomenclatura "justiça terapêutica" consagra os mais altos princípios do Direito na inter-relação do Estado com o cidadão, na busca da solução não só do conflito com a lei, mas conjugadamente dos problemas sociais de indivíduos e da coletividade nas questões e doenças relacionadas ao consumo de drogas.

A adoção da expressão "justiça terapêutica" é justificada também por possibilitar a eliminação de possíveis estigmas que se criariam para as pessoas atendidas pelo sistema de justiça, caso fosse consignado o nome do local do atendimento jurídico, com a titulação "[...] juizado ou vara de medidas para usuários de drogas, de dependentes químicos, de tóxicos, de entorpecentes, ou vara de medidas alternativas", que poderia, nesta última hipótese, ser confundida com outras operacionalizações judiciais já existentes. Por essas razões, buscou-se, por meio de um método de observação sociológica, uma terminologia própria e adequada para a definição do sistema jurídico-legal, sem descaracterizá-lo, e que pudesse dinamizá-lo em convergência com a evolução do fato social. Isso é possível por meio de uma nova filosofia de trabalho composta por aspectos socioterápicos. Essa nova forma de fazer justiça, nos casos da legislação, é o desenvolvimento da ciência jurídica fazendo interface com outras ciências (Bardou, 2004).

O Programa de Justiça Terapêutica é um novo paradigma para o enfoque e o enfrentamento da problemática das drogas em nosso país. Com uma denominação genuinamente brasileira e claramente definidora dos seus propósitos, tem recebido o apoio integral de instituições como o Conselho Nacional de Política Criminal e Penitenciária, a Associação Brasileira de Estudos do Álcool e Outras Drogas, o Departamento de Psiquiatria Legal da Fundação Federal Faculdade de Medicina de Porto Alegre, bem como de diversas instâncias de profissionais da saúde mental do país.

Aspectos legais na aplicação do Programa de Justiça Terapêutica

Existem na legislação brasileira alguns dispositivos que, salvo melhor juízo e aplicando-se regras razoáveis de interpretação, permitem, desde logo, sem embargo de edição de legislação especial sobre a matéria, a adoção do sistema de tratamento aos envolvidos com delitos que têm a droga como fator intercorrente.

Em síntese, o Programa de Justiça Terapêutica pode ser aplicado a dois diferentes grupos etários e em diferentes momentos do processo criminal:

1. à infância e adolescência;
2. aos adultos:

2.1. na fase pré-sentencial nos Juizados Especiais Criminais pela aplicação da transação penal ou pela suspensão condicional do processo, ambos incluindo o tratamento da drogadição ou da dependência química;

2.2. na fase pós-sentencial, com tratamento pela limitação de fim de semana, pela suspensão condicional da pena, durante o cumprimento da pena e pelo livramento condicional.

A operacionalização do Programa de Justiça Terapêutica segue a sequência: o promotor de Justiça, identificando a presença do componente "uso ou dependência de drogas" no delito, encaminha o infrator para equipe multidisciplinar para a avaliação técnica sobre a existência ou não de um problema de saúde, o abuso ou dependência de drogas, que deva receber tratamento; caso isso ocorra, o promotor de Justiça propõe ao juiz que seja oferecido o Programa de Justiça Terapêutica ao infrator que, caso o aceite, tem a proposta homologada pelo juiz de Direito em audiência.

As vantagens da proposta de participar do Programa de Justiça Terapêutica são, entre outras, as seguintes: evita a prisão, diminui a reincidência da infração para 12,5% (Ministério da Justiça, 2002), diminui o custo do sistema de justiça para avaliação e controle do processo, o acusado fica sem antecedentes criminais e, ao final do tratamento a contento, tem o seu processo legal arquivado.

As ações de avaliação e controle, que são partes fundamentais do Programa de Justiça Terapêutica, ou seja, as ações de monitoramento pelo sistema de justiça, são as seguintes: primeiro, verificação de cumprimento das condições estabelecidas pela equipe de tratamento, como o comparecimento às consultas agendadas, e, segundo, se o paciente infrator está sendo beneficiado pelo tratamento.

Importante enfatizar que a realização de teste de urina para averiguar se o paciente está ou não usando drogas é uma decisão da equipe de tratamento, e não do operador do direito.

A nova Lei Antidrogas n. 11.343, de 23 de agosto de 2006

Aspectos que devem ser considerados na nova Lei Antidrogas (Muratt, 1998):

Não houve descriminalização ou despenalização do uso de drogas ilícitas; o que houve foi uma modificação da pena para o crime de porte, que, em vez de restrição de liberdade (prisão), o Art. 28 agora estabelece que o infrator, nesse caso, estará sujeito a "I - advertência sobre o uso das drogas", "II – prestação de serviços à comunidade" e "III – medida educativa de comparecimento a programa ou curso educativo".

A nova Lei Antidrogas deu maior respaldo ao sistema de justiça sobre o sistema de saúde, uma vez que a nova lei prevê expressamente que o juiz pode determinar e encaminhar ao tratamento, conforme prevê o Art. 28, § 7º.

Possíveis consequências a serem advindas da nova Lei Antidrogas:

3.1. O abrandamento da pena para o crime de porte trará menor impacto sobre o usuário, o que poderá aumentar as possibilidades de cometimento de outros delitos; portanto, o enquadramento legal não será pelo porte, mas, sim, pelos outros delitos correspondentes;

3.2. Ocorrerá uma menor demanda de trabalho para o sistema de justiça e uma maior para o sistema de saúde; o que cabe aqui questionar é se a saúde pública do Brasil já não consegue atender as outras demandas prioritárias, como irá organizar-se para atender mais esse grupo específico?

Estratégias para a implantação do Programa de Justiça Terapêutica no Brasil

Para a adoção e implementação do Programa de Justiça Terapêutica no Brasil, houve, de imediato, o convite aos profissionais da área da saúde para um trabalho conjunto com os operadores do direito, tendo em vista que um dos princípios mais relevantes do Programa de Justiça Terapêutica é a não adversidade. O consenso levou à criação da Associação Brasileira de Justiça Terapêutica (s.d.), em novembro de 2000, que tem como principal finalidade sensibilizar as diferentes instâncias da sociedade brasileira quanto à necessidade de encaminhar para um sistema de atenção terapêutica aqueles que cometeram um delito sob o efeito de substâncias psicoativas, tais como álcool, maconha, cocaína ou outras, ou praticaram algum delito para adquiri-las. A Associação Nacional de Justiça Terapêutica é uma organização não governamental, que reúne promotores de Justiça, juízes de Direito, defensores públicos, advogados, policiais civis e militares, profissionais da área da saúde física e da saúde mental, especialistas em dependência química, conciliadores e voluntários da comunidade, todos preocupados com o encaminhamento do infrator e com a problemática das drogas no Brasil.

Para a difusão do modelo do Programa de Justiça Terapêutica em andamento, deve ser observada a condição *sine qua non* da capacitação dos operadores do sistema e multiplicadores desse novo paradigma, ou seja, evitar o encarceramento e propiciar atenção biopsicossocial àqueles infratores que, de alguma forma, estejam envolvidos com as drogas. Assim, onde houver um promotor, um juiz, um defensor e profissionais da área da saúde capacitados (Freitas; Silva, 2006), poderá funcionar o Programa de Justiça Terapêutica, sem que haja necessidade de instalação formal de uma vara especializada na matéria. Isso porque tanto a legislação consolidada no ECA (Art. 101), nos Juizados Especiais Criminais (Souza, 1998, Art. 76, 89), como também na Justiça Criminal Comum e na adoção dos princípios da transação e da suspensão da Lei n. 9.099 e os Art. 43 (limitação de fim de semana) e 79 (suspensão condicional da pena) do Código Penal, autorizam a utilização do modelo de tratamento como pena alternativa, em substituição à pena tradicional restritiva de liberdade, que não trata e não reeduca nesses casos.

Após a capacitação inicial (sugere-se que o grupo não exceda a cinquenta pessoas), mister se faz que essa equipe tome iniciativas no sentido de organizar uma rede de apoio biopsicossocial de provedores de atenção em dependência química e de disseminar os conceitos aprendidos. Quando for o caso, o tratamento da dependência química pode ser realizado em nível público ou privado, dependendo das condições socioeconômicas do acusado. De igual modo, parcerias podem ser estabelecidas com o serviço público e com entidades que ofereçam tratamento especializado a dependentes químicos, tais como a Cruz Vermelha Brasileira, Alcóolicos Anônimos, Narcóticos Anônimos, Amor Exigente, Comunidades Terapêuticas, universidades ou organizações não governamentais (institutos, fundações ou outras), reconhecidas na comunidade pelo seu trabalho com dependentes químicos. Devem ser constituídas equipes para receber, avaliar e encaminhar os acusados selecionados pelo promotor e juiz que optarem pelo Programa de Justiça Terapêutica.

O Programa de Justiça Terapêutica surge como uma efetiva estratégia para que se rompa o binômio drogas-crime. Vinte estados do Brasil já têm o Programa na sua agenda de prioridades. A título ilustrativo, seguem diferentes formas de implementar o Programa, como vem ocorrendo nos diferentes estados.

No estado do Rio Grande do Sul, onde o Programa de Justiça Terapêutica funciona desde 1999, por iniciativa do Ministério Público, o Poder Judiciário, em 29 de março de 2001, na cidade de Pelotas, assinou convênios estruturando uma rede de provedores de tratamento para, entre outras finalidades, prestar atenção aos usuários e dependentes de substâncias psicoativas, o mesmo acontecendo na cidade de Passo Fundo. Em 30 de março de 2001, em Porto Alegre, o Poder Judiciário assinou convênio reestruturando o Centro Integrado de Apoio da Rede Biopsicossocial (CIARB). O CIARB tem a função de avaliar a motivação e a terapêutica adequada, ou seja, a melhor abordagem para os casos encaminhados pelo Poder Judiciário. Caso se decida pelo acompanhamento terapêutico, passa-se, nesse momento, a ser um atendido-paciente, devendo cumprir com as combinações indicadas pela equipe de tratamento e ratificadas em audiência.

Outro exemplo é a experiência do estado de Pernambuco, que, em 30 de abril de 2001, criou o Centro de Justiça Terapêutica de Pernambuco, com idêntica finalidade e com os mesmos mecanismos para a instalação do sistema e avaliação dos resultados. Apresentou excelentes resultados o trabalho de recuperação desenvolvido no estado do Rio de Janeiro, em São Gonçalo, voltado para crianças e adolescentes que cometeram ato infracional e que tiveram relação com o uso de drogas (Programa de Justiça Terapêutica do Estado do Rio de Janeiro, [s.d.]).

Já em São Paulo, por iniciativa do Ministério Público e do Tribunal de Justiça, vem sendo adotado o Programa de Justiça Terapêutica na Promotoria Criminal de Santana, na qual, aos infratores dependentes de drogas, é oferecido e estimulado o engajamento ao tratamento no lugar de procedimentos relacionados somente à justiça criminal.

À equipe de avaliação cabe também a função de verificar os resultados do tratamento com o atendido-paciente, bem como a instituição em que se realiza, encaminhando essa avaliação aos operadores do direito. Em qualquer momento, o atendido-paciente tem a possibilidade de trocar de instituição, de terapeuta ou de suspender a atenção terapêutica recebida. Propõe-se, finalmente, que cada unidade da federação crie a estrutura necessária consoante suas peculiaridades locais e trabalhe com a condição *sine qua non* do Programa de Justiça Terapêutica, ou seja, a capacitação profissional, segundo um padrão nacional de todos os operadores, e que se empenhe na estruturação e manutenção do sistema.

Alguns exemplos de resultados obtidos

"Projeto de Atenção Especial ao Adolescente Infrator Usuário de Drogas": O Programa de Justiça Terapêutica aplicado à infância e adolescência

Projeto concebido e implementado pelo Ministério Público do estado do Rio Grande do Sul com a parceria de outras instituições da comunidade e conduzido no período de 2001 a 2003.

Deve ser ressaltado que esse projeto foi elaborado e executado contemplando todas as premissas que norteiam o Princípio da Atenção Integral à criança e ao adolescente previsto no Estatuto da Criança e do Adolescente, bem como as do Programa de Justiça Terapêutica.

Além disso, todos os dados do projeto, incluindo planejamento, execução, avaliação e resultados obtidos, podem ser encontrados na publicação *Projeto de Atenção Especial do Adolescente Infrator Usuário de Drogas* (Rio Grande do Sul, 2002).

Síntese dos resultados obtidos

Adesão dos adolescentes e familiares ao monitoramento

- 81,8% de presença às entrevistas agendadas desde a data do ingresso do adolescente no programa até março de 2003; em caso de faltas não justificadas, foram realizados contatos visando a um novo agendamento, bem como visitas domiciliares.

Adesão dos adolescentes e familiares ao tratamento

- Na rede pública à 83,7% de presenças às consultas
- Na rede privada à 89,3% de presenças às consultas

Uso de drogas

- No ingresso:
  - 100% dos adolescentes usavam maconha;
  - 92,6% usavam álcool;
  - 66,7% usavam tabaco;
  - 40,7% usaram ou usavam inalantes;
  - 33,3% usaram ou usavam cocaína;
  - 25,9% usaram ou usavam *crack*;
  - 3,7% usaram ou usavam alucinógenos.
- Após a primeira testagem para o uso de maconha, durante o projeto piloto → 47,8% positivo (usaram próximo à testagem) e 52,2% negativo (não usaram); os que tiveram resultado positivo foram testados para outras drogas um tempo depois.
- Uso de drogas ilícitas entre a testagem anterior e a final do monitoramento:

- ⇨ 51,8% fizeram movimentos efetivos de parar o uso; entre estes, 29,6% permaneceram abstinentes, com eventuais recaídas, e 22,2% permaneceram totalmente abstinentes;
- ⇨ 48,1% mantiveram-se em uso de drogas.

Outros resultados

Os dados obtidos revelaram que houve melhora significativa em outras áreas da vida dos adolescentes participantes, tais como frequência e rendimento escolar, adesão a atividades profissionalizantes ou formativas para as quais foram encaminhados durante o projeto, reorganização de vida, convívio familiar e percepção sobre o uso de drogas. Esses parâmetros foram avaliados segundo a metodologia quantitativa e qualitativa.

O Programa de Justiça Terapêutica aplicado à população adulta

Disseminação de uma nova postura, ou seja, uma nova solução para um velho e grave problema social, o binômio drogas-crimes, que é a problemática que envolve usuários e dependentes de drogas que cometeram um delito de menor potencial ofensivo.

- ⇨ Adoção e implementação do Programa de Justiça Terapêutica nos estados do território nacional, atualmente em diferentes estágios de execução, com destaque especial aos estados do Rio Grande do Sul, Rio de Janeiro, Pernambuco, São Paulo, Distrito Federal e Espírito Santo.
- ⇨ Melhor relacionamento interinstitucional, especialmente dos sistemas de justiça e de saúde, extensivo a outras instâncias que, direta e indiretamente, atendem essa demanda.
- ⇨ Baixo custo financeiro (praticamente zero) para a implementação da proposta.

- ⇨ Relevante interesse demonstrado pelas instituições universitárias constatado pelo expressivo número de trabalhos de conclusão de curso elaborados por estudantes dos cursos de direito e psicologia em todo o país.

Entre outros, ressaltam-se os seguintes resultados obtidos no Rio Grande do Sul:

- ⇨ A maioria dos juízes tem aceitado e homologado o tratamento como alternativa para o estabelecimento de um processo criminal e encarceramento para usuários e dependentes de drogas que tenham cometido um delito de menor potencial ofensivo.
- ⇨ No período entre 2001 e 2006, para cada dez usuários e dependentes de drogas que cometeram um delito de menor potencial ofensivo, sete aceitaram tratamento proposto pelo promotor e juiz (Poder Judiciário do Estado do Rio Grande do Sul).
- ⇨ No ano de 2007, promotores de justiça do Rio Grande do Sul encaminharam 589 propostas de tratamento pelo Programa de Justiça Terapêutica (Relatório da Corregedoria-Geral do Ministério Público do Estado do Rio Grande do Sul, 2007).
- ⇨ No ano de 2008 (Relatório da Corregedoria-Geral do Ministério Público do Estado do Rio Grande do Sul, 2008):
  - ⇨ No Juizado Comum à propostas de suspensão do processo a 2.613;
  - ⇨ No Juizado Especial Criminal à Transações propostas com medida amparada nos objetivos do Programa de Justiça Terapêutica a 989;
  - ⇨ Pessoas denunciadas por tráfico de drogas a 3.927;

- Porte de tóxicos para uso próprio a 1.373;
- Na violência doméstica e familiar contra a mulher (lei n. 11.340/2006) à medidas protetivas de urgência requeridas pelo Ministério Público (MP) a 196;
- Pedidos do MP de internação psiquiátrica a 15.

Levantamento sobre o Programa de Justiça Terapêutica no Brasil

Em abril de 2009, a Associação Brasileira de Justiça Terapêutica (ABJT) iniciou o *I Levantamento sobre o Programa de Justiça Terapêutica no Brasil*, com o objetivo de mapear e quantificar a implementação do Programa no país. Foram enviados convites aos corregedores-gerais dos ministérios públicos, tribunais de Justiça e defensorias públicas de todos os estados a fim de que os profissionais dessas instituições fornecessem os dados existentes. O projeto, porém, ainda está em execução. Dados preliminares revelam que a maioria dos profissionais que até o momento participaram do levantamento tem interesse no tema, deseja receber mais informações e participar de capacitações.

O tratamento do abuso e dependência de drogas no Programa de Justiça Terapêutica

O tratamento da síndrome de dependência de drogas é caracterizado por ser caro, de efetividade imprecisa e, na maioria das vezes, não é buscado de forma espontânea ou voluntária pelo dependente (National Institute on Drug Abuse, 2003).

Por outro lado, sabe-se que a demanda por tratamento totalmente voluntário é muito pequena, no sentido de que o usuário decide, por ele mesmo, buscar tratamento por estar realmente ciente da necessidade de tal medida, fazendo isso sem nenhum tipo de pressão. A maioria deles pertence ao grupo no qual a relutância para buscar tratamento somente é superada por pressões da família, de amigos, da escola, do empregador, pelo aumento do custo para manter o uso ou pelo medo da instauração de um processo criminal (World Health Organization, 1999).

Considerando esses aspectos e ressaltando a necessidade urgente de que seja rompido o binômio drogas-crimes, é que surge o Programa de Justiça Terapêutica como alternativa para tal fim. A literatura científica, bem como a experiência de profissionais da área de saúde em relação ao tratamento de dependentes químicos, evidencia que, na maioria das vezes, as únicas formas de motivar dependentes químicos a buscar tratamento envolvem posturas de "pressão" de familiares, chefias e amigos, algum tipo de coerção ou a compulsoriedade em caso de infração (Belenko, 2001). Tais estratégias recebem, por outro lado, críticas daqueles que acreditam que "tratamento para a dependência química só funciona se for voluntário". Dados da literatura científica sobre o tema têm evidenciado que o tratamento coercitivo ou compulsório apresenta igual e, às vezes, maior efetividade do que o tratamento voluntário (Pickens; Fletcher, 1991; Copeland; Maxwell, 2007).

A essência da proposta do Programa de Justiça Terapêutica é oferecer ao usuário, abusador ou dependente de drogas que cometeu uma infração de menor potencial ofensivo a oportunidade de receber intervenção educativa ou tratamento para o seu uso de drogas como alternativa para a instauração do correspondente processo criminal e eventual condenação. Essa medida representa um significativo avanço na possibilidade de minimização do quadro exposto, pois, além de oferecer ao usuário de drogas uma intervenção específica para o seu problema de saúde, evita, igualmente, que ele seja exposto à pena de encarceramento quando a lei assim o prevê. Nesses casos, o papel do tratamento é uma significativa contribuição para a redução do crime.

Considerando o público para o qual o Programa de Justiça Terapêutica pode ser aplicado, ou seja, os usuários e dependentes de drogas que tenham cometido um delito de menor potencial ofensivo (Mazoni, 2004), a entrevista motivacional reúne os quesitos necessários como abordagem terapêutica a ser empregada no tratamento previsto pelo Programa.

Entre vários estudos sobre a importância em facilitar e manter usuários de drogas em tratamento, destaca-se o conduzido por Marlatt e colaboradores. Nele são analisados vários aspectos e componentes que interferem na busca e manutenção do tratamento. Os autores fazem uma crítica ao modelo que afirma que os usuários e dependentes de drogas negarão ou minimizarão seus problemas e serão desmotivados para buscar ajuda até que atinjam o "fundo do poço", ou seja, até que a enfermidade atinja estágios de muita gravidade, ocasionando perdas importantes em vários aspectos de suas vidas.

Afirmam, ainda, que o modelo apresenta uma premissa circular sobre o papel da motivação intrínseca na busca de ajuda e para mudar o comportamento de forma bem-sucedida. Ou seja, que somente os indivíduos intrinsecamente motivados buscarão ajuda e mudarão. E aqueles que não o fazem não estão intrinsecamente motivados para tanto.

Ainda no mesmo estudo, os autores citam intervenções para facilitar o encaminhamento e a entrada no tratamento. Entre elas, são mencionadas as estratégias motivacionais que têm como objetivo aumentar a probabilidade de que usuários de drogas entrem e permaneçam em tratamento, bem como participem ativamente de uma estratégia de mudança (Marlatt *et al.*).

Os infratores de menor potencial ofensivo, usuários ou dependentes de drogas, passam a ter, quase que "automaticamente", por meio do Programa de Justiça Terapêutica, uma motivação para entrar em tratamento, desde que lhe seja oferecida, após avaliação por equipe de saúde, a possibilidade de escolher entre fazer tratamento ou responder ao processo criminal. O Programa de Justiça Terapêutica também prevê que, uma vez atendidos os requisitos do tratamento, atestado pelo provedor de saúde, o infrator não ficará com antecedentes criminais.

Apesar do relevante apoio institucional que vem recebendo e dos efetivos resultados que vem demonstrando em outros países, o Programa de Justiça Terapêutica tem recebido algumas críticas por parte de um pequeno grupo de profissionais que entende que sua proposta não é baseada em uma escolha. No entanto, não é esse nosso entendimento.

Ele pode ser entendido, no máximo, como um tipo de tratamento "pressionado", como o é a imensa maioria. O que muda é que a "pressão" é realizada pelo sistema de justiça e não por familiares, amigos ou local de trabalho. Conforme descrito no relatório da Organização Mundial da Saúde, *Non-voluntary treatment of alcohol and drug-dependence: a european perspective* (World Health Organization, 1999), "[...] uma das principais características do tratamento não voluntário é a negociação com o usuário e as pessoas que têm significado para ele, com o objetivo de motivá-lo para uma ativa participação nos programas terapêuticos". Além disso, o relatório também afirma que "[...] quando um programa de tratamento não voluntário é adequadamente organizado e implementado, ele é efetivo na redução do crime e na melhoria da qualidade de vida do usuário de drogas".

Considerando as peculiaridades que envolvem o infrator usuário ou dependente de drogas, considerando o avanço social que representa a proposta do Programa de Justiça Terapêutica e considerando as premissas que embasam as estratégias motivacionais, entende-se que essas peculiaridades representam uma promissora e efetiva abordagem terapêutica capaz de libertar os indivíduos do binômio drogas-crime. E mais: na maioria das vezes essa abordagem consegue transformar um tratamento, em princípio não voluntário, em um processo no qual o paciente opta pela mudança de seu comportamento autodestrutivo para um comportamento saudável com melhora significativa em sua qualidade de vida.

A política de redução de danos para AIDS/drogas e o Programa de Justiça Terapêutica

O Programa de Justiça Terapêutica apoia qualquer programa que pretenda reduzir os danos à saúde de usuários e dependentes de drogas, desde que não contemple a substituição do uso de uma droga ilícita por outra, pelo simples motivo de que o envolvimento com drogas ilícitas é ilegal.

Essa postura inclui a política de redução de danos aplicada a usuários/dependentes de drogas injetáveis.

As agências internacionais e de pesquisa diante das alternativas para o encarceramento de infratores dependentes de drogas

Posto que, na maioria dos países, o simples encarceramento raramente atinge os objetivos aos quais se propõe, ou seja, a reabilitação e ressocialização do infrator, existe um entendimento de que, para delitos de menor potencial ofensivo e para alguns grupos mais vulneráveis, outras formas de responsabilização do infrator deveriam ser adotadas. Entre outros dados de realidade, embasam essa proposição o fato de que o encarceramento tem alto custo social, os presídios, em sua maioria, apresentam superpopulação e o encarceramento como pena é excessivamente utilizado (United Nations Office on Drugs and Crime, 2007). As agências internacionais formuladoras de diretrizes sociais, tais como ONU, UNODC, OMS, OEA, entre outras, postulam que entre os grupos de infratores elegíveis para receber penas alternativas ao encarceramento por seus delitos estão os usuários e dependentes de drogas.

Recente documento publicado pela United Nations Office on Drugs and Crimes (UNODC) reporta as conclusões e recomendações de experts da ONU e da OMS. Nele está atestado o tratamento para infratores usuários ou dependentes de drogas como uma alternativa para as punições criminais, uma abordagem de saúde pública embasada nas convenções internacionais para o controle da questão das drogas. É enfatizada a necessidade de proteção da saúde dos indivíduos e da sociedade dos perigosos efeitos do uso de drogas. Além disso, menciona os estudos epidemiológicos e as evidências científicas sobre a vulnerabilidade pessoal e social para o uso de drogas, bem como os resultados de estudos sobre a efetividade do tratamento como uma alternativa para o sistema de justiça criminal, visto que o tratamento diminui as probabilidades do uso de drogas, incluindo a redução da criminalidade e os custos do sistema de justiça criminal (United Nations Office on Drugs and Crime, 2010).

Devem ser igualmente ressaltados os esforços que vêm sendo desenvolvidos pela Comissão Interamericana para o Controle de Abuso de Drogas (CICAD), uma agência da Organização dos Estados Americanos (OEA) através do EU-LAC *Project*, que promove a cooperação entre cidades latino-americanas e caribenhas e cidades europeias, visando a melhores práticas para a formulação de políticas públicas, prevenção e tratamento e, especialmente, alternativas para o encarceramento. A OEA publicou recentemente um importante levantamento conduzido pela *American*

University sobre a existência e a prática dessa medida (*drug treatment courts*) ao redor do mundo (Comissão Interamericana para o Controle de Abuso de Drogas).

Corroborando as diretrizes das agências internacionais, encontra-se o *National Institute on Drug Abuse* (NIDA), agência do *National Institute on Mental Health*, responsável por conduzir pesquisas, levantamentos e todo o tipo de investigação científica referente a drogas de abuso, bem como disseminar os resultados visando a melhores práticas. Com relação aos infratores usuários/dependentes de drogas, o NIDA publicou, entre outros, dois importantes documentos baseados nos achados científicos sobre o tema: *Principals of drug abuse treatment for Criminal Justice populations: a research based guide* (NIDA) e *Treating drug addiction: what families and offenders need to know* (Ibid.). O primeiro encontra-se traduzido na página da Associação Brasileira de Justiça Terapêutica (ANJT).

E, de acordo com James Budd, diretor da *Drug Treatment Court* de Ottawa, Canadá, "[...] prisão tem mais a ver com consequência do que com reabilitação. Dependência de drogas é um problema de saúde, e o encarceramento não é a solução" (Ottawa Citizen).

Considerações finais

O Programa de Justiça Terapêutica pode ser considerado um tipo de pena alternativa. É uma medida de tratamento e também uma medida socioeducativa no caso das crianças e dos adolescentes.

Considerando-se o exposto neste capítulo, torna-se evidente que a solução mais fácil é processar e prender um infrator usuário/dependente de drogas que tenha cometido um delito de menor potencial ofensivo ou arquivar o seu processo. Oferecer a esse infrator a possibilidade de aprender sobre os prejuízos causados pelo uso de drogas e, quando aplicável, de ser tratada a sua enfermidade, causa de seus delitos, é muito mais "trabalhoso". Porém, é muito mais barato, mais gratificante e eficaz socialmente, pois assegura aos operadores do direito e aos profissionais da saúde a alegria e paz oriundas do dever social cumprido, evitando o dano social do encarceramento a quem necessita de tratamento.

Referências bibliográficas

ASSOCIAÇÃO Nacional De Justiça Terapêutica. [s.d.]. Disponível em: <www.abjt.org.br/index.php?id=51>. Acesso em: 13 nov. 2007.

BARDOU, L. A. P. *Justiça terapêutica*: origem, abrangência territorial e avaliação. [S.l.], 2004. Disponível em: <www.abjt.org.br/index.php?id=99&n=89>. Acesso em: 20 nov. 2007.

BELENKO, S. *Research on drug courts*: a critical review 2001 update. New York: The National Center on Addiction and Substance Abuse (CASA) at Columbia University, 2001.

CARLINI, E. A. *et al. I Levantamento domiciliar sobre o uso de drogas psicotrópicas no Brasil – 2001*. São Paulo: Centro Brasileiro de Informações Sobre Drogas Psicoativas (CEBRID), 2002.

______. *et al. II Levantamento domiciliar sobre o uso de drogas psicotrópicas no Brasil – 2005*. São Paulo: Centro Brasileiro de Informações Sobre Drogas Psicoativas (CEBRID), 2007.

CENTRO de Justiça Terapêutica de Pernambuco. Disponível em: <www.tjpe.gov.br/justerap/index.asp>. Acesso em: 04 dez. 2007.

COMISSÃO INTERAMERICANA PARA O CONTROLE DO ABUSO DE DROGAS. *Aliança de cidades em tratamento de drogas*. Disponível em: <http://www.eulacdrugs.org/eulac>. Acesso em: 20 jun. 2010.

COPELAND, J.; MAXWELL, J. C. Cannabis treatment outcomes among legally coerced and non-coerced adults. *BMC Public Health*, v. 7, p. 111, 2007.

CURY, M.; SILVA, A. F. A.; MENDEZ, E. G. *Estatuto da Criança e do Adolescente comentado*. 3. ed. São Paulo: Malheiros Editores, 2001.

FREITAS, C.; SILVA, R. O. *Capacitações realizadas pela ANJT*. [S.l.], 2006. Disponível em: <www.abjt.org.br/index.php?id=99&n=113>. Acesso em: 13 nov. 2007.

GALDURÓZ J. C. *et al. V Levantamento nacional sobre o consumo de drogas psicotrópicas entre estudantes do Ensino Fundamental e Médio da rede pública de ensino de 27 capitais brasileiras*. São Paulo: Centro Brasileiro de Informações Sobre Drogas Psicoativas (CEBRID), 2004.

HORA, P. F. *et al. Therapeutic jurisprudence and the drug treatment court movement: revolutioning the criminal justice system's response to drug abuse and crime in America*. [S.l.]: 1999. Disponível em: <www.therapeuticjurisprudence.org>. Acesso em: 2 dez. 2007.

INTERNATIONAL Association of Drug Treatment Courts/IADTC. Disponível em: <www.internationaldtc.org/iadtc-home>. Acesso em: 20 jun. 2010.

ISHIDA, V. K. *Estatuto da Criança e do Adolescente*: Doutrina. 8. ed. São Paulo: Editora Atlas, 2006.

LEI Nº 11.343, de 23 de agosto de 2006. Disponível em <www.planalto.gov.br/ccivil>. Acesso em: 04 dez. 2007.

MARLATT, A. *et al.* Help-seeking by substance abusers: the role of harm reduction and behavioral-economic approaches to facilitate treatment entry and retention. In: *Beyond the Therapeutic Alliance*: keeping the drug dependent individual in treatment. National Institute on Drug Abuse, Monograph Series.

MAZONI, E. *Programa de Justiça Terapêutica: uma abordagem jurídica especial ao infrator usuário de drogas*. Monografia de Conclusão de Curso (Direito), Universidade Luterana do Brasil. Disponível em: <www.abjt.org.br/index.php?id=99&n=95>. Acesso em: 13 nov. 2007.

MINISTÉRIO DA JUSTIÇA. *Manual de Monitoramento das Penas e Medidas Alternativas*. Brasília, 2002. Disponível em: <www.mj.gov.br>. Acesso em: 04 dez. 2007.

______. Disponível em: <http://portal.mj.gov.br/cnpcp/data/PAGES>. Acesso em: 18 jun. 2010.

MURATT, L. D. *Projeto consciência*: Prevenção ao uso de drogas por crianças e adolescentes. Porto Alegre: Ministério Público do Estado do Rio Grande do Sul, 1998.

NATIONAL Association on Drug Court Professionals/NADCP. Disponível em: <www.nadcp.org>. Acesso em: 18 jun. 2010.

NATIONAL INSTITUTE ON DRUG ABUSE. *Preventing drug use among children and adolescents*: a research-based guide for parents, educators, and community leaders. 2nd ed. U. S. Department of Health and Human Services: 2003.

______. *Principals of Drug Abuse Treatment for Criminal Justice Populations*: A Research Based Guide. Disponível em: <www.nida.nih.gov/drugpages/cj.html>. Acesso em: 20 jun. 2010.

______. *Treating Drug Addiction*: What Families and Offenders Need to Know. Disponível em: <www.nida.nih.gov/drugpages/cj.html>. Acesso em: 20 jun. 2010.

NOTO, A. R. *et al. Levantamento nacional sobre o uso de drogas entre crianças e adolescentes em situação de rua*. São Paulo: Centro Brasileiro de Informações Sobre Drogas Psicoativas (CEBRID), 2003.

OTTAWA CITIZEN. *Drugs on the docket*. Disponível em: <www.ottawacitizen.com/news/Drugs+docket/3171753/story.html>. Acesso em: 21 jun. 2010.

PICKENS, R. W.; FLETCHER, B. W. Overview of treatment issues. In: *Improving Drug Abuse Treatment*. National Institute on Drug Abuse, Monograph Series 106, 1991. p. 1-19.

PROGRAMA de Justiça Terapêutica do Estado do Rio de Janeiro. Disponível em: <www.mp.rj.gov.br>. Acesso em: 4 dez. 2007.

PROMOTORIAS DA INFÂNCIA E JUVENTUDE DO ESTADO DO RIO GRANDE DO SUL. *Relatórios Trimestrais*. Porto Alegre: Ministério Público do Rio Grande do Sul, [s.d.].

RIO GRANDE DO SUL. Projeto de atenção especial do adolescente infrator usuário de drogas. In: _____. *Caderno de textos*: adolescência, drogas e o sistema de justiça. Porto Alegre: Ministério Público do Rio Grande do Sul, 2002.

SERVIÇO SOCIAL DA INDÚSTRIA. *Levantamento sobre o uso de drogas com trabalhadores da indústria*. Disponível em: <www.obid.senad.gov.br>. Acesso em: 20 nov. 2007.

SILVA, R. O. *Usuário de drogas*: prender ou tratar? 12 jun. 2006. Disponível em: <www.abjt.org.br/index.php?id=99&n=137>. Acesso em: 13 nov. 2007.

SOARES, P. *Pena alternativa custa 5% do valor gasto com preso comum*. Disponível em: <www1.folha.uol.com.br/folha/brasil/ult96u14569.shtml>. Acesso em: 26 dez. 2007.

SOUZA, A. L. *Juizados Especiais Criminais*. Editora de Direito, 1998.

UNITED NATIONS. *Mensagem do Secretário-Geral Ban Ki-Moon sobre o Dia Internacional Contra o Abuso e Tráfico de Drogas*. 26 jun. 2009. Disponível em: <http://www.unodc.org/documents/southerncone//Topics_drugs/WDR/2009/WDR_Mensagem_do_Secretario-Geral.pdf>. Acesso em: 17 jun. 2010.

UNITED NATIONS OFFICE ON DRUGS AND CRIME. *Handbook of basic principles and promising practices on alternatives to imprisonment*. (Criminal Justice Handbook Series.) New York, 2007. Disponível em: <http://www.unodc.org/pdf/criminal_justice/07-80478_ebook.pdf>. Acesso em: 19 jun. 2010.

______. *From coercion to cohesion – treating drug dependence through health care, not punishment.* Viena, março 2010. Disponível em: <http://www.unodc.org/docs/treatment/coercion_FULL_doc.pdf>. Acesso em: 17 jun. 2010.

WORLD HEALTH ORGANIZATION. *Non-voluntary Treatment of Alcohol and Drug-Dependence*: A European Perspective. Report of the meeting in Moscow, Russia, April 22-23, 1999. Regional Office for Europe: 1999.

WORLD HEALTH ORGANIZATION. [s.d]. Disponível em: <htpp://www.who.int/substance_abuse/facts/em/index.html>. Acesso em: 17. jun. 2010

O TRANSTORNO DE ESTRESSE PÓS-TRAUMÁTICO EM DEPENDENTES QUÍMICOS

Gilda Pulcherio
Lísia Von Diemen
Ana Margareth Bassols
Carmen Vernetti
Felix Kessler
Sibele Faller
Vinícius Guimarães Dornelles

Os estudos do Transtorno de Estresse Pós-traumático (TEPT) (Bedard; Greif; Buckley, 2004; Yehuda; Davidson, 2000) ganharam corpo na literatura científica a partir das investigações com os combatentes de Guerra do Vietnã e da Segunda Grande Guerra, quando desvendaram sintomas e fortaleceram o papel da exposição ao trauma como agente central no desenvolvimento do TEPT. Em 1980 foi incluído no DSM-III como entidade nosológica, porém, até o DSM-III-R, o trauma tinha origem externa, era avassalador, mas não ocorria na vida cotidiana. A elaboração do DSM-IV imprime um novo caráter, o subjetivo. A pessoa traumatizada precisa responder com intenso medo, impotência ou horror. E o TEPT pode configurar-se a partir de experiências do dia a dia (American Psychiatric Association, 2002).

Para muitos pesquisadores a motivação básica que leva o ser humano a beber apesar de suas consequências danosas são as propriedades redutoras do estresse atribuídas ao álcool (Brady; Sonne, 1999; Pulcherio, 2000). O uso nocivo das substâncias psicoativas e os comportamentos de risco dos dependentes químicos têm sido apontados como fatores de risco para trauma e TEPT. Outros fatores incluem baixo nível educacional, história psiquiátrica prévia, história familiar de transtornos emocionais, abuso infantil, falta de apoio social, situação econômica precária, distúrbios de conduta, violência doméstica, entre outros frequentes nessa população (Brewin; Andrews; Valentine, 2000).

A alta exposição a traumas, assim como a ocorrência de traumas mais graves e sintomas de TEPT entre os que abusam ou são dependentes de substância psicoativas, surgem em amostras populacionais e clínicas (Cohen; Hien, 2006; Stewart *et al.*, 2007). A ocorrência de abusos físicos ou sexuais na infância e adolescência desses usuários pode variar entre 46% a 90%, com risco aumentado para TEPT (Bedard; Greif; Buckley, 2004; Reynolds *et al.*, 2005). Os traumatizados desenvolvem sintomas clínicos e psiquiátricos com somatizações, hostilidades, raivas, conduta impulsiva e autodestrutiva, que podem perdurar por toda a vida. Quando submetidos a estresse crônico, podem apresentar mudanças na personalidade. O estudo dos traumas e do transtorno de estresse pós-traumático tem fundamental importância pelos prejuízos que geram não só aos traumatizados como à sociedade em geral.

Diagnóstico e epidemiologia

O transtorno de estresse pós-traumático é um dos desdobramentos possíveis do trauma. Outros quadros como transtornos depressivos, outros transtornos ansiosos ou fobia social, muito frequentes entre os dependentes químicos, podem ocorrer como resposta ao trauma, sem o desenvolvimento do TEPT. Devido à capacidade humana de resiliência, a grande maioria dos traumatizados não desenvolve TEPT (Peres; Mercadante; Nasello, 2005).

O quadro clínico do transtorno de estresse pós-traumático compreende a ocorrência de um evento traumático que ameace a vida, pode ser experimentado ou testemunhado, com posterior desenvolvimento de sintomas de revivência do trauma (sonhos repetitivos, memórias, imagens), esquiva de estímulos que lembrem o evento (evitação de pessoas ou locais) ou embotamento afetivo e sintomas de excitabilidade autonômica (insônia, irritabilidade) (American Psychiatric Association, 2002). A resposta psicológica ao evento passa a ter importância no DSM-IV, e ela deve ocorrer para a maioria das pessoas que experimentam eventos traumáticos. Se os sintomas não forem resolvidos em poucos meses, eles tendem à cronicidade com grande sofrimento e prejuízos nas áreas social, afetiva e laboral dos traumatizados, configurando o TEPT crônico.

O diagnóstico de TEPT na dependência química requer a atenção aos sintomas da abstinência, como irritabilidade, ansiedade, sintomas depressivos, fóbicos, pânico e outros que podem confundir ou mascarar o TEPT. Há ainda outros transtornos comórbidos que ocorrem em altas taxas nesses pacientes (Zaleski *et al.*, 2006), o que confere à investigação de traumas uma importância crucial.

Ao longo da vida, os indivíduos em geral experimentam mais de dois eventos traumáticos. No entanto, os dependentes químicos, por seu "estilo de vida", expõem-se mais às experiências traumáticas e a traumas mais severos (Stewart *et al.*, 2007).

Para alguns autores, entre 15% e 25% das pessoas que experimentam algum evento traumático severo durante a vida, como agressão violenta, devem desenvolver TEPT. São consideradas agressões violentas as ameaças com arma, assaltos e espancamentos. Estas e outras agressões violentas, como ser estuprado ou violentado sexualmente, são os eventos traumáticos que mais desencadeiam TEPT em usuários de substâncias psicoativas (Yehuda; Davidson, 2000; Cohen; Hien, 2006; Stewart *et al.*, 2007).

Pesquisas atuais estimam que 10% da população em geral seja portadora de TEPT, com prevalências de duas a cinco vezes maior quando considerados os dependentes químicos (Reynolds *et al.*, 2005; Brady *et al.*, 2005). Embora a alta prevalência da exposição a traumas nessa população e a ocorrência comórbida entre transtorno por uso de substâncias e estresse pós-traumático estejam largamente demonstradas (Yehuda; Davidson, 2000; Reynolds *et al.*, 2005; Brewin; Andrews; Valentine, 2000), não foi possível, até o momento, encontrar a conexão causal dessa associação. Alguns estudos não encontram evidências de que o abuso ou dependência de substâncias aumente o risco para trauma e TEPT, ou que o TEPT seja risco aumentado para o abuso de substâncias psicoativas, o que sugere a hipótese da redução da tensão (Jacobsen; Southwick; Kosten, 2001).

O *Australian National Survey of Mental Health and Well-Being* (Mills *et al.*, 2006) encontrou que apenas 0,5% da população era portadora do transtorno por uso de substâncias psicoativas e TEPT. No entanto, entre os que tinham TEPT, 34,4% eram portadores de algum transtorno por uso de substâncias, sendo que 24,1% apresentavam abuso ou dependência do álcool. Enquanto 5,9% daqueles diagnosticados com transtorno por uso da substância tinham TEPT como transtorno comórbido. Estes receberam seis vezes mais o diagnóstico de TEPT comparados aos que não tinham transtorno por uso de substância. Os usuários de substâncias psicoativas relataram altas taxas de exposição a traumas. Os eventos mais comuns foram testemunhar grave ferimento ou morte (40,5%) e envolver-se em acidente que ameaçou a vida (33,1%). Esses usuários eram homens, em sua maioria, com idade entre dezoito e 34 anos.

Uma investigação com dependentes químicos internados encontrou que 38,5% tinham diagnóstico de TEPT atual e 51,9%, TEPT ao longo da vida (Reynolds *et al.*, 2005). Agressões violentas como ser assaltado, roubado ou espancado foram relatadas por 80% dos pacientes com TEPT. Perda traumática foi experimentada por 85%. De forma significativa, mais pacientes com TEPT relataram violências sexuais.

Um estudo de revisão com adultos e adolescentes com abuso ou dependência de drogas, portadores de TEPT (Stewart *et al.*, 2007), não encontrou diferenças significativas quanto ao gênero, contrário aos estudos epidemiológicos em que as mulheres têm duas vezes mais TEPT que os homens. Dos quinze estudos revisados, 33,3% com adolescentes e 66,7% com adultos, nenhum mostrou diferenças de gênero. Os comportamentos de risco dos homens dependentes químicos que os expõem mais aos traumas, com traumas mais graves e precoces são uma das justificativas sugeridas. No entanto, semelhante à população, as mulheres experimentam mais trauma por abuso sexual e os homens por agressões violentas. Um dos estudos com adolescentes encontrou que 36% das meninas e 8% dos meninos tinham sofrido abuso sexual, enquanto que 32% destes e 14% das meninas tinham levado um tiro ou facada.

O TRAUMA NA TEORIA COGNITIVO-COMPORTAMENTAL

Para se entender o transtorno de estresse pós-traumático à luz do modelo cognitivo, é necessária uma breve passagem pela neurofisiologia da ansiedade. Darwin publicou, em 1872, o livro *Expression of the emotions in man and animals* mostrando uma visão biológica e evolutiva da ansiedade. Estudos posteriores (Hess; Brügger, 1943) corroboraram a ansiedade como uma reação inata e adaptativa do organismo diante da ameaça.

Para a psicologia cognitiva, o que determina se um acontecimento será entendido como traumático ou não são as crenças formadas anteriormente ao trauma. Quando ocorre a situação potencialmente traumática, o processamento emocional acontece de acordo com redes de crenças e memórias construídas ao longo da vida, e o córtex pré-frontal envia mensagens à amígdala sobre o evento (Lang, 1979). Essa estrutura anatômica é o nosso "sistema de alarme" e está relacionada a respostas de raiva (luta), medo (fuga) e "*freezing behavior*". Ela ativa o eixo hipotálamo-hipófise-adrenal (HHA) por meio do hormônio de liberação de corticotrofina (CRH) que chega até a hipófise, que, por sua vez, secreta o hormônio adrenocorticotrófico (ACTH). O ACTH estimula a liberação de glicocorticoides pelas glândulas suprarrenais, sendo o principal desses hormônios o cortisol. Com a amígdala, o hipocampo é responsável pela modulação do SNC, e uma de suas tarefas é sinalizar o excesso de cortisol no sangue. Essas reações fisiológicas desencadeadas por um estressor tiveram a função, ao longo da nossa história, de preservar a espécie (Bear; Connors; Paradiso, 2002).

O processo descrito acima ocorre em qualquer indivíduo saudável ao se deparar com uma ameaça. Porém, para que o TEPT se desenvolva, a vulnerabilidade biológica é muito importante, além da exposição ao trauma. A amígdala, sensibilizada, faz o "alarme soar" diante de qualquer possibilidade de ameaça. Cada vez que isso acontece, a resposta de ansiedade do organismo é ativada e a informação química é enviada para várias áreas do córtex. O estresse crônico causa uma desregulação na amígdala e, consequentemente, no eixo HHA. Nesses casos, a liberação de cortisol em excesso causa danos nos neurônios hipocampais, acarretando prejuízos na memória, entre eles a consolidação de memórias traumáticas e mantendo a desregulação do eixo HHA.

A memória tem papel crucial no TEPT. Ela é tão importante que o *Manual diagnóstico e estatístico dos transtornos mentais* (American Psychiatric Association, 2002) contempla essa alteração específica. Ocorre, no transtorno, a recorrência de memórias perturbadoras de situação traumática (*flashbacks*). Porém, os *flashbacks* não são apenas lembranças comuns, mas revivências que ativam o sistema nervoso simpático, levando o indivíduo a experimentar as mesmas sensações fisiológicas de ansiedade da experimentação do trauma.

A memória afetada pelo TEPT é a memória declarativa autobiográfica, na qual lembranças sobre a própria vida do indivíduo são armazenadas (Pergher; Oliveira; Stein, 2005). Com o objetivo de facilitar a identificação de ameaças e tornar o organismo mais preparado para enfrentar possíveis perigos, ocorrem as generalizações (pareamentos). Os pareamentos ocorrem por meio de condicionamento clássico, ou seja, estímulos previamente neutros são pareados com situações nas quais a resposta para a ansiedade é ativada e passam a ser condicionados, gerando respostas de ansiedade.

O trauma na teoria psicodinâmica

A noção de trauma está presente desde a fundação da psicanálise. Lembrando o significado etiológico da palavra "trauma", que em grego significa "ferida", quando falamos em trauma, excesso de intensidades, queremos significar uma ferida com ruptura, efração. Assim, o excesso de intensidade que não pode ser tolerado pelo Ego é a angústia.

Freud descreveu dois tipos de ansiedade: a traumática, na qual ocorre uma sobrecarga do Ego que não consegue conter o excesso de estímulos e a chamada "ansiedade-sinal" que alerta o Ego sobre a presença de desejos, impulsos ou sentimentos considerados perigosos. Ao longo do desenvolvimento de suas teorias, podemos identificar três etapas.

Na primeira etapa (1895-1920), Freud enfatizava o caráter real externo da experiência traumática (até 1905), evoluindo para a compreensão da situação traumática como decorrente das fantasias originárias, fantasias inconscientes e suas respectivas ansiedades (de 1905 a 1920).

Numa segunda etapa (1920-1939), a compreensão do funcionamento psíquico, inicialmente por meio da teoria econômica, considerava o trauma decorrente de um excesso quantitativo incapaz de ser elaborado pelo psiquismo (neurose traumática). Foi no simpósio sobre as neuroses de guerra, vistas como neuroses traumáticas, que se iniciou a virada no conceito de trauma. O foco da patologia não era mais o sexual, a causa seria o terror e o perigo de morte como ameaças para o eu provindas do exterior. A angústia passa a corresponder a um aumento da tensão interna, a um desconforto.

Já a partir de 1926, Freud enfatizava – por meio da segunda teoria da ansiedade – o traumatismo pela perda do objeto. O modelo de dependência do bebê em relação à mãe, deixando a ameaça de total desamparo e impotência longe dela, foi descrito por Freud como protótipo da situação traumática, em 1926: "[...] é a ausência da mãe que agora constitui o perigo, e logo que surge esse perigo a criança dá o sinal de ansiedade, antes que a temida situação econômica se estabeleça" (p. 161).

Ao final da vida, numa terceira etapa (1939), Freud vinculou o trauma ao narcisismo: é uma ferida narcísica que provoca um trauma. Acrescenta que os eventos traumáticos são preponderantes na primeira infância, chamando de trauma as impressões experimentadas precocemente (e mais tarde esquecidas) que têm grande importância na etiologia das neuroses.

TRANSTORNOS COMÓRBIDOS

Sabe-se que o TEPT torna qualquer comorbidade mais severa requerendo tratamento mais especializado. Isso fica evidente na associação com a dependência química (Jacobsen; Southwick; Kosten, 2001; O'Donnell; Creamer; Pattison, 2004). Os indivíduos com TEPT têm de duas a três vezes mais chances de apresentar um Transtorno por Uso de Substâncias Psicoativas (TUSP) do que a população geral (Kessler *et al.*, 1995). Por outro lado, entre os sujeitos que buscam tratamento por TUSP, 25% a 58% apresentam TEPT como comorbidade (Gershuny *et al.*, 2002). Como geralmente a comorbidade é a mais conhecida do especialista, o TEPT tende a não ser reconhecido e, assim, a cronificar-se. Das comorbidades associadas ao TEPT, a doença afetiva é a mais frequente e, dessa, a depressão (48%) que, quando comórbida, tende a ser mais severa. A depressão aumenta a suscetibilidade ao TEPT e vice-versa (Franklin; Zimmerman, 2001; Shalev *et al.*, 1998). Como ambas as patologias têm sintomas em comum, a tendência é que sejam confundidas. Além disso, a presença do transtorno depressivo pode levar à maior chance de cronificação do TEPT. O'Donnell e colaboradores (2004) encontraram-se, em um ano de *follow-up*, com pacientes que sofreram traumas: 40% daqueles com diagnóstico de TEPT estavam assintomáticos, 10% dos que não tinham sintomas passaram a apresentar sintomas de TEPT, 58% ainda estavam sintomáticos e 92% daqueles que tinham diagnóstico de depressão sem TEPT não tinham mais sintoma algum, o que determina um melhor prognóstico. O TEPT também pode estar associado à doença bipolar (7% a 38%), aumentando o risco de suicídio e diminuindo a resposta ao lítio (Simon *et al.*, 2004). Quanto ao risco de suicídio, sabe-se que o TEPT, de acordo com o *National Comorbity Survey*, é, dos transtornos de ansiedade, o que tem mais relação com o suicídio. Pacientes com TEPT tentam o suicídio seis vezes mais do que os controles normais (Margis, 2003). Quando comórbido com a depressão, o TEPT intensifica os sintomas depressivos, triplicando o risco (Marshall *et al.*, 2001). No entanto, quando se avalia o risco de suicídio, outros fatores associados precisam ser considerados, como depressão prévia, impulsividade, hostilidade, agressividade, assim como abuso físico e sexual na infância (Oquendo *et al.*, 2005). Os outros transtornos de ansiedade também ocorrem frequentemente em comorbidade com TEPT. Os indivíduos com TEPT têm de duas a quatro vezes mais chances de apresentar outro transtorno de ansiedade (Kessler *et al.*, 1995). Zaifert *et al.* (2002) encontraram 37% de transtorno de pânico, 45% de ansiedade generalizada, 46% de fobia social e 6% de transtorno obsessivo compulsivo entre pacientes com TEPT. Outra comorbidade muito comum ao TEPT é a doença clínica. Pacientes com TEPT têm maior probabilidade de desenvolverem doenças clínicas, pois têm alterações nas funções cardiovasculares, endócrinas e no sistema de imunossupressão. As alterações no sistema de imunossupressão podem levar ao câncer e, no sistema cardiovascular, à hipertensão (Derevenco *et al.*, 1993). A dor crônica é a sintomatologia clínica mais comum (75%). A ansiedade pode aumentar a percepção da dor, reduzindo a atividade física e levando a um importante prejuízo psicossocial. Das dores crônicas, a fibromialgia é a mais comumente associada ao TEPT. Uma das hipóteses para essa associação é de que a fibromialgia faria com que os pacientes respondessem de forma mais desadaptada ao trauma. Por outro lado, acredita-se que ambas as patologias estejam constitucionalmente associadas, formando uma única síndrome

(Raphael; Janal; Nayak, 2004). O TEPT ocasiona também um impacto importante na qualidade de vida dos indivíduos afetados (Rapaport *et al.*, 2005). A qualidade de vida desses indivíduos é comparável aos pacientes deprimidos, com distimia, transtorno do pânico ou transtorno obsessivo-compulsivo (Rapaport *et al.*, 2005).

Tratamento psicoterápico

Em relação ao tratamento psicoterápico dos pacientes com TEPT e dependência química, há bastante tempo se discute na literatura qual dos transtornos deveria ser tratado em primeiro lugar. Alguns autores (Solomon; Gerrity; Muff, 1992) sugerem que tratar a dependência química antes poderia aumentar o nível de estresse, enquanto outros, adeptos da teoria da automedicação, dizem que abordar os sintomas relacionados ao trauma poderia aumentar o consumo de álcool ou drogas.

Atualmente existe uma tendência a se tratar os dois transtornos concomitantemente, o que tem sido chamado de tratamento integrado (Morrisey *et al.*, 2005). Contudo, existe apenas uma técnica disponível e já testada cientificamente capaz de integrar os dois modelos, a qual é chamada de *seeking safety* ("buscando segurança") (Najavits, 2002).

Seeking safety consiste em uma abordagem terapêutica voltada para o tratamento de usuários de substâncias psicoativas com TEPT. A técnica surgiu com a necessidade de contemplar os dois problemas ao mesmo tempo, já que sintomas do TEPT, como flashbacks de memória, sentimentos negativos e evitação de pensamentos e comportamentos relacionados aos eventos traumáticos, podem agravar os transtornos relacionados ao uso de substâncias (Najavits; Weiss; Shaw, 1997). O método também evita a percepção de desvalorização da história de traumas do indivíduo. O objetivo do tratamento é ajudar o paciente a alcançar segurança na abstinência e no controle do TEPT. Para tanto, enfoca-se o momento atual do indivíduo, envolvendo variações da técnica conforme a necessidade de cada caso e a associação com outras abordagens, melhorando os resultados e a aderência ao tratamento.

Estudos mostram que o método pode ser utilizado individualmente ou em grupo, com homens e mulheres com abuso ou dependência de substâncias psicoativas, em uma ampla variedade de contextos, como no ambulatório, na internação e em tratamento residencial (Najavits *et al.*, 1998; Najavits, 2002; Ouimette; Moos; Finney, 2006; Holdcraft; Comtois, 2007). Indivíduos com histórico de trauma sem o diagnóstico de TEPT também podem ser beneficiados.

O tratamento é baseado no estabelecimento de segurança. Essa é a prioridade do primeiro estágio, e envolve interromper o uso de substâncias, reduzir a ideação suicida, minimizar a exposição a riscos para HIV, recobrar o controle sobre sintomas graves e abandonar comportamentos autodestrutivos. A abordagem inicial envolve uma avaliação de sentimentos, estratégias, comportamentos de risco, além da rede de apoio disponível para o paciente.

Os princípios básicos do *seeking safety* envolvem também a construção de aliança terapêutica, treinamento de habilidades, estabelecimento de controle próprio e modelagem de comportamentos positivos. A solicitação do *feedback* do paciente, mediante um questionário de final de sessão, para levantar e discutir pontos positivos e negativos também é uma ferramenta muito utilizada. Em resumo, são compreendidas e satisfeitas as áreas cognitiva, comportamental e interpessoal e de manejo de caso.

De acordo com o autorrelato dos pacientes, o tratamento proporciona redução do uso de substâncias, diminuição dos sintomas psiquiátricos, menor desesperança e depressão e melhora no funcionamento psicológico, na resolução de problemas, na qualidade nas relações interpessoais, bem como na busca por ajuda.

Um estudo realizado por Hien e colegas (Hien *et al.*, 2004) comparou o tratamento psicoterápico *seeking safety* com a terapia cognitivo-comportamental para mulheres com TEPT e encontrou resultados bastante semelhantes, corroborando a efetividade dessas técnicas. Em ambos os grupos houve redução do uso de drogas, dos sintomas do TEPT e de outros sintomas psiquiátricos.

Tratamento farmacológico

A sertralina e a paroxetina são as duas drogas aprovadas pelo *Food and Drug Administration* para tratamento de TEPT e ambas apresentam bons resultados em ensaios clínicos randomizados com um grande número de pacientes. Uma recente metanálise do *Cochrane Database System Review*, com 35 ensaios clínicos, incluindo 4.597 pacientes, mostrou uma resposta à medicação em 59,1% e ao placebo em 38,5% dos pacientes, sendo os resultados melhores para os inibidores da recaptação de serotonina (Stein; Ipser; Seedat, 2006).

Há carência de estudos avaliando resposta medicamentosa em sujeitos com TEPT e abuso ou dependência de substâncias. Foram encontrados ensaios clínicos avaliando o tratamento de TEPT em dependentes de álcool com sertralina, naltrexona e dissulfiram. A sertralina mostrou efeito superior ao placebo na redução do consumo de álcool nos pacientes com dependência menos grave e com sintomas de TEPT mais antigo (Brady *et al.*, 2005). Em um ensaio clínico comparando placebo, dissulfiram, naltrexone e naltrexone com dissulfiram, o dissulfiram teve resultados melhores em relação à diminuição do consumo de álcool e dos sintomas de TEPT.

Conclusões

O TEPT tem sido objeto de estudo mais aprofundado apenas nas últimas décadas, e permanece como um transtorno ainda pouco diagnosticado. A alta incidência de traumas entre indivíduos com dependência de substâncias torna esse grupo particularmente suscetível ao desenvolvimento de TEPT. Dessa forma, é importante a prevenção do desenvolvimento de TEPT, especialmente por estratégias de enfrentamento de situações traumáticas, aumentando a resiliência desses indivíduos. Além disso, é necessário que se estimule a investigação de TEPT em pacientes com transtornos por uso de substâncias psicoativas para que se faça o diagnóstico e se possa estabelecer um tratamento mais efetivo.

REFERÊNCIAS BIBLIOGRÁFICAS

AMERICAN PSYCHIATRIC ASSOCIATION. *Manual diagnóstico e estatístico dos transtornos mentais* (DSM-IV-TR). 4. ed. Porto Alegre, Artmed: 2002.

BEAR, M. F.; CONNORS, B. W.; PARADISO, M. A. *Neurociências*: desvendando o sistema nervoso. 2. ed. Porto Alegre: Artmed; 2002.

BEDARD, M.; GREIF, J. L.; BUCKLEY, T. C. International publication trends in the traumatic stress literature. *Journal of Traumatic Stress*, v. 17, n. 2, p. 97-101, 2004.

BRADY K. T.; SONNE, S. C. The role of stress in alcohol use, alcoholism treatment, and relapse. *Alcohol Research and Health*, v. 23, n. 4, p. 263-271, 1999.

BRADY, K. T. *et al.* Sertraline in the treatment of co-occurring alcohol dependence and posttraumatic stress disorder. *Alcohol Clinical and Experimental Research*, v. 29, n. 3, p. 395-401, 2005.

BREWIN, C. R.; ANDREWS, B.; VALENTINE, J. D. Meta-analysis of risk factors for posttraumatic stress disorder in trauma-exposed adults. *Journal of Consulting Clinical Psychology*, v. 68, n. 5, p. 748-766, 2000.

COHEN, L. R.; HIEN, D. A. Treatment outcomes for women with substance abuse and PTSD who have experienced complex trauma. *Psychiatric Services*, v. 57, n. 1, p. 100-106, 2006.

DARWIN, C. *The expression of emotions in man and animals*. London: 1872.

DEREVENCO P. *et al.* Post-traumatic stress disorders; psychophysiological and medical aspects. *Romanian Journal of Physiology*, v. 30, n. 3-4, p. 199-206, 1993.

FRANKLIN, C. L.; ZIMMERMAN, M. Posttraumatic stress disorder and major depressive disorder: investigating the role of overlapping symptoms in diagnostic comorbidity. *Journal of Nervous and Mental Disorders*, v. 189, n. 8, p. 548-551, 2001.

GERSHUNY, B. S. *et al.* Comorbid posttraumatic stress disorder: impact on treatment outcome for obsessive-compulsive disorder. *American Journal of Psychiatry*, v. 159, n. 5, p. 852-854, 2002.

HESS, W. R.; BRÜGGER, M. Das subkortikale zentrum der affektiven Abwerreaktion. *Helvetica Physiologica and Pharmacologica Acta*, 1943.

HIEN, D. A. *et al.* Promising treatments for women with comorbid PTSD and substance use disorders. *American Journal of Psychiatry*, v. 161, n. 8, p. 1426-1432, 2004.

HOLDCRAFT, L. C.; COMTOIS, K. A. Description and preliminary data from a women's dual diagnosis community mental health program. *Canadian Journal of Community Mental Health*, 2007.

JACOBSEN, L. K.; SOUTHWICK, S. M.; KOSTEN, T. R. Substance use disorders in patients with posttraumatic stress disorder: a review of the literature. *American Journal of Psychiatry*, v. 158, n. 8, p. 1184-1190, 2001.

KESSLER, R. C. *et al.* Posttraumatic stress disorder in the National Comorbidity Survey. *Archives of General Psychiatry*, v. 52, n. 12, p. 1048-1060, 1995.

LANG, P. J. Presidential address, 1978. A bio-informational theory of emotional imagery. *Psychophysiology*, v. 16, n. 6, p. 495-512, 1979.

MARGIS, R. Comorbidities in posttraumatic stress disorder: rule or exception? *Revista Brasileira de Psiquiatria*, v. 25 (Suplemento 1), p. 17-20, 2003.

MARSHALL, R. D. *et al.* Efficacy and safety of paroxetine treatment for chronic PTSD: a fixed-dose, placebo-controlled study. *American Journal of Psychiatry*, v. 158, n. 12, p. 1982-1988, 2001.

MILLS K. L. *et al.* Trauma, PTSD, and substance use disorders: findings from the Australian National Survey of Mental Health and Well-Being. *American Journal Psychiatry*, v. 163, n. 4, p. 652-658, 2006.

MORRISSEY, J. P. *et al.* Twelve-month outcomes of trauma-informed interventions for women with co-occurring disorders. *Psychiatric Services*, v. 56, n. 10, p. 1213-1222, 2005.

NAJAVITS, L. M. Seeking safety: a new psychotherapy for posttraumatic stress disorder and substance use disorder. In: *Trauma and Substance Abuse*: causes, consequences, and treatment of comorbid disorders. Washington: American Psychological Association Press, 2002.

______.; WEISS, R. D.; SHAW, S. R. The link between substance abuse and posttraumatic stress disorder in women: a research review. *American Journal of Addiction*, v. 6, n. 4, p. 273-283, 1997.

______. *et al.* Seeking safety: outcome of a new cognitive-behavioral psychotherapy for women with posttraumatic stress disorder and substance dependence. *Journal of Traumatic Stress*, v. 11, n. 3, p. 437-456, 1998.

O'DONNELL, M. L.; CREAMER, M.; PATTISON, P. Posttraumatic stress disorder and depression following trauma: understanding comorbidity. *American Journal of Psychiatry*, v. 161, n. 8, p. 1390-1396, 2004.

OQUENDO, M. *et al.* Posttraumatic stress disorder comorbid with major depression: factors mediating the association with suicidal behavior. *American Journal of Psychiatry*, v. 162, n. 3, p. 560-566, 2005.

OUIMETTE, P. C.; MOOS, R. H.; FINNEY, J. W. Two-year mental health service use and course of remission in patients with substance use and posttraumatic stress disorders. *Journal of Studies on Alcohol*, v. 61, n. 2, p. 247-253, 2006.

PERES, J. F.; MERCANTE, J. P.; NASELLO, A. G. Promovendo resiliência em vítimas de trauma psicológico. *Revista de Psiquiatria do Rio Grande do Sul*, v. 27, n. 2, p. 131-138, 2005.

PERGHER, G.; OLIVEIRA, R. A.; STEIN, L. M. Memória no TEPT: dos fundamentos científicos às implicações terapêuticas. In: CAMINHA, R. M. (Ed.). *Transtornos do Estresse Pós-Traumático (TEPT)*: da neurobiologia à terapia cognitiva. São Paulo: Casa do Psicólogo, 2005. p. 15-35.

PULCHERIO G. O uso de substâncias psicoativas pelos profissionais da Saúde: a questão do estresse. In: PULCHERIO, G.; BICCA, C.; SILVA, F. A. (Eds.). *Álcool, outras drogas & informação*: o que cada profissional precisa saber. 1. ed. São Paulo: Casa do Psicólogo, 2000. p. 307-319.

RAPAPORT, M. H. *et al.* Quality-of-life impairment in depressive and anxiety disorders. *American Journal of Psychiatry*, v. 162, n. 6, p. 1171-1178, 2005.

RAPHAEL, K. G.; JANAL, M. N.; NAYAK, S. Comorbidity of fibromyalgia and posttraumatic stress disorder symptoms in a community sample of women. *Pain Medicine*, v. 5, n. 1, p. 33-41, 2004.

REYNOLDS, M. A. *et al.* Co-morbid post-traumatic stress disorder in a substance misusing clinical population. *Drug and Alcohol Dependence*, v. 77, n. 3, p. 251-258, 2005.

SHALEV, A. Y. *et al.* Prospective study of posttraumatic stress disorder and depression following trauma. *American Journal of Psychiatry*, v. 155, n. 5, p. 630-637, 1998.

SIMON N. M. et al. Anxiety disorder comorbidity in bipolar disorder patients: data from the first 500 participants in the Systematic Treatment Enhancement Program for Bipolar Disorder (STEP-BD). *American Journal of Psychiatry*, v. 161, n. 12, p. 2222-2229, 2004.

SOLOMON, S. D.; GERRITY, E. T.; MUFF, A. M. Efficacy of treatments for posttraumatic stress disorder: an empirical review. *Journal American Medical Association*, v. 268, n. 5, p. 633-638, 1992.

STEIN, D. J.; IPSER, J. C.; SEEDAT, S. Pharmacotherapy for post traumatic stress disorder (PTSD). *Cochrane Database System Review*, n. 1, 2006.

STEWART, S. H. *et al.* Are gender differences in post-traumatic stress disorder rates attenuated in substance use disorder patients? *Canadian Psychology*, v. 47, n. 2, p. 110-124, 2007.

YEHUDA, R.; DAVIDSON, J. *Clinician's manual on posttraumatic stress disorder*. London: Science, 2000.

ZALESKI, M. *et al.* Guidelines of the Brazilian Association of Studies on Alcohol and Other Drugs (ABEAD) for diagnoses and treatment of psychiatric comorbidity with alcohol and other drugs dependence. *Revista Brasileira de Psiquiatria*, v. 28, n. 2, p. 142-148, 2006.

ZAYFERT, C. *et al.* Comorbid anxiety disorders in civilians seeking treatment for posttraumatic stress disorder. *Journal of Traumatic Stress*, v. 15, n. 1, p. 31-38, 2002.

Eventos traumáticos, Transtorno de Estresse Pós-Traumático (TEPT) e problemas legais em uma amostra clínica de usuários de substâncias psicoativas[1]

Gilda Pulcherio
Marlene Strey
Daniel Fensterseifer
Paulo Sarti
Carlos Pinent

Introdução

Há robusta literatura sobre o uso de álcool por traumatizados atendidos em salas de emergência ou centros especializados (Laranjeira; Dualibi; Pinsky, 2005; Reis; Figlie; Laranjeira, 2006;

[1] Artigo publicado originalmente na *Revista Pensando Famílias*, v. 12, n. 2, de dezembro de 2008.

Schmitt; Gomes, 2005). Sabe-se das altas prevalências de homicídios, estupros, casos de violência doméstica, agressões violentas que têm o uso de álcool envolvido (Laranjeira; Dualibi; Pinsky, 2005; Kerr-Corrêa *et al.*, 2000).

Estudos apontam que mais da metade dos pacientes internados por trauma em hospital geral têm história de abuso do álcool e outras drogas, o que é um fator de risco para queimaduras graves (Schmitt; Gomes, 2005).

No entanto, o trauma psicológico, apesar da alta morbidade e mortalidade associadas (Breslau, 2002; Boscarino, 2006), tem recebido pouca atenção em nosso meio. Estudos sobre exposição a eventos traumáticos e Transtorno de Estresse Pós-Traumático (TEPT) no Brasil, são escassos (Berger, 2004). Um estudo na rede básica de saúde de Porto Alegre encontrou que 83,3% dos alcoolistas que procuraram atendimento eram portadores de TEPT (Stein *et al.*, 2004).

O estudo do *National Comorbidity Survey* encontrou que 60,6% dos homens e 51,2% das mulheres tinham sido expostos a pelo menos um evento traumático ao longo da vida (Kessler, 2000). O trauma mais relatado, tendo sido referido por 35,6% dos homens e 14,5% das mulheres, foi "testemunhar um evento traumático".

O estudo epidemiológico de Breslau *et al.* (1998) com 2.181 pessoas entre dezoito e 45 anos, que investigou a exposição a eventos traumáticos específicos, encontrou que 89,6% dos entrevistados tinham sido expostos a alguma situação traumática. Os homens foram mais expostos a traumas do que as mulheres (5,3 *versus* 4,3). Enquanto estas relataram mais experiências de estupro e violência sexual, os homens experimentaram mais outras agressões violentas, como ser assaltado ou ameaçado com arma.

Pelos conhecidos comportamentos de risco, os usuários de substâncias psicoativas formam um grupo de grande vulnerabilidade para a exposição a eventos traumáticos e desenvolvimento de TEPT (Stewart *et al.*, 2006). Estudos epidemiológicos e com amostras clínicas têm documentado essa alta exposição (Stewart *et al.*, 2006; Cohen; Hien, 2006).

Até 60% dos dependentes químicos podem ser portadores de TEPT e relatar múltiplos traumas. Parece haver associação direta entre o número de eventos traumáticos e a gravidade dos sintomas (Evren *et al.*, 2006; Dragan; Lis-Turlejska, 2007).

O transtorno de estresse pós-traumático, ainda incluído entre os transtornos de ansiedade, requer para seu diagnóstico que a pessoa tenha vivenciado, testemunhado ou tomado conhecimento de grave ameaça à sua vida ou à de outros reagindo com intensos sentimentos de medo, impotência ou horror (American Psychiatric Association, 2002). São considerados potencialmente traumáticos eventos como espancamento, assalto ou ameaça com arma, violência sexual, estupro, agressões físicas, acidente de carro e perda súbita de familiar ou amigo (Pulcherio *et al.*, 2007).

Há, entre outros sintomas, revivência do trauma com pensamentos intrusivos, sonhos ou pesadelos, memórias vívidas – a pessoa evita situações que relembrem o trauma –, insônia, irritabilidade, dificuldade de concentração (Pulcherio *et al.*, 2008).

É comum que as queixas se direcionem para o diagnóstico de depressão, pela sintomatologia relatada, e por ser a depressão maior a comorbidade mais frequentemente associada ao TEPT (Faller; Pulcherio; Strey, 2006).

Os estudos têm apontado para uma frequente associação entre o abuso de drogas e o cometimento de atos violentos (Sullivan, 2006; Gauer *et al.*, 2007; Carvalho *et al.*, 2006). De acordo com uma pesquisa com usuários de cocaína do sistema penitenciário do Rio de Janeiro, 70% desses homens faziam uso de cocaína ou maconha, ou ambas, antes de ingressarem no sistema penitenciário (Carvalho *et al.*, 2006).

Nos casos de agressões contra a pessoa, foi constatado, dentre os atendimentos prestados em dois hospitais, que o consumo de drogas estava presente em um terço dos casos (Minayo; Deslandes, 1998).

Uma investigação com pacientes do Instituto Psiquiátrico Forense Maurício Cardoso, em Porto Alegre (Gauer *et al.*, 2007), revelou que os transtornos relacionados ao uso de substâncias psicoativas, assim como os transtornos de personalidade, tinham uma relação maior com a criminalidade e a violência do que a esquizofrenia.

Mais de 60% dos internos que cometeram delito contra pessoa eram portadores de um transtorno relacionado ao álcool, 30,4% de transtorno relacionado à cocaína e 26,5% de transtorno relacionado ao uso de maconha.

Temos como objetivo investigar a ocorrência de eventos traumáticos, transtorno de estresse pós-traumático e problemas legais em dependentes químicos que procuram tratamento. Este estudo consta de análises descritivas das variáveis investigadas.

Método

Este estudo foi conduzido no Instituto de Prevenção e Pesquisa em Álcool e outras Dependências (IPPAD), situado em Porto Alegre. Instituição privada, multidisciplinar, sem fins lucrativos. Utilizou-se um delineamento transversal com amostra de conveniência, composta por quarenta dependentes de substâncias psicoativas que buscaram tratamento.

Amostra

Amostra clínica de conveniência com quarenta dependentes químicos atendidos pelo IPPAD, no período de 2006 a 2007. Os pacientes foram encaminhados à pesquisa de forma consecutiva ao ingresso no programa de tratamento, isto é, incluem-se os que retornaram após a entrevista de avaliação para dar início ao tratamento, aceitaram participar da pesquisa e apresentavam abstinência de substâncias psicoativas por um período mínimo de um mês. Os critérios de exclusão foram: escolaridade inferior à 4ª série do ensino fundamental, menores de dezoito anos, défices cognitivos importantes e sintomas psicóticos agudos. Cinco pacientes foram excluídos por dificuldades cognitivas, dez por não preencherem o critério de escolaridade e cinco se recusaram a participar.

Instrumentos

Na presente investigação foram utilizados os seguintes instrumentos, todos de autorrelato.

1) *Specific Traumatic Events* (Breslau *et al.*, 1998) – Consiste em uma lista de dezenove eventos potencialmente traumáticos aos quais a população está exposta, desenvolvida em acordo com os critérios do DSM-IV. Para sua aplicação nesta pesquisa foram realizadas três traduções independentes para o português: por uma tradutora, uma psicóloga e tradutora e uma psiquiatra bilíngue. Depois de verificada a equivalência, formulou-se uma versão final que foi utilizada, inicialmente, em um estudo piloto com dez pacientes incluídos nesta amostra. A versão não gerou quaisquer dúvidas de entendimento aos respondentes. Os eventos são agrupados em quatro classes com respostas positivas ou negativas:

a. "agressões violentas" – compreendem agressões intencionais ao sujeito, como espancamento;
b. "outros ferimentos ou experiências marcantes" – compreendem outras agressões diretas ao sujeito, como acidente grave de moto ou carro;

c. "ter conhecimento de eventos traumáticos vivenciados por outros" - sabem de alguém próximo que sofreu grave agressão física;

d. "ter conhecimento da morte súbita e inesperada de um familiar ou amigo próximo" - esta classe foi colocada em separado por sua alta prevalência na população.

Os sujeitos da pesquisa foram solicitados a identificar entre os eventos relatados por eles qual consideravam o "pior" evento experimentado.

2) *Davidson Trauma Scale* (DTS) (Davidson *et al.*, 1997; Shalev, 2000) - Amplamente utilizada, ainda não está validada para o Brasil. Porém, tem sido utilizada em nosso meio. Trata-se de uma escala autoaplicável, composta por dezessete questões que investigam a gravidade e a frequência dos sintomas de TEPT atual nas pessoas expostas a eventos potencialmente traumáticos. Utiliza os critérios diagnósticos do DSM-IV e, para sua aplicação, o sujeito necessita ter experimentado um evento traumático. As questões de um a quatro investigam os sintomas de "reexperimentação intrusiva", as questões de cinco a onze avaliam os sintomas de "evitação e embotamento", e as questões de doze a dezessete avaliam sintomas de "excitabilidade". Para Yehuda e Davidson (2000), um escore total de quarenta pontos ou mais na DTS corresponde ao diagnóstico de TEPT, sendo que, em geral, as pessoas que ingressam em tratamento apresentam de setenta a 120 pontos.

3) *Beck Depression Inventory* (BDI) (Cunha, 2001) - Instrumento amplamente utilizado em todo o mundo. Adaptado e validado para o Brasil. Avalia a intensidade dos sintomas depressivos. Foram definidos como pontos de corte: de zero a onze, sintomas mínimos de depressão; de doze a dezenove, sintomas leves; de vinte a 35, sintomas moderados; acima de 36 pontos, sintomas graves de depressão.

4) Questionário de Dados Sóciodemográficos – Questionário utilizado no IPPAD para o atendimento dos pacientes. Composto por vinte questões, avalia dados demográficos como idade, sexo, escolaridade, uso de substâncias psicoativas, internações, uso de substâncias psicoativas por familiares, problemas com a justiça e situação financeira.

ANÁLISE DOS DADOS

Os dados foram organizados e analisados utilizando-se o programa *Statistical Package for Social Sciences* (SPSS) versão 12.5. A análise dos dados constou de testes estatísticos descritivos e de frequências. Os testes Qui-Quadrado e Exato de Fisher, com cálculo do coeficiente de contingência, foram utilizados para investigar a ocorrência de associação entre sintomas de TEPT e sintomas depressivos. O nível de significância utilizado foi de 5%.

ASPECTOS ÉTICOS

Este estudo foi aprovado pelo Comitê de Ética em Pesquisa da Pontifícia Universidade Católica do Rio Grande do Sul (PUCRS). Todos os pacientes assinaram o *Termo de consentimento informado*, após terem sido garantidos sigilo e anonimato em suas informações.

RESULTADOS

DADOS DEMOGRÁFICOS

Os sujeitos são do sexo masculino; idades entre dezoito e 63 anos e idade média de 38,4 anos, ±13,2; a metade deles tem até 35 anos, e 26,7% têm 46 anos ou mais; 55,2% (n=22) são casados ou têm companheira. Têm nível médio de escolaridade 40% (n=16); nível superior 12,5% (n=5). 40% dos pacientes são poliusuários, com uso de tabaco no mês anterior à pesquisa (50%), álcool (30%), cocaína (20%), maconha (18,1%) e *crack* (13,3%). Não houve relato do uso de *ecstasy*, inalantes ou heroína. Cerca de 40% tiveram três ou mais internações hospitalares. Têm familiares que abusam ou são dependentes de substâncias psicoativas, 60%. Um terço dos pacientes relatou envolvimento com a polícia, ao longo da vida, pelo uso de drogas.

Traumas

A prevalência de exposição a qualquer evento traumático na amostra estudada foi de 95% com uma média de 4,8, ± 3,0, eventos por sujeito. Enquanto dois sujeitos não relataram exposição aos eventos da lista, um relatou o número máximo de treze exposições. 65,4% dos pacientes relataram quatro ou mais eventos ao longo da vida. A morte súbita e inesperada de um amigo próximo ou parente foi o evento traumático mais prevalente, com cerca de 70% dos pacientes relatando este evento (Tabela 1). Ser assaltado ou ameaçado com arma foi experimentado por mais da metade da amostra, 59,7%.

Acrescentando-se a esse evento, as experiências de ter sido espancado 42%, e de testemunhar assassinato ou alguém sendo gravemente ferido, 50%, temos a alta prevalência de traumas interpessoais nessa amostra. Igualmente altas são as prevalências de ter sofrido acidente grave de moto ou carro e saber de amigo próximo ou parente que tenha ficado gravemente ferido em acidente de moto ou carro, respectivamente (43,3% e 46,7%).

Chama a atenção neste estudo a precocidade da ocorrência dos eventos ao longo da vida dos pacientes. As *agressões violentas* ocorreram aos dez anos (assalto ou ameaça com arma; n=1); aos cinco anos (espancamento; n=1); aos dezesseis anos (tiro ou facada;

n=1). Há relatos de *outras experiências traumáticas* aos quinze anos (acidente grave de moto ou carro; n=2); aos seis anos (testemunhar assassinato ou alguém sendo gravemente ferido; n=1). *Saber de eventos traumáticos de outros* aos doze anos (saber de amigo próximo ou parente que ficou gravemente ferido em acidente de moto ou carro; n=1). E, aos quinze anos, vivenciar a *morte súbita e inesperada de amigo próximo ou parente*; n=1).

30% (n=12) consideraram a morte súbita e inesperada de um amigo próximo ou parente como o "pior" evento experimentado. 20% (n=8) consideraram ter sido assaltado ou ameaçado com arma como sendo a pior experiência pela qual já passaram, e outros 12,5% (n=5) consideraram o acidente grave de moto ou carro. É interessante que nenhum dos doze (30%) pacientes que relataram ter recebido tiro ou facada pontuaram esse evento como o pior que lhes tenha acontecido. Enquanto 42% dos pacientes já foram espancados em algum momento de suas vidas, apenas dois (5%) experimentaram-no como o pior evento.

Tabela 1. Eventos traumáticos em uma amostra de dependentes químicos atendidos no IPPAD (n=40)

Eventos traumáticos	
Exposição	%
Dois eventos	14,3
Três eventos	10,7
Qualquer evento	95,0
1. Agressões violentas	
Combates militares	5,0
Estupro	5,0
Prisão em cativeiro, tortura ou sequestro	7,5
Outra violência sexual	5,0

Eventos traumáticos	
Exposição	%
Receber tiro ou facada	30,0
Assalto ou ameaça com arma	59,7
Espancamento	42,0
2. Outras experiências traumáticas	
Acidente grave de moto ou de carro	43,3
Outro acidente ou ferimento grave	25,0
Enchente, incêndio, terremoto, desabamento, deslizamento ou outro desastre natural	20,0
Diagnóstico de doença fatal	2,5
Diagnóstico de doença fatal de um filho(a)	2,5
Testemunhar assassinato ou alguém ser gravemente ferido	50,0
Descoberta inesperada de um cadáver	15,0
3. Saber de eventos traumáticos de outros	
Saber de amigo próximo ou parente que tenha sido estuprado ou violentado sexualmente	20,0
Saber de amigo próximo ou parente que tenha sofrido grave agressão física	37,5
Saber de parente ou amigo próximo que tenha sofrido acidente grave de moto ou carro	46,7
Saber de parente ou amigo próximo que tenha sido gravemente ferido em qualquer outro acidente	30,0
4. Saber da morte súbita e inesperada de parente ou amigo próximo de quem gostava muito	67,5

TRANSTORNO DE ESTRESSE PÓS-TRAUMÁTICO

Do total da amostra, 30% (n=12) eram portadores de TEPT. Estes relataram maior exposição a traumas (6,3 *versus* 4) quando comparados àqueles que não desenvolveram TEPT. Os portadores de TEPT também pontuaram mais sintomas na Escala Davidson de Trauma (12,8 *versus* 4,8) quando comparados aos que não tinham TEPT. Além de maior frequência, os pacientes com TEPT pontuaram maior gravidade dos sintomas, principalmente os de hiperexcitabilidade.

91,7% destes pacientes relataram que vinham "tendo dificuldade para pegar no sono ou para continuar dormindo" na semana que antecedeu à pesquisa, sendo que 25% destes experimentaram diariamente o sintoma. 75% referiram "estar mais irritado ou com crise de raiva", com cerca de 20% sentindo sua perturbação como extrema. Relataram que se "sentiam como se estivessem no limite ou facilmente distraídos ou com a sensação de ter que ficar em guarda" 83,4% dos respondentes, com 16,7% experimentando diariamente este sintoma. 75% relataram "imagens, memórias ou pensamentos dolorosos sobre o evento", pelo menos uma vez na semana que antecedeu a pesquisa, com 17,2% pontuando sua perturbação como extrema.

SINTOMAS DEPRESSIVOS

A avaliação da intensidade dos sintomas depressivos pela BDI mostrou que 70% (n=28) do total da amostra apresentavam sintomatologia depressiva em algum grau. Todos os pacientes com TEPT (n=12) tinham sintomatologia depressiva, de moderada a grave, sendo que oito (66,6%) com sintomas graves, pontuando 36 ou mais escores da escala.

Os testes qui-quadrado e Fisher mostraram que há associação estatisticamente significativa entre TEPT e gravidade da depressão, sendo que o coeficiente de contingência c=0,451 indica uma correlação significativa e efetiva entre essas variáveis, com $p<0,05$ em todos os casos.

Dos pacientes que não desenvolveram TEPT, metade apresentava algum sintoma depressivo, pontuando menos de nove escores na Escala Beck de Depressão.

Problemas legais

30% (n=12) dos dependentes químicos deste estudo relataram algum envolvimento com a justiça. Eram solteiros (41,7%), com o primeiro grau incompleto (25%) ou primeiro grau completo (33,3%), faziam uso de várias drogas (58,3%), sendo que um quarto destes utilizava somente drogas ilícitas. A metade deles já teve três ou mais internações. 33,3% (n=4) usaram cocaína no mês anterior à pesquisa; 25% (n=3) usaram maconha e 25% (n=3), *crack*.

83% (n=10) já foram presos por problemas relacionados ao uso de substâncias psicoativas, em algum momento de sua vida, e seis responderam a processo judicial. Dois pacientes não foram presos, mas responderam a processo judicial. 91,7% possuíam familiares que abusavam ou eram dependentes de substâncias psicoativas.

A metade dos pacientes com envolvimento judicial era portadora de transtorno de estresse pós-traumático.

Discussão

Os resultados evidenciam a alta prevalência de exposição a eventos traumáticos entre os dependentes químicos deste estudo. Deles, 95% estiveram expostos a pelo menos um evento traumático de acordo com o critério A do DSM-IV. Achados semelhantes foram encontrados em amostra clínica americana de internados, com 94% relatando pelo menos um trauma ao longo da vida

(Stewart *et al.*, 2006), e 100% dos alcoolistas brasileiros atendidos em nível ambulatorial referiram exposição a algum trauma ao longo da vida (Stein *et al.*, 2004).

Pessoas com severa doença mental e internações psiquiátricas, das quais muitas são usuárias de substâncias psicoativas, apresentam alta vulnerabilidade para exposição a traumas e vitimizações frequentes e TEPT, como importante condição comórbida (Hiday *et al.*, 2001).

A grande maioria de nossa amostra, 65,4%, vivenciou quatro ou mais eventos ao longo da vida. Tanto os estudos populacionais quanto os com usuários de substâncias psicoativas têm mostrado que, em geral, as pessoas experimentam mais de dois eventos traumáticos ao longo da vida (Breslau, 2002; Stewart *et al.*, 2006). No entanto, a literatura tem apontado que os dependentes químicos, por seu "estilo de vida", expõem-se mais às experiências traumáticas e aos traumas mais severos (Cohen; Hien, 2006; Pulcherio *et al.*, 2007).

30% dos dependentes químicos, em estudo, eram portadores de TEPT. Investigações com dependentes químicos têm encontrado prevalências de 30% a 50% para os portadores de TEPT e maior exposição a traumas que os sem TEPT (Stewart *et al.*, 2006; Brady; Randall, 1999).

Achado semelhante ocorreu neste estudo em que os sujeitos com TEPT relataram alta exposição a traumas. A gravidade dos sintomas de excitabilidade encontrada tem sido demonstrada em estudos atuais que evidenciam a forte associação entre os sintomas de hiperexcitabilidade e TEPT (Ulrich; Wieland, 2006).

Sintomas depressivos e depressão maior podem ocorrer como resposta ao trauma, assim como a depressão maior é o transtorno comórbido mais associado ao TEPT (O'Donnell; Creamer; Pattison, 2004; Pulcherio *et al.*, 2008). Ainda, estima-se que a metade dos dependentes de substâncias psicoativas tenha depressão maior como diagnóstico comórbido (Ribeiro; Laranjeira; Cividanes, 2005). O que pode justificar a forte associação entre transtorno de estresse pós-traumático e sintomatologia depressiva grave encontrada em 66,6% dos sujeitos com TEPT na amostra estudada.

Não surpreende que os sujeitos de nosso estudo apresentem altas prevalências de exposição para as agressões violentas. Já foi sugerida a possibilidade de altas taxas de ocorrências interpessoais nos países em desenvolvimento (Kessler, 2000). Além disso, é conhecido que o Brasil é um dos países mais violentos do mundo, o que pode sugerir a precocidade da experimentação traumática de nossa amostra. E, também, a ocorrência das agressões violentas como receber um tiro ou facada não serem apontadas como o "pior" evento por nenhum dos sujeitos. É possível que essas ocorrências sejam experimentadas como algo inerente ao cotidiano, tanto pela violência do país como pelo comportamento de risco dos dependentes químicos.

Cerca de 60% dos sujeitos deste estudo já foram assaltados ou ameaçados com arma. Esse tipo de agressão violenta, assim como ser estuprado ou violentado sexualmente, são os eventos traumáticos que mais desencadeiam TEPT em usuários de substâncias psicoativas (Cohen; Hien, 2006; Yehuda; Davidson, 2000). Estudos epidemiológicos têm demonstrado que as agressões violentas são as experiências traumáticas de maior risco para desenvolvimento de TEPT (Breslau *et al.*, 1998).

O fato de morte súbita e inesperada de amigo próximo ou parente ter sido o evento traumático mais prevalente de nosso estudo está em acordo com a literatura (Breslau *et al.*, 1998). Embora esta experiência não se configure como a de maior risco para TEPT, ela foi sugerida, nesta pesquisa, como a de maior dor psíquica, quando 30% dos respondentes relataram como o "pior" evento experimentado.

Conclusões

A alta prevalência de exposição a eventos traumáticos ao longo da vida encontrada em nossa amostra chama a atenção para a importância desta investigação em dependentes químicos. O número de exposições e sua precocidade aumentam as probabilidades para trauma e TEPT. E estes podem desencadear o surgimento de outros transtornos psiquiátricos.

A sintomatologia do TEPT, quando crônico, pode perdurar por décadas, e mesmo por toda a vida. A investigação de traumas deve ser rotina na avaliação de dependentes químicos como importante fator para a prevenção da cronicidade do TEPT e tratamento adequado das comorbidades. Os dependentes químicos portadores de TEPT relatam mais prejuízos em sua vida familiar, social, laboral, mais problemas legais e procuram mais os serviços de saúde. Pela vulnerabilidade às situações de risco e alta prevalência comórbida entre abuso de substâncias psicoativas e transtorno de estresse pós-traumático, esta observância nos atendimentos poderá ser útil para o aumento da eficácia dos tratamentos e para a manutenção da abstinência às substâncias psicoativas, propiciando uma melhor qualidade de vida aos pacientes.

Este estudo apresenta limitações, como o pequeno tamanho amostral, amostra de conveniência e somente com o sexo masculino. Fazem-se necessários mais estudos, com amostras maiores, de ambos os sexos e outras populações de usuários de substâncias psicoativas. Mesmo assim, apresenta informações sobre dependentes químicos brasileiros e está de acordo com a literatura internacional.

Referências bibliográficas

AMERICAN PSYCHIATRIC ASSOCIATION. *Manual diagnóstico e estatístico dos transtornos mentais* (DSM-IV-TR). 4. ed. Porto Alegre: Artmed, 2002.

BERGER, W. *et al.* Equivalência semântica de versão em português da Post-Traumatic Stress Disorder Checklist – Civilian Version (PCL-C) para rastreamento do transtorno de estresse pós-traumático. *Revista de Psiquiatria Rio Grande do Sul*, v. 26, n. 2, p. 167-175, 2004.

BOSCARINO, J. A. External-cause mortality after psychologic trauma: the effects of stress exposure and predisposition. *Comprehensive Psychiatry*, v. 47, n. 6, p. 503-514, 2006.

BRADY, K. T.; RANDALL, C. L. Gender differences in substance use disorders. *The Psychiatric Clinics of North America*, v. 22, n. 2, p. 241-252, 1999.

BRESLAU, N. Epidemiologic studies of trauma, posttraumatic stress disorder, and other psychiatic disorders. *Canadian Journal of Psychiatry*, v. 47, p. 923-929, 2002.

BRESLAU, N. *et al.* Trauma and posttraumatic stress disorder in the community. *Archives of General Psychiatry*, v. 55, n. 7, p. 626-632, 1998.

CARVALHO, M. L. *et al.* Perfil dos internos no sistema prisional do Rio de Janeiro: especificidades de gênero no processo de exclusão social. *Ciência & Saúde Coletiva*, v. 11, n. 2, p. 461-471, 2006.

COHEN, L. R.; HIEN, D. A. Treatment outcomes for women with substance abuse and PTSD who have experienced complex trauma. *Psychiatric Services*, v. 57, n. 1, p. 100-106, 2006.

CUNHA, J. A. *Manual da versão em português das Escalas Beck*. São Paulo: Casa do Psicólogo, 2001.

DAVIDSON, J. R. *et al*. Assessment of a new self-rating scale for post-traumatic stress disorder. *Psychological Medicine*, v. 27, p. 153-160, 1997.

DRAGAN, M.; LIS-TURLEJSKA, M. Prevalence of posttraumatic stress disorder in alcohol dependent patients in Poland. *Addictive Behaviors*, v. 32, n. 5, p. 902-911, 2007.

EVREN, C. *et al*. Lifetime posttraumatic stress disorder in Turkish alcohol-dependent inpatients: relationship with depression, anxiety and erectile dysfunction. *Psychiatry and Clinical Neurosciences*, v. 60, n. 1, p. 77-84, 2006.

FALLER, S.; PULCHERIO, G.; STREY, M. Trauma e sintomas de estresse pós-traumático em dependentes químicos. *Revista de Psiquiatria do Rio Grande do Sul*, v. 28, n. 3, p. 357-358, 2006.

GAUER, J. C. G. et al. Nonimputability: a study on inmates at Instituto Psiquiátrico Forense Maurício Cardoso. *Revista de Psiquiatria do Rio Grande do Sul*, v. 29, n. 3, p. 286-293, 2007.

HIDAY, V. A. *et al*. Victimization: a link between mental illness and violence? *International Journal of Law and Psychiatry*, v. 24, p. 559-572, 2001.

KERR-CORRÊA, F. *et al*. Abuso sexual e dependência de álcool e drogas: uma revisão. *Jornal Brasileiro de Psiquiatria*, v. 49, n. 4, p. 85-95, 2000.

KESSLER, R. C. Posttraumatic stress disorder: the burden to the individual and to society. *Journal of Clinical Psychiatry*, v. 61, p. 4-12, 2000. Supplement 5.

LARANJEIRA, R.; DUALIBI, S. M.; PINSKY, I. Álcool e violência: a psiquiatria e a saúde pública. *Revista Brasileira de Psiquiatria*, v. 27, n. 3, p. 176-177, 2005.

MINAYO, M. C. S.; DESLANDES, S. F. A complexidade das relações entre drogas, álcool e violência. *Cadernos de Saúde Pública*, v. 14, n. 1, p. 35-42, 1998.

O'DONNELL, M. L.; CREAMER, M.; PATTISON, P. Posttraumatic stress disorder and depression following trauma: understanding comorbidity. *American Journal of Psychiatry*, v. 161, p. 1390-1396, 2004.

PULCHERIO, G. *et al.* Eventos traumáticos em alcoolistas: a importância da investigação na atenção primária. *Revista da Associação Médica Brasileira*, v. 53, n. 6, p. 482-483, 2007.

_______. Transtorno de estresse pós-traumático em dependente do álcool. *Revista de Psiquiatria Clínica*, v. 35, n. 4, p. 154-158, 2008.

REIS, A. D.; FIGLIE, N. B.; LARANJEIRA, R. Prevalence of substance use among trauma patients treated in a Brazilian emergency room. *Revista Brasileira de Psiquiatria*, v. 28, n. 3, p. 191-195, 2006.

RIBEIRO, M.; LARANJEIRA, R.; CIVIDANES, G. Transtorno bipolar do humor e uso indevido de substâncias psicoativas. *Revista de Psiquiatria Clínica*, v. 32, p. 78-88, 2005. Supplement 1.

SCHMITT, R.; GOMES, R. H. Aspectos da interconsulta psiquiátrica em hospital de trauma. *Revista de Psiquiatria do Rio Grande do Sul*, v. 27, n. 1, p. 71-81, 2005.

SHALEV, A. Y. Measuring outcome in posttraumatic stress disorder. *Journal of Clinical Psychiatry*, v. 61, p. 33-39, 2000. Supplement 5.

STEIN, A. T. *et al.* Transtorno de estresse pós-traumático em uma unidade de saúde de atenção primária. *Revista de Psiquiatria Rio Grande do Sul*, v. 26, n. 2, p. 158-166, 2004.

STEWART, S. H. *et al.* Are gender differences in post-traumatic stress disorder rates attenuated in substance use disorder patients? *Canadian Psychology*, v. 47, n. 2, p. 110-124, 2006.

SULLIVAN, C. J. Early adolescent delinquency: assessing the role of childhood problems, family environment, and peer pressure. *Youth Violence and Juvenile Justice*, v. 4, n. 4, p. 291-313, 2006.

ULRICH, O.; WIELAND, E. Anger, hostility, and posttraumatic stress disorder in trauma-exposed adults: a meta-analysis. *Journal of Consulting Psychology*, v. 74, n. 4, p. 698-706, 2006.

YEHUDA, R.; DAVIDSON, J. *Clinician's manual on posttraumatic stress disorder*. London: Science, 2000.

Violência doméstica e uso de álcool

Gilda Pulcherio
Roberta Rodrigues
Daniel Fensterseifer
Marlene Strey

A violência doméstica caracteriza-se por atos violentos que acontecem dentro do lar, onde as principais vítimas são as mulheres, as crianças e os adolescentes. Esse problema também afeta idosos e deficientes mentais. O termo "violência" inclui não somente abusos físicos, mas também abusos sexuais e emocionais, e a acepção doméstico refere-se ao fato de a violência ser exercida por pessoas que convivem no ambiente familiar (Day *et al.*, 2003; Zilberman; Blume, 2005). Isso equivale a dizer que essa conduta violenta se dá tanto dentro como fora de casa, sendo que o que a define como doméstica é o fato de esse comportamento ser executado por indivíduos do convívio familiar que estejam em relação de poder com a pessoa agredida. Essa relação pode dar lugar à chamada violência doméstica, ou à violência de gênero entre parceiros.

A literatura evidencia que esse fenômeno não é tratado nas devidas proporções, pois além de os casos de violência doméstica não serem frequentemente notificados nos órgãos competentes, muitos deles não são diagnosticados pelos profissionais da saúde (Day *et al.*, 2003; Zilberman; Blume, 2005; Dantas-Berger; Giffin, 2005).

A violência doméstica é universal e endêmica e acomete, em geral, mais mulheres, crianças e adolescentes. Nesse sentido, Melo *et al.* (2005) consideram-na democrática em sua dimensão, uma vez que está presente nas relações entre homens e mulheres, entre classes sociais, entre diferentes etnias ou grupos religiosos. No presente estudo, aborda-se a violência contra as mulheres.

Os dados de prevalência dependem das metodologias utilizadas, mas estima-se que, nos Estados Unidos, cerca de 10% a 15% das mulheres são vítimas de violência doméstica (Zilberman; Blume, 2005; Dantas-Berger; Giffin, 2005). Essa realidade da sociedade norte-americana se reflete em todo o planeta e, segundo Day *et al.* (2003), uma em cada três mulheres já foi espancada, coagida ao sexo ou sofreu alguma outra forma de abuso durante a vida por algum agressor que, geralmente, é um membro da própria família. Já na Espanha, "[...] o chamado terrorismo doméstico está gerando mais vítimas mortais que o ETA" (Cantera, 2004, p. 115). Embora a agressão por conhecidos e familiares não seja comumente denunciada, registros de delegacias de polícia mostram que 70% da violência sexual contra as mulheres acontecem em casa e o próprio marido é o agressor.

Pesquisas atuais revelam que a prevalência de violência doméstica pode variar de 10% a 75% (Oshitaka; Bedone; Faúndes, 2005; Kronbauer; Meneghel, 2005). Dantas-Berger e Giffin (2005) reportam dados semelhantes ao descreverem que em 48 estudos de base populacional, de 10% a 69% das mulheres entrevistadas apontaram terem sido alguma vez alvo de agressão física de seus parceiros, sendo que a violência física é frequentemente acompanhada por violência psicológica e, de um terço a 50% dos casos, por violência sexual. Isso apresenta o quanto a violência entre casais é uma das principais formas de violência doméstica em nosso meio.

Um estudo sobre violência entre parceiros íntimos em quinze capitais brasileiras e no Distrito Federal revela a prevalência global de agressão psicológica, abuso físico "menor" e grave no casal de 78,3%, 21,5% e 12,9%, respectivamente (Reichenheim *et al.*, 2006). Nessa pesquisa, foram constados maiores índices de violência entre parceiros íntimos nas cidades do Norte e Nordeste do que nas do Sudeste, Sul e Centro-Oeste, nos quais todos os tipos dessa violência foram mais frequentes entre casais formados por mulheres jovens, ou seja, com idade inferior a 25 anos, e com escolaridade menor que oito anos. O estudo evidenciou que a violência ocorre prioritariamente em casais de pouca escolaridade, vivendo em condições socioeconômicas baixas, nas quais o uso de álcool e outras drogas se faz presente.

É urgente a necessidade de medidas de intervenção que minimizem os efeitos drásticos gerados pela violência doméstica no meio familiar, bem como o treinamento dos profissionais para fazer o diagnóstico desse tipo de violência (Day *et al.*, 2003; Zilberman; Blume, 2005; Dantas-Berger; Giffin, 2005; Oshitaka; Bedone; Faúndes, 2005; Kronbauer; Meneghel, 2005). Segundo Oshikata, Bedone e Faúndes (2001) são escassos, no Brasil, os serviços que oferecem atendimento às mulheres vítimas de violência sexual, pois a estrutura e a organização dos serviços de saúde vigente não suprem adequadamente a demanda de mulheres em situação de violência.

Muitos serviços de atenção às vítimas de violência de gênero entre parceiros não estão capacitados para tratar esse tipo de violência. Além dos profissionais não terem formação teórica, eles não têm com quem compartilhar suas dúvidas, preocupações e seu mal-estar no trabalho que realizam com vítimas de violência de gênero entre parceiros. Profissionais não capacitados podem revitimizar as mulheres quando investigam desde o interrogante da culpabilidade da violência vivida ao pensar que os abusos ou maus-tratos são respostas de uma provocação prévia por parte da vítima, e isso faz que a vítima reviva sua situação de vulnerabilidade e seu relato seja desacreditado.

A falta de formação teórica reside também quando a equipe questiona a vítima sobre o porquê de ela se manter numa relação abusiva. Também o fato de a mulher que viveu ou vive uma situação de maus-tratos ter que contar sua história várias vezes em uma rede de serviços de atenção. Dessa maneira, alguns profissionais não preparados podem invalidar a iniciativa de revelar a agressão e desestimular a ideia de ruptura da relação conjugal, pois muitas instituições se orientam pela preservação da família como unidade.

Recomenda-se que a direção a seguir seja a de que as vítimas possam expressar seus sentimentos sem se sentir julgadas ou acusadas. Por outro lado, não se deve perder a perspectiva de que a mulher não tem meios para se sustentar, tem medo de perder seus filhos, enfrenta grandes desafios ao tentar se afastar de seu companheiro. Portanto, é necessário que os serviços possam oferecer uma rede social segura para que elas possam fazer um novo caminho, esclarecendo seus direitos e dando visibilidade ao problema da violência (Wilke, 2007).

Segundo Cantera (2004), a violência doméstica "[...] tem conotações sócias espaciais restritivas que excluem certas formas de relações entre parceiros" (p. 118). Assim, é necessário definir alguns termos, nos quais a expressão violência entre parceiros se dirige não só à violência de gênero que se dá entre casais heterossexuais, mas também em casais homossexuais. O autor define a violência entre parceiros como

> [...] um comportamento hostil consciente e intencional (de caráter não acidental) que, por ação ou inibição, causa em uma pessoa maltratada um dano físico, psíquico, jurídico, econômico, social, moral ou sexual, atentando contra a sua liberdade e seu direito a desenvolver-se como pessoa. (Cantera, 2004, p. 196)

A Assembleia Geral das Nações Unidas, definiu a violência contra a mulher como:

> [...] qualquer ato de violência de gênero que resulte ou possa resultar em dano físico, sexual, psicológico ou sofrimento para a mulher, inclusive ameaças de tais atos, coerção ou privação arbitrária da liberdade, quer ocorra em público ou na vida privada. (*apud* Day *et al.*, 2003, p.15)

Essa violência carrega um padrão repetitivo de controle e de dominação do parceiro contra a mulher, em que o abuso pode ser tanto físico, por golpes, tapas, chutes, surras, tentativas de estrangulamento, queimaduras; como psicológico, com menosprezo, humilhações constantes, intimidações; ou sexual, por meio do sexo forçado (Day *et al.*, 2003).

Mesma orientação segue a Lei Maria da Penha (Lei n. 11.304/2006) (Dias, 2007), a qual conceitua a violência doméstica, em seu artigo 5°, *caput*, como qualquer "[...] ação ou omissão baseada no gênero que lhe cause morte, lesão, sofrimento físico, sexual ou psicológico e dano moral ou patrimonial". Para Nucci (2006), o conceito é mal redigido, uma vez que dá margem a uma interpretação muito ampla, podendo chegar ao extremo de classificar qualquer crime contra a mulher como violência doméstica. Entretanto, a lei deve ser interpretada de acordo com a sua finalidade social (Art. 4º), o que restringe a sua aplicação. Fruto de disposição constitucional, juntamente de uma série de compromissos internacionais firmados pelo Brasil, a Lei n. 11.340/06 busca aferir maior seriedade no tratamento de delitos intrafamiliares.

Com a proibição do uso do rito previsto pela lei até então usada, Lei n. 9.099/95, os delitos de violência doméstica deixaram de ser considerados crimes de menor potencial ofensivo, sendo processados pelo rito comum (Nucci, 2006).

A mulher adquire direito à assistência social, quando se encontra em situação de violência doméstica, estando prevista a inclusão da ofendida em programas assistenciais do governo, acesso prioritário à remoção, quando servidora pública, ou, ainda, a garantia de seu vínculo trabalhista, quando necessário o afastamento do trabalho por até seis meses.

Em relação ao atendimento policial, a lei também traz novidades importantes. Garante-se a proteção policial à mulher contra seu agressor; o encaminhamento da ofendida para hospital, posto de saúde ou ao Instituto Médico Legal; quando necessário, o acompanhamento policial para que a mulher possa retirar seus pertences pessoais de sua residência, e o fornecimento de transporte para a ofendida e sua prole para local seguro (Nucci, 2006). Dá-se também maior celeridade ao procedimento policial, por meio da diminuição dos prazos para as ações da polícia.

A lei possibilita a criação de Juizados de Violência Doméstica e Familiar contra a Mulher, com competência penal e cível, possibilitando que todas as consequências da violência doméstica sejam apuradas e resolvidas pelo mesmo juízo (Sirvinska, 2007). Alguns estados, como, por exemplo, o Rio Grande do Sul, o Ceará, o Paraná e Alagoas, já possuem o juizado especializado. Fica proibida a cominação de qualquer pena de natureza pecuniária que seja aplicada isoladamente, dando fim às irrisórias "cestas básicas".

Foram criadas medidas protetivas destinadas tanto à vítima quanto ao autor. As destinadas ao agressor são proibitivas ou restritivas em relação ao porte de armas de fogo, ao afastamento do lar, visitas aos filhos, fixação de alimentos provisórios ou provisionais, além de outras condutas que possam ser reguladas pelo juiz. Em relação à mulher, ela poderá receber o encaminhamento a programa de proteção, recondução ao lar após o afastamento do varão, separação de corpos e garantias de proteção de bens comuns do casal.

A Lei Maria da Penha também implica algumas modificações na legislação vigente, como, por exemplo, a criação de uma agravante específica para a violência doméstica e a modificação da pena de reclusão nos casos de lesões corporais (Souza; Kümpel, 2007). Sobre o tempo de pena, cabe ressaltar que embora a pena máxima tenha sido aumentada, houve um inexplicável (e inaceitável) decréscimo na pena mínima. Ora, é notório que a fixação das penas ocorre muito mais perto da pena mínima do que da pena máxima, o que pode proporcionar uma penalização mais branda após o surgimento da nova lei (Dias, 2007).

No Código de Processo Penal também houve alteração significativa. Surge uma nova possibilidade de prisão preventiva, a qual serve para garantir as medidas protetivas de urgência tomadas em favor da mulher agredida. Tal medida pode ser tomada em qualquer fase do inquérito policial ou da instrução criminal, possibilitando a prisão do agente nas situações em que a prisão em flagrante não é cabível (Cavalcanti, 2007).

As experiências dos profissionais que trabalham com violência doméstica indicam que a violência contra a mulher é resultante da interação de diferentes fatores pessoais, situacionais e socioculturais. Quanto aos fatores pessoais do agressor, esses autores elencam: ser homem e ter presenciado violência conjugal quando criança, ter sofrido algum tipo de abuso quando criança, pai ausente, consumo de bebidas alcoólicas ou drogas. Já os fatores de risco da relação incluem o conflito conjugal, o controle masculino do dinheiro e da tomada de decisões na família.

Algumas mulheres vítimas dessa violência conseguem subverter essa agressão afastando-se de casa, outras, infelizmente, submetem-se ao relacionamento abusivo por temerem perder o suporte financeiro, preocuparem-se com os filhos (Day *et al.*, 2003; Wilke, 2007) e por acreditarem que seus parceiros podem mudar de atitude. A literatura indica que as mulheres que sofrem violência doméstica têm uma história pregressa, em que se faz presente uma relação conflitiva como a repetição de modelo familiar violento, vivências infantis de maus-tratos e sintomas depressivos. Outros fatores também contribuem para perpetuar a violência, tais como sentimento de responsabilidade pelo comportamento agressivo do companheiro e ausência de rede de apoio eficaz à vítima (Ibid.). Além disso, há mulheres que não reconhecem os atos de seus parceiros como violentos, sendo responsáveis também pela banalização e naturalização da violência (Kronbauer; Meneghel, 2005).

A sociedade tem sua parcela de responsabilidade na perpetuação desse problema, na medida em que prescreve normas socioculturais que permitem aos homens controle sobre o comportamento feminino, aceita a violência como forma de resolução de conflitos e dita papéis de gênero tradicionais rígidos. O motor do maltrato não é o sexo nem o amor, e sim o poder. Desse modo, são necessários programas de intervenção que trabalhem as crenças culturais sobre violência, entendendo que a submissão feminina não é natural, e sim decorrente de estruturas sociais de dominação alimentadas pela ideologia patriarcal (Cantera, 2004; Wilke, 2007).

Algumas dessas características são apontadas num estudo investigando o perfil da violência de gênero perpetrada por companheiro (Kronbauer; Meneghel, 2005), no qual os pesquisadores revelam que a recusa do parceiro ao uso de preservativos para prevenir doenças sexualmente transmissíveis está associada às violências físicas e psicológicas. Nesse estudo, foi verificado que as mulheres que não negociam o uso da camisinha, mostram-se com baixa autoestima, ficando mais expostas a outros tipos de violência e legitimando o poder masculino de controle da relação.

O consumo de álcool é um importante facilitador da violência, pois os efeitos de intoxicação como distorção cognitiva e de percepção, déficit de atenção, julgamento errado de uma situação e mudanças neuroquímicas podem estimular comportamentos violentos (Laranjeira; Dualibi; Pinski, 2005; Melo *et al.*, 2005; Dias, 2007). Para alguns pesquisadores (Vargas; Zago, 2005), o uso dessa substância desinibidora associa-se a condutas violentas mostradas com maior frequência no homem e relacionadas com valores como o machismo.

Um estudo na região metropolitana do Recife com 79 famílias indicou que o uso de bebidas alcoólicas associado à violência doméstica contra crianças, adolescentes e mulheres foi um dado frequente entre as estruturas familiares investigadas, pois 72,84% das famílias manifestaram comportamentos violentos somados a um índice de 65,8% de uso de bebidas alcoólicas (Melo *et al.*, 2005).

Estudos apontam que tanto o uso nocivo como a dependência de álcool geram problemas na família do bebedor, dentre eles a violência doméstica (Melo *et al.*, 2005; Vargas; Zago, 2005; Wilke; Fensterseifer; Pulcherio, 2007). Os efeitos do álcool na família variam na intensidade da violência física e verbal, gerando comportamentos agressivos, dominação e ciúme, e inscrevendo suas marcas nos seus membros pela ansiedade, depressão e baixa autoestima.

Um estudo brasileiro (Laranjeira; Dualibi; Pinski, 2005) mostra que a medida adotada no município paulista de Diadema de limitar os horários de venda do álcool contribuiu para a redução de nove agressões por mês contra as mulheres, o que significou 40% de queda nesse tipo de ocorrência num período de dois anos. Outro estudo (Hasselmann; Reichenheim, 2003) que afere a situação da violência familiar encontrou uma associação positiva entre agressão física marital e uso de drogas ou álcool, duplicando o número de agressões em casais que fazem uso dessas substâncias psicoativas.

Em um estudo qualitativo (Vargas; Zago, 2005), observou-se que mulheres cujos cônjuges são consumidores assíduos de bebidas alcoólicas expressam o quanto suas vidas são um sofrimento, sentindo-se sobrecarregadas de responsabilidades e funções na família. Desse modo, elas têm abdicado de seu desenvolvimento pessoal para se adaptar e manejar com as situações imprevistas vivenciadas na família. Muitas delas têm conseguido reestruturar suas vidas por meio de práticas espirituais.

Pesquisas revelam que a experiência de violência doméstica aumenta os riscos de desenvolver transtornos psiquiátricos como depressão, fobia, estresse pós-traumático, consumo abusivo de álcool e drogas (Day *et al.*, 2003; Zilberman; Blume, 2005; Kronbauer; Meneghel, 2005). Os estudos do estresse pós-traumático apontam que as agressões violentas, como surras e espancamentos, comuns entre as mulheres de usuários de álcool ou outras drogas, são eventos traumáticos que mais causam o desenvolvimento de transtorno de estresse pós-traumático (Breslau et al., 1998; Faller; Pulcherio; Strey, 2006; Pulcherio *et al.*, 2007; Brewin; Andrews; Valentine, 2000).

Pela magnitude das consequências da violência doméstica, ela se configura em um grande problema de saúde e social que a humanidade tem por resolver.

A importância do conceito de gênero para a compreensão da violência doméstica

Pelos aspectos apresentados anteriormente, pode-se considerar que a violência doméstica é um grave risco para a saúde das mulheres em particular e, também, um problema de saúde pública considerável.

Para melhor entender o fenômeno da violência doméstica é necessário que se lance mão do conceito de gênero, que está subjacente tanto na sua origem como na sua dinâmica e manutenção. Aqui, considerando-se gênero como relações entre homens e mulheres mediadas por questões de poder (Scott, 1995).

Tradicionalmente, é possível detectar uma grande hierarquia que coloca os homens como a parte mais poderosa nessa relação, enquanto as mulheres se situam na posição de menor poder, inclusive em posição de quase plena submissão aos homens em algumas épocas e lugares. Na contemporaneidade, para muitas mulheres, essa situação mudou, pois, pelo menos nas leis de muitos países ocidentais, elas já conquistaram plena equiparação aos homens. No entanto, ainda assim, nas situações cotidianas, muitas das alegadas conquistas de igualdade são apenas aparentes em função de uma série de artifícios culturais e sociais que se associam para manter o *status quo* de sua subordinação (Rodríguez, 2001; Strey, 2001).

Trata-se de um fenômeno complexo e, às vezes, completamente invisível devido às suas características de naturalização. Essa construção se dá por meio da tradição, da religião, da legislação, das teorias científicas, da literatura e das artes e da educação. Além disso, homens e mulheres têm tido, ao longo de muito tempo, uma educação sentimental que tem levado à apropriação de um sexo pelo outro, de tal forma que a hierarquização dos gêneros e a suposta superioridade dos homens é admitida por eles mesmos e também pelas mulheres (Alcántara Sacristán, 2002). Nesse processo, pode-se verificar que os mecanismos de socialização (na família, na escola, nos meios de comunicação etc.) têm submetido as mulheres à alienação, de forma que admitam a violência, o desprezo, o menosprezo, as ofensas etc. como parte de sua condição feminina (Alcántara Sacristán, 2002). Desde o nascimento das meninas, esses mecanismos agem implícita ou explicitamente para colocá-las no seu devido lugar. E elas acabam por acreditar que homens e mulheres são e devem ser muito diferentes entre si, e que, pelo simples fato de serem homens, eles merecem o lugar de destaque, hierarquicamente superior. Os homens também são levados a pensar assim. Dessa maneira, estão dadas as condições mínimas para que a desigualdade se mantenha ou custe a se desmantelar.

Gina Lombroso (*apud* Alcântara Sacristán, 2002), filha do famoso criminalista italiano César Lombroso, teoriza sobre a tendência feminina ao sacrifício, à dor, à abnegação, e resume assim a situação: a mulher é muito mais feliz quando seu marido é um homem viril, egoísta, exigente, pleno de iniciativa, que lhe demanda sacrifícios, do que quando lhe toca um homem efeminado e débil. Esse enfoque é corroborado pelas representações do senso comum e também de inúmeras teorias psicológicas e médicas (Hanmer, 2002), nas quais aparece uma "natureza" feminina abnegada trilhando um caminho em direção à feminilidade adulta cheio de sacrifícios e que acaba desembocando na ideia de que, para a mulher, o sofrimento é um prazer. Desse ponto, a situar-se no polo vulnerável das situações de violência, o passo é pequeno (Alcântara Sacristán, 2002). Grande aliado na manutenção dessa polarização entre homens e mulheres, da violência de gênero e da violência em geral, é o discurso funcionalista, que descreve o que existe sem questionar, entendendo, por exemplo, o maltrato de mulheres como algo que existe, que está dado e que é uma disfunção. Ou seja, considera que a ordem social está formada pela integração de suas partes, que tem uma função, e que essa forma de violência favorece o desequilíbrio da ordem social, mas que, para voltar tudo como deve ser, existem as instituições voltadas para o bem comum, os profissionais especializados etc. Nas dobras desse discurso escondem-se a misoginia e o sexismo (Bosch Fiol, 2002). O conceito de violência é deficitário em si mesmo, se não o detalhamos de forma adequada e em todo seu alcance real. Assim, a violência como expressão do exercício de poder não apenas se manifesta na agressão física e psicológica (eventual ou continuada), na construção e imposição de um simbólico que não pertence às mulheres, ou na institucionalização de determinadas práticas político-ideológicas, cuja função passa a reforçar a ordem patriarcal vigente (Escoriza Mateu, 2002).

Nesse sentido, podemos ver como violência a apropriação do trabalho e do tempo das mulheres pela família, a invasão de sua individualidade e intimidade, o impedimento de seus desejos quando não correspondem ao que se espera social e culturalmente delas etc. Do outro lado dessa moeda, vemos homens que não veem isso como violência. Nem sequer veem a violência física e psicológica como violência. Isso leva a que ridicularizem, rechacem e culpem as vítimas. Em função desse não entendimento da violência como violência, tampouco se responsabilizam por suas ações. O poder e o controle são vistos como naturais, e suas posições de marido, pai ou filho são vistas como naturalmente superiores (Winck; Strey, 2006; Hayward, 2001). A violência simbólica se produz pela imposição de um significado identificado com o poder dominante do monopólio de legitimação. Trata-se de um poder que se exerce com a cumplicidade do agente social, pela exclusão de ideias críticas devido a uma longa história educativa de inculcação na família e no sistema escolar, entre outros. Como somente são reconhecidas em função do outro (filhos, família, marido), a invasão que sofrem não é vista como tal (Mendieta Aznar, 2002). Na transmissão da linguagem, os aspectos insignificantes das situações práticas vão conformando um código secreto, irreconhecível além de seu sentido de ameaça, castigo e denúncia pela situação que evoca (gestos, olhares, silêncios etc.). Estão carregados de intenção em seu conteúdo de aprovação, reprovação, aceitação, rechaço etc. e têm grande poder de sugestão. São insignificantes, porém difíceis de revogar, por serem silenciosos, insidiosos, insistentes e insinuantes. A penetração desse código define a pessoa. Assim, segundo Mendieta Aznar (2002) fica inscrita a imposição-submissão na relação com o outro legitimado como autoridade, que ordenará subsequentemente a situação, tão absoluta e indiscutivelmente que se afirma a si mesma. A intimidação tem a eficácia do poder simbólico que é exercido habitualmente (Mendieta Aznar, 2002). A autora afirma que as hierarquias da linguagem são hierarquias objetivas, definidas pela posição e a competência na estrutura social, presentes em toda interação. Em consequência, segue afirmando que, na situação cotidiana, os indivíduos de menor *status* social, na relação com os de maior *status*, comportam-se buscando a aprovação, são submissos, não chamam a atenção e são menos impositivos. E, em contrapartida, liga-se como cúmplice do poder simbólico. O de maior *status* é assertivo e dominante, conformando as expectativas recíprocas de resposta. Aí aparece uma postura "feminina" do débil ou carente e a concessão, a tolerância do poderoso para aceitar o "outro", dar-lhe o que necessita (porém sem respeito nem reconhecimento). O poder simbólico confirma "a realidade" da identidade no discurso normatizado. A imposição imposta com valência de verdade e reconhecimento se fixa tanto pela força de penetração (todos sabem quem é a autoridade) como por sua qualidade de inquestionável (não existe outra representação pela intimidação). São crenças que se constroem, compartilhadas por todos e todas (Mendieta Aznar, 2002). As crenças são cognições emocionais e pensamentos que permitem entender e explicar a relação do indivíduo com o mundo.

São "verdades" de tipo valorativo, tão importantes que se constituem em uma ética que justifica e julga os comportamentos. Elas são o parâmetro de avaliação da identidade e são assumidas sem necessidade de comprovação, mas por conformidade. Quase nunca são postas em dúvida. São defendidas por argumentações aprendidas mecanicamente. São consideradas psicologicamente certas e geradoras de angústia ao serem atacadas. Apresentam-se tácita e inconscientemente e se transmitem por signos que não são produto da observação (Mendieta Aznar, 2002). A violência simbólica é, então, a fonte alimentadora dessas crenças. Como pode ser visto antes, no desenvolvimento e manutenção da violência simbólica intervém e interatuam de forma específica a dinâmica assimétrica das relações de poder social que define a realidade e o lugar dos sujeitos segundo seu gênero. Para isso, existe a socialização de gênero, que instaura o processo de objetificação das mulheres por meio do desenvolvimento de interações a partir da legitimação da assimetria. Para os homens, o processo pode estar tão entranhado que existem inúmeras dificuldades psicossociais de renúncia ao exercício do controle (Pastor Caballo; Bonilla Campos; Martínez Benlloch, 2002). Sendo, como já foi mencionado, um processo que se inicia cedo na vida das pessoas, não é de se estranhar que os resultados de muitos estudos sobre violência, que, em geral, mostram que a exposição a modelos violentos, especialmente durante a infância e a adolescência, conduzam à justificação da violência, e que ambas as condições incrementem consideravelmente o risco de exercê-la (Díaz-Aguado; Martínez Arias, 2001). A representação que uma pessoa ou grupo tem de suas possíveis vítimas desempenha um papel decisivo no risco de exercer a violência. O indivíduo violento costuma crer que sua violência se justifica ou é inevitável e convence a si mesmo de que é um herói e que a vítima é um ser desprezível, inibindo a empatia. Assim é mais fácil empregar a violência. A representação de uma pessoa ou um coletivo como inferior ou como inimigo está estreitamente relacionada com sua possível vitimização (Mendieta Aznar, 2002). Em função disso, não é estranho que a violência que algumas mulheres sofrem de seus maridos ou companheiros esteja estreitamente relacionada aos estereótipos sexistas, que podem chegar a justificar a violência do homem em lugar de condená-la, ao associá-la a atributos masculinos em torno dos quais ainda alguns homens constroem sua identidade (Díaz-Aguado). O sexismo costuma ser utilizado para responder a funções psicológicas e sociais quando a pessoa não dispõe de recursos positivos para isso. Nesse sentido, cabe destacar a obtenção de experiências de poder e de controle; a simplificação da realidade, reduzindo os atributos individuais às características grupais estereotipadas; a integração aos grupos de referência, posto que, ao compartilhar os preconceitos do grupo a que se pertence (no caso o grupo masculino), aumenta a coesão e a sensação de segurança e apoio entre os homens; a redução da incerteza sobre a própria identidade, ao categorizar de modo simplificado as diferenças entre homens e mulheres; ou a resolução de conflitos de interesses ativando tendências que permitam justificar a própria conduta, mesmo quando é uma conduta violenta e discriminatória (Díaz-Aguado; Martínez Arias, 2001). Diante desse quadro, quando se trata de serviços de saúde e outras instituições que lidam direta ou indiretamente com o problema, o que pode ser feito? Muito, mas, pelo menos, reconhecer que há um problema interpessoal, perguntar, não emitir juízos sobre a mulher em questão, compreender os temores da mulher, como o medo de que lhe retirem a custódia do filho, por muito improvável que isso seja, ou desonrar sua família. Fazer desaparecer seu sentimento de culpa por não ser boa esposa, mãe, filha ou irmã (o problema está no autor do delito, e não nela). Dar permissão para a mulher proteger-se a si mesma e a seus filhos. Ajudá-la a pensar na melhor maneira de proteger-se. Dar a conhecer outros organismos que lhe possam oferecer conselho e assistência direta. Trabalhar com outros organismos para encontrar soluções para casos individuais que afetem as mulheres e seus filhos (Escoriza Mateu, 2002). Havendo consciência da magnitude do problema e da escassez de recursos, vontade individual e social, a criatividade permitirá encontrar soluções viáveis e coletivas, por meio de redes de colaboração e difusão da discussão sobre o tema.

Referências bibliográficas

ALCÁNTARA SACRISTÁN, M. D. De abnegada a maltratada: la socialización en la violencia de género. In: LOPES BELTRAN, M. T.; JIMÉNEZ TOMÉ, M. J.; GIL BENÍTEZ, E. M. (Orgs.). *Violencia y género*. Málaga: Centro de Ediciones de la Diputación Provincial de Málaga, 2002.

BOSCH FIOL, E. Causas psicosociales de la violencia de género: el papel de las creencias misóginas. In: LOPES BELTRAN, M. T.; JIMÉNEZ TOMÉ, M. J.; GIL BENÍTEZ, E. M. (Orgs.). *Violencia y género*. Málaga: Centro de Ediciones de la Diputación Provincial de Málaga, 2002.

BRESLAU, N. *et al*. Trauma and posttraumatic stress disorder in the community. *Archives of General Psychiatry*, v. 55, n. 7, p. 626-632, 1998.

BREWIN, C. R.; ANDREWS, B.; VALENTINE, J. D. Meta-analysis of risk factors for posttraumatic stress disorder in trauma-exposed adults. *Journal of Consulting and Clinical Psychology*, v. 68, n. 5, p. 748-766, 2000.

CANTERA, L. Violencia en la pareja: espejo del atropello, desconstrucción del amor. In: ______. (Coord.). *La violencia a casa*. Sabadell: Fundació Caixa de Sabadell, 2004. p. 113-140.

CAVALCANTI, S. V. S. F. *Violência doméstica*: análise da lei "Maria da Penha", nº11.340/06. Bahia: Jus Podivm, 2007.

DANTAS-BERGER, A.; GIFFIN, K. A. Violência nas relações de conjugalidade: invisibilidade e banalização da violência sexual? *Cadernos de Saúde Pública*, v. 21, n. 2, p. 417-425, 2005.

DAY, V. *et al.* Violência doméstica e suas diferentes manifestações. *Revista de Psiquiatria do Rio Grande do Sul*, v. 25, p. 9-21, 2003. Suplemento1.

DIAS, M. B. A *Lei Maria da Penha na Justiça*: a efetividade da lei 11.340/2006 de combate à violência doméstica e familiar contra a mulher. São Paulo: Revista dos Tribunais, 2007.

DÍAZ-AGUADO, M. J. *Escuela y tolerancia*. Madrid: Pirâmide.

______.; MARTÍNEZ ARIAS, R. Superación de las creencias sexistas y de las que conducen a la violencia de género entre las y los adolescentes. In: ______.; ______. (Orgs.). *La construcción de la igualdad y la prevención de la violencia contra la mujer desde la educación secundaria*. Madrid: Instituto de la Mujer, 2001.

ESCORIZA MATEU, T. Mujeres, arqueologia y violencia patriarcal. In: LOPES BELTRAN, M. T.; JIMÉNEZ TOMÉ, M. J.; GIL BENÍTEZ, E. M. (Orgs.). *Violencia y género*. Málaga: Centro de Ediciones de la Diputación Provincial de Málaga, 2002.

FALLER, S.; PULCHERIO, G.; STREY, M. Trauma e sintomas de estresse pós-traumático em dependentes químicos. *Revista de Psiquiatria do Rio Grande do Sul*, v. 28, n. 3, p. 357-358, 2006.

HANMER, J. Violência de gênero, violência social? In: LOPES BELTRAN, M. T.; JIMÉNEZ TOMÉ, M. J.; GIL BENÍTEZ, E. M. (Orgs.). *Violencia y género*. Málaga: Centro de Ediciones de la Diputación Provincial de Málaga, 2002.

HASSELMANN, M.; REICHENHEIM, M. Adaptação transcultural da versão em português da *Conflict Tactics Scales Form R* (CTS-1), usada para aferir violência no casal: equivalências semânticas e de mensuração. *Cadernos de Saúde Pública*, v. 19, n. 4, p. 1083-1093, 2003.

HAYWARD, R. F. Needed: a culture of masculinity for the fulfilment of human rights. *Development*, v. 44, n. 3, p. 48-53, 2001.

KRONBAUER, J.; MENEGHEL, S. Perfil da violência de gênero perpetrada por companheiro. *Revista de Saúde Pública*, v. 39, n. 5, p. 695-701, 2005.

LARANJEIRA, R.; DUAILIBI, S.; PINSKI, I. Álcool e violência: a psiquiatria e a saúde pública. *Revista Brasileira de Psiquiatria*, v. 27, n. 3, p. 176-177, 2005.

MELO, Z. *et al.* Família, álcool e violência em uma comunidade da cidade do Recife. *Psicologia em Estudo*, v. 10, n. 2, p. 201-208, 2005.

MENDIETA AZNAR, R. Impacto social de la envidia. El sustrato de los estereotipos culturales. In: LOPES BELTRAN, M. T.; JIMÉNEZ TOMÉ, M. J.; GIL BENÍTEZ, E. M. (Orgs.). *Violencia y género*. Málaga: Centro de Ediciones de la Diputación Provincial de Málaga, 2002.

NUCCI, G. S. *Leis penais e processuais comentadas*. São Paulo: Revista dos Tribunais, 2006.

OSHIKATA, C.; BEDONE, A.; FAÚNDES, A. Atendimento de emergência a mulheres que sofreram violência sexual: características das mulheres e resultados até seis meses pós-agressão. *Cadernos de Saúde Pública*, v. 21, n. 1, p. 192-199, 2005.

PASTOR CABALLO, R.; BONILLA CAMPOS, A.; MARTÍNEZ BENLLOCH, I. Violencia simbólica: aspectos diferenciales sobre el cuerpo y la identidad, In: LOPES BELTRAN, M. T.; JIMÉNEZ TOMÉ, M. J.; GIL BENÍTEZ, E. M. (Orgs.). *Violencia y género*. Málaga: Centro de Ediciones de la Diputación Provincial de Málaga, 2002.

PULCHERIO, G. *et al.* Eventos traumáticos em alcoolistas: a importância da investigação na atenção primária. *Revista da Associação Médica Brasileira*, v. 53, p. 482-483, 2007.

REICHENHEIM, M. *et al.* Magnitude da violência entre parceiros íntimos no Brasil: retratos de 15 capitais e Distrito Federal. *Cadernos de Saúde Pública*, v. 22, n. 2, p. 425-437, 2006.

RODRÍGUEZ, E. How do women cope with family violence? Moving ahead in our understanding of international issues. *Journal of Epidemiology and Community Health*, v. 55, p. 531, 2001.

SCOTT, J. Gênero: uma categoria útil de análise histórica. *Educação & Sociedade*, v. 20, n. 2, p. 71-99, 1995.

SIRVINSKA, L. P. Aspectos polêmicos sobre a Lei nº 11.340, de agosto de 2006, que cria mecanismos para coibir a violência doméstica e familiar contra a mulher. *Revista Jurídica*, Porto Alegre, v. 55, n. 351, 2007.

SOUZA, L. A.; KÜMPEL, V. F. *Violência doméstica e familiar contra a mulher*: Lei 11.340/06. São Paulo: Método, 2007.

STREY, M. N. Será o século XXI o século das mulheres? In: ______. *et al.* (Orgs.). *Construções e perspectivas de gênero*. São Leopoldo: Unisinos, 2001.

VARGAS, N.; ZAGO, M. El sufrimiento de la esposa en la convivencia con el consumidor de bebidas alcohólicas. *Revista Latino-Americana de Enfermagem*, v. 13, p. 806-812, 2005.

WILKE, M. E. *A intervenção de profissionais junto a mulheres vítimas de violência conjugal*. Dissertação (Mestrado em Psicologia Social e da Personalidade). Pontifícia Universidade Católica do Rio Grande do Sul, Porto Alegre, 2007.

______.; FENSTERSEIFER, D, P.; PULCHERIO, G. O estresse traumático da violência doméstica. *Revista da Associação Médica do Rio Grande do Sul*, v. 51, p. 149-150, 2007.

WINCK, G. E.; STREY, M. N. Considerações sobre gênero a partir da coordenação de grupos de homens acusados de agressão. In: SEMINÁRIO INTERNACIONAL FAZENDO GÊNERO 7: *Anais*. Florianópolis: Mulheres, 2006.

ZILBERMAN, M.; BLUME, S. Violência doméstica, abuso de álcool e substâncias psicoativas. *Revista Brasileira de Psiquiatria*, v. 27, p. 51-55, 2005. Suplemento 2.

Álcool e trânsito

Raquel de Boni
Tamires Bastos

Acidentes de Trânsito (AT) são considerados um problema de saúde pública pela Organização Mundial de Saúde (OMS): em média, 3 mil vidas são perdidas diariamente no mundo, totalizando aproximadamente 1,2 milhões de mortes a cada ano (Peden *et al.*, 2004). No Brasil, somente no ano de 2007, ocorreram 38.418 mortes no trânsito (Ministério da Saúde, 2008). Considerando a frota de veículos do mesmo período (49,6 milhões) (DENATRAN, 2005), a taxa de mortalidade foi de 77 indivíduos/100 mil veículos, um número muitas vezes superior ao encontrado em países desenvolvidos (somente como referência, no mesmo ano, nos Estados Unidos, essa taxa foi de 17/100 mil, e, na Noruega, 6/100 mil veículos) (IRTAD, 2009).

No final da década de 1960, a etiologia e a prevenção de acidentes passaram a ser estudadas a partir da matriz de Haddon, nomeada em homenagem ao seu autor (Haddon, 1968, 1980, 1999). Basicamente, essa matriz divide os fatores relacionados aos acidentes em três grupos (individuais, do veículo e do ambiente) e três momentos (antes do acidente, o acidente e após o acidente), sendo que em cada célula podem ser inseridas as medidas preventivas eficazes e os fatores etiológicos associados. Como exemplo, pode-se observar a Figura 1.

Figura 1. Matriz de Haddon, exemplos de medidas preventivas para cada nível.

	Fatores individuais	Veículos	Fatores ambientais
Antes do acidente	Medidas educativas		
Acidente		Veículos equipados com *air-bag*	
Após o acidente			Bom sistema de atendimento pré-hospitalar

Essa matriz vem sendo utilizada para o estudo dos mais diversos tipos de injúrias, mas este capítulo irá deter-se no estudo dos AT, especificamente nos fatores da primeira linha. Nesse sentido, ao longo dos anos, foram estudados os fatores etiológicos dos acidentes de trânsito, e foi demonstrado que 90% dos acidentes são provocados por fatores individuais (Mohan; Tiwari, 1998; Nantulya; Muli-Musiime, 2001). Dentre esses fatores, o uso de álcool é considerado um dos mais importantes.

O uso de álcool e acidentes

Embora a relação entre o uso de álcool e acidentes venha sendo estudada de maneira mais consistente desde o final da década de 1960, dois cientistas realizaram estudos fundamentais para o seu entendimento muito antes disso. Erik Widmark, na primeira metade do século XX, avaliou o que ocorre com a concentração de álcool no sangue após sua ingestão (*apud* Andréasson; Jones, 1996), e Robert Borkenstein foi responsável por duas das maiores descobertas que influenciaram a legislação sobre beber e dirigir no mundo: o bafômetro de fácil utilização, em 1954, e a curva de risco entre os valores de alcoolemia e a chance de envolvimento em acidentes (o "*Grand Rapids Study*"), em 1974 (Borkenstein *et al.*, 1974). A partir dessas estimativas, que foram comprovadas e aprimoradas com o passar dos anos, hoje se considera que exista uma associação entre o aumento da alcoolemia (Quadro 1) e o risco de sofrer um AT – e esses dados foram fundamentais para o estabelecimento da legislação que regulamenta os níveis permitidos de alcoolemia para dirigir (Compton *et al.*, 2002). Considerando que as chances de sofrer acidentes aumentam muito a partir de 0,6 g/l de alcoolemia, diversos países têm adotado níveis abaixo desse valor ou próximos a ele, como vemos na Tabela 1.

Tabela 1. Limites de alcoolemia permitidos para condução de veículos em diferentes países (Global Road Safety Partnership, 2007)

País	Limite (g/l)
Suécia	0,2
Índia	0,3
Japão	0,3
África do Sul	0,5
Alemanha	0,5
Canadá	0,8
Estados Unidos	0,8

O padrão de consumo mais associado a acidentes de trânsito é o "*binge drinking*" (bebedeira) – uso episódico pesado de álcool, que se caracteriza pela ingestão de cinco doses ou mais em uma única ocasião para homens e quatro doses ou mais em uma única ocasião para mulheres. Esse padrão vem sendo referido como forma de consumo associada a custos sociais e de saúde semelhantes ou superiores aos provocados pelo uso contínuo e dependente (Miller; Plant, 2005; Naimi *et al.*, 2003). O consumo episódico pesado também é fortemente associado a dirigir intoxicado (Duncan, 1997). Em estudo norte-americano, por exemplo, 2,3% da população referiram beber e dirigir, sendo que, a cada ano, mais de 80% do total de episódios de beber e dirigir foram reportados por indivíduos que também diziam beber em "*binge*". Durante todo o período estudado, indivíduos que bebiam em binge apresentavam cerca de treze vezes mais chances de beber e dirigir se comparados aos que não bebiam em *binge* (Quinlan *et al.*, 2005).

Contudo, mesmo quantidades inferiores às referidas acima podem provocar alteração na capacidade de dirigir (Moskowitz; Burns; Williams, 1985). De acordo com a revisão de estudos feitos em laboratórios, com o uso de *driving simulators* (simuladores de trânsito), Moskowitz e Fiorentino (2000) concluíram que a maioria das capacidades relacionadas ao dirigir, começa a se alterar com alcoolemia tão baixa quanto 0,2 g/l:

- a habilidade de manter o curso do veículo começa a deteriorar-se com alcoolemias inferiores a 0,2 g/l;
- a maioria das pessoas tem menor capacidade de dividir atenção e menor vigilância com alcoolemias menores que 0,3 g/l;
- a redução na capacidade de seguir um veículo, mantendo a distância constante deteriora-se a partir de 0,5 g/l se o veículo da frente mantiver velocidade constante; se a velocidade for variável, alterações podem ser notadas a partir de 0,3 g/l;

⇨ a maioria das pessoas começa a ter problemas de percepção visual e desempenha de forma inferior tarefas cognitivas com alcoolemias de 0,5 g/l. A partir daí o tempo de reação também aumenta, diminuindo a velocidade dos reflexos.

Quadro 1. O que significa a alcoolemia?

Alcoolemia é a quantidade de etanol medida em um determinado volume de sangue. O valor máximo de alcoolemia é obtido de trinta a sessenta minutos após a ingestão de bebidas. Em média, um homem de setenta quilos precisa ingerir uma dose de bebida alcoólica para atingir uma alcoolemia de 0,2 g/l. As mulheres necessitam de quantidades menores, pois existem diferenças fisiológicas na absorção, distribuição e metabolização do álcool no organismo feminino.

Quadro 2. Dose de álcool

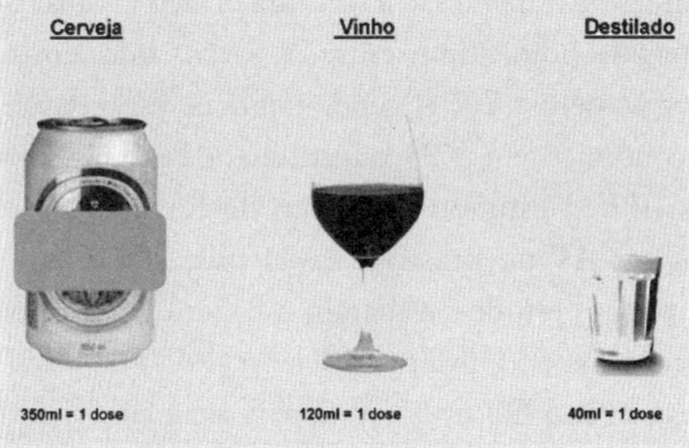

A Organização Mundial da Saúde estabelece como dose de álcool o equivalente a 14 g de etanol. Essa quantidade pode ser encontrada em uma lata de cerveja (350 ml), uma taça de vinho (140 ml) ou uma dose de bebida destilada (35 ml).

Além de aumentar o risco de AT, em geral o consumo de álcool também é associado a acidentes mais graves: para cada 0,2 g/l de aumento no nível sérico de álcool há um aumento de duas vezes no risco de um motorista se envolver em um acidente fatal (Zador; Krawchuk; Voas, 2000). Nos países em desenvolvimento, estima-se que o álcool esteja presente em 33% a 69% do sangue de motoristas envolvidos em acidentes fatais (Peden et al., 2004), e os dados brasileiros, obtidos em diferentes estudos, apontam para valores semelhantes. Em 1999, em São Paulo, dos 2.360 óbitos por AT, 47% apresentavam alcoolemia positiva (Leyton et al., 2005). Em Brasília, a alcoolemia foi positiva em 44,2% das vítimas fatais em colisão e em 57,7% das vítimas de capotagem (Modelli; Pratesi; Tauil, 2008). Mais recentemente, em Porto Alegre, 32% das vítimas fatais apresentavam alcoolemia positiva (Stampe *et al.*, 2010).

Beber e dirigir no Brasil

Acidentes de trânsito são a segunda principal causa de morte, atrás apenas de homicídios, entre os jovens brasileiros do sexo masculino (Waiselfisz, 2004), sendo também responsáveis por alto impacto econômico: em 2004, o Instituto de Pesquisas Econômicas Aplicadas (IPEA) estimou um custo de R$ 22 bilhões anuais associados aos AT no Brasil (IPEA-DAER, 2003). No entanto, até 2008, poucos estudos avaliaram o beber e dirigir no país. Os estudos pioneiros de Oliveira e Melcop (1997) e Nery Filho, no final da década de 1990, apontavam para alcoolemias positivas em mais de 50% das vítimas de AT em quatro capitais brasileiras e altas taxas de relatos de acidentes relacionados ao álcool em Salvador (superiores a 35%). Além disso, um estudo com vítimas de acidentes atendidas em emergência de Belo Horizonte mostrou que a maioria dos motoristas pesquisados (acima de 70%) pertencia ao sexo masculino, com idade média de 26 anos, e que 27,7% deles havia ingerido bebidas alcoólicas (Rodrigues *et al.*, 2005).

Duailibi, Pinski e Laranjeira, em 2006, fizeram o primeiro estudo que avaliou o nível de alcoolemia com bafômetro em um *roadside survey* (pesquisa realizada em pontos de checagem de sobriedade), e encontraram 23% de motoristas alcoolizados nas noites de sexta-feira e sábado (Duailibi; Pinski; Laranjeira, 2007). Destes, 17,1% estavam dirigindo com níveis de álcool iguais ou maiores aos permitidos pela lei vigente na época (0,6 g/l). Vale ressaltar que, em levantamentos com motoristas nos Estados Unidos, as taxas de alcoolemia acima da legalmente permitida para dirigir (nos EUA, 0,8 g/l) encontradas nos anos de 1991 e 1992 foram 3,7% e em 2001 e 2002, 2,9% (Voas *et al.*, 1998). Já em uma amostra da população geral, oriunda do *I Levantamento nacional sobre o uso de álcool*, foram feitas questões sobre o beber e dirigir para 333 motoristas que reportavam uso de bebidas alcoólicas no ano anterior à entrevista, sendo que 42% dos indivíduos do sexo masculino diziam ter bebido e dirigido no ano anterior à pesquisa (Pechansky *et al.*, 2009).

Na tentativa de diminuir a incidência de acidentes de trânsito relacionados ao álcool, em 19 de junho de 2008, o Brasil adotou uma nova legislação: a Lei n. 11.705/08, que proíbe a venda de bebidas alcoólicas nas rodovias federais e estabelece sanções administrativas e penais para motoristas que dirigirem sob a influência do álcool. Essa lei alterou os artigos 165, 277 e 306 da Lei n. 9.503, de 23 de setembro de 1997, que instituía o Código de Trânsito Brasileiro (1997).

Especificamente, o artigo 165, que trata das penalidades para indivíduos que dirigem sob a influência de álcool, passou a estipular que tal ato é considerado infração gravíssima, com penalidade de multa e suspensão do direito de dirigir por doze meses. Na redação original, a condução de veículo automotor por condutor com concentração abaixo de 6 dg de álcool por litro de sangue era permitida; atualmente está em vigor a "tolerância zero" - o que, a partir da regulamentação, significa que serão penalizados condutores com alcoolemia acima de 2 dg/l de álcool. Outra alteração importante foi a modificação da penalidade para condutores que apresentem concentração de álcool por litro de sangue igual ou superior a 6 dg, que passou a ser detenção, de seis meses a três anos, multa e suspensão ou proibição de se obter a permissão ou a habilitação para dirigir veículo automotor.

Após a alteração da Lei, foi realizada uma série de estudos procurando estimar as prevalências do beber e dirigir em diferentes populações. A partir dos dados de um estudo telefônico que abrange indivíduos das 27 capitais brasileiras, pesquisadores analisaram o comportamento dos motoristas nos três últimos anos disponíveis: nos oito meses que precederam a Lei, de 1,8% a 2,2% dos indivíduos entrevistados afirmaram ter dirigido veículo automotor, em pelo menos uma ocasião, após consumo pesado episódico de bebida alcoólica. Em julho e agosto, meses seguintes à Lei, a prevalência caiu para 1,3% e 0,9%, respectivamente, mas voltou a subir após esses dois meses e, nos primeiros meses de 2009, alcançou os níveis iniciais (Moura *et al.*, 2009).

Dados de estudo realizado pelo Núcleo de Estudos e Pesquisa em Trânsito e Álcool da UFRGS, entre os anos 2008 e 2009, vão na mesma direção. Por exemplo, em um estudo com 1.070 condutores que frequentavam bares e haviam ingerido bebidas alcoólicas, apenas 44% dos motoristas referiram ter adotado mudanças em seu comportamento relacionado ao beber e dirigir após a nova Lei (De Boni *et al.*, 2010), embora mais de 60% declarassem reconhecer a importância da Lei.

MEDIDAS EFICAZES PARA A REDUÇÃO DO BEBER E DIRIGIR

Ao longo dos anos, estudos vêm demonstrando que existem medidas efetivas para diminuir o beber e dirigir e, consequentemente, o número de acidentes de trânsito e vítimas relacionadas. Embora a mudança desse comportamento demande abordagens abrangentes e sistemáticas que contemplem tanto fatores individuais como fatores ambientais, uma boa revisão sobre a contribuição de cada estratégia na redução dos AT fatais e não fatais relacionados ao álcool pode ser encontrada em artigo de Schults *et al.* (2001). Algumas das principais medidas eficazes citadas pelo autor são:

- ⇨ instituição e fiscalização de leis em que beber e dirigir seja considerado crime *per se*, ou seja, a presença de alcoolemia acima da legalmente permitida é prova suficiente de incapacidade para dirigir e não requer comprovação adicional da presença de alterações comportamentais e físicas;
- ⇨ instituição e fiscalização da revogação administrativa da carteira de motorista, que permite que os policiais apreendam imediatamente a carteira de motorista de indivíduos que se encontrem dirigindo com alcoolemia acima dos limites legais;
- ⇨ realização de barreiras policiais com objetivo de realizar teste de bafômetro. Particularmente, quando aliadas a medidas que contribuam para a maior percepção dos motoristas sobre o risco de serem punidos (visibilidade das barreiras, publicidade etc.), os "pontos de sobriedade" reduzem, em média, 20% dos AT fatais e não fatais;
- ⇨ diminuição dos valores legais de alcoolemia para motoristas previamente condenados por beber e dirigir;

- ⇨ adoção de leis de "tolerância zero" (nenhuma alcoolemia permitida) para motoristas com idade inferior a 21 anos;
- ⇨ avaliação voltada à dependência química e tratamento obrigatório para motoristas condenados por beber e dirigir.

Ainda não há muitos estudos quantificando a interferência do apoio da população, por exemplo, na eficácia de novas leis sobre álcool e trânsito em longo prazo. Entretanto, salienta-se que, conforme estudo abrangendo 1.104 indivíduos de Porto Alegre, há um claro interesse da população em abordar o problema: 76% das 1.104 pessoas entrevistadas manifestaram disposição para pagar por um mecanismo de redução nos riscos de lesões por AT (Sousa; Porto Junior, 2010). Considerando que, segundo a mesma pesquisa, o risco de envolvimento em um AT associado ao consumo de álcool é percebido como "alto" ou "muito alto", pode-se considerar que o foco na implementação de medidas eficazes apresenta um grande potencial transformador. Dessa forma, espera-se que o conhecimento das repercussões do beber e dirigir – tanto no que se refere ao impacto do problema como aos caminhos demonstrados como eficazes para sua redução – torne-se, ao ser ampliado e difundido, uma ferramenta que respalde e motive a contribuição efetiva dos diversos elementos da sociedade.

Referências bibliográficas

ANDREASSON, R.; JONES, A. The life and work of Erik M. P. Widmark. *American Journal of Forensic Medicine and Pathology*, v. 17, n. 3, p. 177-190, 1996.

BORKENSTEIN, R. *et al.* The role of the drinking driver in traffic accidents. *Blutalkohol*, n. 11, 1974.

CÓDIGO Brasileiro de Trânsito. (1997).

COMPTON, R. *et al. Risk of Alcohol-Impaired Driving*. Paper presented at: Drugs and Traffic Safety-T 2002: 16th International Conference on Alcohol, Drugs and Traffic Safety, 2002.

DE BONI, R. *et al.* Beber e dirigir em uma amostra de condutores que frequentam bares de Porto Alegre. In: PECHANSKY, F.; DUARTE, P. do C. A. V.; DE BONI, R. B. (Orgs.). *Uso de bebidas alcoólicas e outras drogas nas rodovias brasileiras e outros estudos*. Brasília: SENAD, 2010. p. 90-95.

DENATRAN. *Estatística-Frota*. 2005. Disponível em: <www.denatran.gov.br/frota.htm>.

DUAILIBI, S.; PINSKY, I.; LARANJEIRA, R. Prevalência do beber e dirigir em Diadema, estado de São Paulo. *Revista de Saúde Pública*, v. 41, n. 5, p. 1058, 2007.

DUNCAN D. F. Chronic drinking, binge drinking and drunk driving. *Psychology Reports*, v. 80 n. 2, p. 681-682, 1997.

GLOBAL ROAD SAFETY PARTNERSHIP. Assessing situation and choosing priority actions. In: ______. *Drinking and driving*: a road safety manual for decision-makers and practitioners. Genebra: 2007. p. 26-40.

HADDON, W. J. The changing approach to the epidemiology, prevention, and amelioration of trauma: the transition to approaches etiologically rather than descriptively based. *American Journal of Public Health Nations Health*, v. 58, n. 8, p. 1431-1438, 1968.

______. Advances in the epidemiology of injuries as a basis for public policy. *Public Health Reports*, v. 95, n. 5, p. 411-421, 1980.

______. The changing approach to the epidemiology, prevention, and amelioration of trauma: the transition to approaches etiologically rather than descriptively based. *Injury Prevention*, v. 5, n. 3, p. 231-235, 1999.

IPEA-DAER. *Impactos sociais e econômicos dos acidentes de trânsito nas aglomerações urbanas brasileiras*. Brasília: IPEA-DAER, 2003.

IRTAD. *Road deaths per 100,000 motor vehicles in 2007*. 2009. Disponível em: <http://www.internationaltransportforum.org/irtad/pdf/P146.pdf>. Accesso em: 19 abr. 2010.

LEYTON, V. *et al*. Perfil epidemiológico das vítimas fatais por acidente de trânsito e a relação com o uso do álcool. *Saúde, Ética & Justiça*, v. 10, n. 1-2, p. 12-18, 2005.

MILLER, P.; PLANT, M. Spreading out or concentrating weekly consumption: alcohol problems and other consequences within a UK population sample. *Alcohol Alcohol*, v. 40, n. 5, p. 461-468, 2005.

MINISTÉRIO DA SAÚDE. *Estatisticas de mortalidade*. 2008.

MODELLI, M.; PRATESI, R.; TAUIL, P. Alcoolemia em vítimas fatais de acidentes de trânsito no Distrito Federal, Brasil. *Cadernos de Saúde Pública*, v. 42, n. 2, 2008.

MOHAN, D.; TIWARI, G. Traffic safety in low income countries: issues and concerns regarding technology transfer from high-income countries. In: ______. *Reflections on the transfer of traffic safety knowledge to motorizing nations*. Melbourne: Global Traffic Safety Trust, 1998. p. 27-56.

MOSKOWITZ, H.; BURNS, M.; WILLIAMS, A. Skills performance at low blood alcohol levels. *Journal of Studies on Alcohol*, v. 46, n. 6, p. 482-485, 1985.

MOSKOWITZ, H.; FIORENTINO, D. *A review of the literature on the effects of low doses of alcohol on driving related skills*. U. S. Department of Transportation, 2000.

MOURA, E. *et al*. Motor vehicle driving after binge drinking, Brazil, 2006 to 2009. *Revista de Saúde Publica*, v. 43, n. 5, p. 891-894, 2009.

NAIMI, T. S. *et al*. Binge drinking among U. S. adults. *Journal of American Medical Association*, v. 289, n. 1, p. 70-75, 2003.

NANTULYA, V.; MULI-MUSIIME, F. Uncovering the social determinants of road traffic accidents in Kenya. In: EVANS, T.; WHITEHEAD, M. *Challenging inequities*: from ethics to action. Oxford: Oxford University Press, 2001. p. 211-225.

OLIVEIRA, E. M.; MELCOP, A. G. *Álcool e trânsito*. Instituto RAID, CONFEN e DETRAN/PE, 1997.

PECHANSKY, F. *et al*. Higly reported prevalence of drinking and driving in Brazil: data from the first representative household study. *Revista Brasileira de Psiquiatria*, v. 31, n. 2, 2009.

PEDEN, M. *et al*. *World report on traffic injury prevention*. Genebra: World Health Foundation, 2004.

QUINLAN, K. P. *et al*. Alcohol-impaired driving among U. S. adults, 1993-2002. *American Journal of Preventive Medicine*, v. 28, n. 4, p. 346-350, 2005.

RODRIGUES, C. S. *et al. Saúde em trânsito*: pesquisa de acompanhamento de vítimas de acidentes de trânsito em Belo Horizonte. Belo Horizonte: Secretaria de Saúde de Belo Horizonte, 2005.

SHULTS, R. A. *et al.* Reviews of evidence regarding interventions to reduce alcohol-impaired driving. *American Journal of Preventive Medicine*, v. 21, p. 66-88, 2001. Supplement 4.

SOUSA, T.; PORTO JUNIOR, S. Valorando os benefícios da redução do risco de lesões e mortes por acidentes de trânsito causadas pelo consumo de bebidas alcoólicas em Porto Alegre. In: PECHANSKY, F.; DUARTE, P. do C. A. V.; DE BONI, R. B. (Orgs.). *Uso de bebidas alcoólicas e outras drogas nas rodovias brasileiras e outros estudos*. Brasília: SENAD, 2010. p. 112-121.

STAMPE, M. *et al.* Acidentes de trânsito com vítimas fatais necropsiadas no Departamento Médico Legal de Porto Alegre. In: PECHANSKY, F.; DUARTE, P. do C. A. V.; DE BONI, R. B. (Orgs.). *Uso de bebidas alcoólicas e outras drogas nas rodovias brasileiras e outros estudos*. Brasília: SENAD, 2010. p. 78-83.

VOAS, R. *et al.* Drinking and driving in the United States: the 1996 National Roadside Survey. *Accident Analysis and Prevention*, v. 30, n. 2, p. 267-275, 1998.

WAISELFISZ, J. J. *Mapa da violência IV*: os jovens do Brasil. Brasília: Ministério da Justiça, Secretaria dos Direitos Humanos, 2004.

ZADOR, P. L.; KRAWCHUK, S. A.; VOAS, R. B. Alcohol-related relative risk of driver fatalities and driver involvement in fatal crashes in relation to driver age and gender: an update using 1996 data. *Journal of Studies on Alcohol*, v. 61, n. 3, p. 387-395, 2000.

UM NOVO ENFOQUE À AVALIAÇÃO DE UM PROGRAMA DE PREVENÇÃO AO USO DE DROGAS

Elisabeth Brandão Schmidt

O desmoronamento de valores morais, éticos e religiosos exige avaliação constante e um repensar de temas teóricos e práticos, que apresentam múltiplas facetas. As dimensões da temática *drogas*, a forma rápida com que se alastra em todas as camadas sociais, fazem desse problema uma das questões de maior relevância no panorama mundial. A verdadeira pandemia provocada pela utilização indiscriminada e abusiva de drogas registrada no mundo atual tem gerado aumento na violência doméstica e urbana, dificuldade nas relações interpessoais, desagregação familiar e social.

Novas modalidades de substâncias psicotrópicas e com preço mais acessível estão surgindo a todo momento no mercado globalizado, o que aumenta o potencial de consumo em usuários de menor idade. Preocupados com a ascendente escalada de prejuízos em nível pessoal e social, as várias instâncias da sociedade estão "acordando" para a urgência de tomar medidas eficazes, sendo consenso que prevenção é melhor do que o tratamento do dependente químico.

Os problemas derivados do uso abusivo de drogas psicotrópicas têm crescido assustadoramente nas últimas décadas, e muitas das transgressões sociais estão associadas a essa problemática, havendo urgência no fomento a ações interventoras que visem fundamentalmente à prevenção. Inúmeras propostas pedagógicas estão sendo desenvolvidas em todas as partes do mundo, observando-se que os aspectos filosófico-metodológicos de quase a totalidade delas são semelhantes e convergem para a questão do desenvolvimento da autoestima e do compromisso com a vida, além da informação científica sobre as substâncias químicas. A literatura internacional tem revelado que ações de fiscalização e repressão da oferta de drogas no mercado não impedem que o consumo cresça. Especialistas nacionais e internacionais (Bucher, 1993; Carlini-Cotrim; Rosemberg, 1990; Cruz, 1991; Roovers, 1990; Velloso de Santisteban, 1992; Sinnott Silva, 1993; Vizzolto, 1991; Wüsthof, 1991) e outros consideram que os maiores investimentos a serem empreendidos para tentar frear o problema das *drogas* devem estar no campo da prevenção. Só uma mudança de postura em relação à qualidade da vida poderá fazer com que muitas pessoas utilizem formas mais saudáveis para viver melhor, sem que necessitem fazer uso de substâncias psicotrópicas para isso.

A prevenção, por meio da educação, constitui a tônica do momento. A educação é o processo que abarca toda espécie de influências e inter-relações que convergem para o desenvolvimento da personalidade do homem, com ideais, princípios, valores, modos de conduta, concepções acerca do meio ambiente e ideais que possibilitarão formas diferenciadas de enfrentar as situações e os desafios do cotidiano, dependendo, portanto, dessa formação espaçotemporal do homem, a postura que terá em relação à oferta e ao consequente uso abusivo ou não de drogas.

Há a necessidade de se fomentar projetos e programas educativos e preventivos ao uso de drogas psicotrópicas, e a escola constitui-se o *locus* adequado e privilegiado para o desenvolvimento da atividade preventiva, vindo à tona a questão referente ao papel que o professor desempenha nesse difícil e importante trabalho de prevenção. Os programas educativos de prevenção ao uso indevido de drogas psicotrópicas têm-se multiplicado nas últimas décadas nas escolas brasileiras, em face do constatado aumento no consumo de drogas por escolares. Vários levantamentos epidemiológicos (Sinnott Silva, 1993; Carlini *et al.*, 1994; Galduróz; Noto; Carlini, 1997; Sinnott Silva *et al.*, 1997) expõem a situação em que os estudantes se encontram em relação ao consumo de drogas, e discussões são realizadas e publicadas.

A escola, em relação direta com as famílias, é campo de atuação da ação preventiva ao consumo de drogas, pois é no âmbito da sala de aula que se desenrolam as mais variadas formas de relacionamento humano. Ela é o espaço ideal para a difusão de conhecimento entre pessoas, para o confronto entre professor e aluno na busca da apropriação de conteúdos e valores. Entendida como instituinte da educação formal, lugar das práticas educativas intencionais e efetivas, é pertinente e necessário que desenvolva um projeto político-pedagógico priorizando o trabalho de prevenção ao uso indevido de drogas, encarando o problema que tem raízes sociais profundas, ao lado de outros flagelos da atualidade, como a miséria, a delinquência, o menor abandonado, a violência etc. (Feris, 2000).

O Projeto Educativo e Preventivo sobre Drogas Psicotrópicas da Fundação Universidade Federal do Rio Grande (FURG) constitui-se num programa de prevenção às drogas desenvolvido, desde 1989, nas escolas da rede de ensino do município do Rio

Grande, Rio Grande do Sul. Visa, primordialmente, à capacitação de profissionais da educação para que atuem como multiplicadores em suas salas de aula, exercendo com competência, compromisso social e político o papel que lhes cabe na prevenção ao uso de drogas. O Projeto Drogas da FURG tem como concepção teórico-metodológica a premissa de que a prevenção ao uso de drogas deva ser pautada pelo compromisso com a vida, promovendo o ser humano a partir do desenvolvimento da autoestima e do senso de responsabilidade sobre a saúde individual e coletiva. Elegeu o professor para fazer a mediação de sua proposta de prevenção ao uso indevido de drogas por julgar que ele tem um espaço-tempo privilegiado, além de deter o conhecimento científico. É ele quem fará a proposta chegar até o aluno – foco da prevenção.

O Projeto, em muitos casos, é elemento desencadeador do processo preventivo ao uso indevido de drogas por escolares do Ensino Fundamental e Médio, desenvolvendo atividades que levam aos professores a informação científica sobre drogas, além de propiciar fóruns de discussão e reflexão sobre o tema e troca de experiências sobre formas de abordar a questão das drogas em sala de aula. As atividades realizadas pela equipe técnica do Projeto Drogas da FURG são avaliadas, passo a passo, pressupondo-se que toda prática pedagógica deva ser pensada, refletida, julgada, num acompanhamento constante do processo educativo que não se constituirá jamais em tarefa acabada, porque é uma realidade em movimento dialético e que sofre contínuas e rápidas transformações, para que se possa avançar, crescer, ter autonomia e maior competência, redefinindo conceitos, reorganizando práticas, reorientando o processo numa perspectiva cada vez mais atualizada e eficaz.

O Projeto Drogas da FURG foi criado em 1989, a partir de um levantamento sobre o consumo de drogas entre 11 mil alunos de 45 escolas do município do Rio Grande, Santa Vitória do Palmar e São José do Norte, no estado do Rio Grande do Sul. Em 1995, foi feito um segundo levantamento, que apontou um aumento no relato de substâncias lícitas, como o álcool e tabaco. A análise dos dados levou a equipe técnica do Projeto a inferir sobre o fato de que, em 1990, os alunos não consideravam o álcool e o tabaco como drogas, e que o resultado atual era efeito do trabalho preventivo realizado pelo Projeto, o qual possibilitou essa conscientização dos escolares.

Assim como no município do Rio Grande, trabalhos preventivos são desenvolvidos em todo o mundo junto à população estudantil, e professores são capacitados para realizar essa difícil tarefa. No entanto, a avaliação desses projetos ou programas normalmente incide sobre a constatação do aumento ou diminuição do consumo de drogas pela população que sofreu a intervenção. Tendo em vista a avaliação permanente e o consequente aperfeiçoamento de seu trabalho, os integrantes da equipe multidisciplinar do Projeto Drogas da FURG sentiram a necessidade de investigar mais detidamente a mediação pedagógica realizada pelos professores na veiculação do conhecimento científico sobre as substâncias psicotrópicas adquirido no referido projeto junto aos estudantes atingidos por esses professores. Tal preocupação se justifica pela ideia de que não basta haver um projeto, um curso ou orientações sistemáticas sem que cada um de seus elementos integrantes tenha informações e reflexões acerca do nível de aprofundamento, entendimento e até mesmo significado atribuído individual e coletivamente, bem como das interferências das circunstâncias que ocorrem nesses eventos.

Entende-se por mediação pedagógica o estabelecimento do diálogo do aluno com o objeto de conhecimento, facilitado pela intervenção do professor, dependendo a eficácia desta ação da atmosfera emocional que se instale na sala de aula. De acordo com Freitas "[...] o processo didático tem como alicerce o 'triângulo didático', que por mais que seja 'dialetizado', não escapa à noção do ensino como uma mediação realizada pelo professor sobre o encontro do aluno com a matéria" (1995, p. 33). O pedagógico refere-se à intencionalidade da prática educativa em questão, que tem objetivos sociopolíticos definidos e vai além da dimensão científica e técnica da ação didática, mas que prevê uma dimensão valorativa e filosófica porque precisa decidir qual o perfil de homem que deseja formar para atuar em determinada sociedade e em determinado espaço-tempo.

Na investigação realizada, entretanto, o conceito atribuído à mediação extrapola o expresso, ainda que o inclua. Isso significa considerar o processo educativo de prevenção ao uso de drogas, desencadeado a partir das informações e ações desenvolvidas pelo Projeto Drogas da FURG, que, ao atingir o professor, deverá provocar o diálogo em suas atividades pedagógicas na escola e a negociação de significados atribuídos por ele e pelos estudantes, focos do trabalho preventivo.

Consistirá esse processo, assim, num fluxo constante entre os objetivos, procedimentos e conteúdos veiculados por meio do Projeto Drogas da FURG e a ação e reação docente e discente, de modo a dinamizar os três elementos envolvidos nesse processo, oferecendo a cada um contínua discussão e reformulação em seus procedimentos, implicando aperfeiçoamento da comunicação que estimule e proporcione mudança efetiva na atitude diante da problemática das *drogas* na escola, na comunidade e na vida de cada um. Desse processo resultará uma internalização de experiências, que servirá de suporte para a formação de atitudes, hábitos e convicções face a situações em que a droga é oferecida ao jovem (Feris, 2000).

Portanto, o conceito de mediação remete ao "trânsito" do conhecimento sobre drogas que o professor ativamente assimila do Projeto Drogas da FURG até o foco para o qual se dirige a prevenção: o estudante. Nesse "caminho", o docente que participa das atividades de capacitação assimila e constrói o conteúdo a partir de suas concepções próprias; realiza a transposição didática para melhor veicular este conhecimento em sua sala de aula, selecionando conteúdos, organizando atividades, criando um clima adequado, ajustando o conhecimento assimilado à sua própria conduta nos cursos de capacitação, para que o aluno, como resultado dessa experiência de mediação, processe esse conhecimento, confrontando-o com suas preconcepções, seus sentimentos, seu modo de vida, reelaborando-o, incorporando-o à sua personalidade.

O professor mediador oportunizará as ferramentas necessárias para que o aluno interprete criticamente a realidade, reconsidere e reconstrua concepções condicionadas pela influência dos meios de comunicação de massa e de toda a rede de relações interpessoais, permitindo-lhe opções acertadas em relação ao consumo de drogas psicotrópicas e outros desafios da sociedade contemporânea. Apesar da intervenção efetiva e continuada realizada pelo Projeto Drogas da FURG, ao longo de mais de dez anos, estarão os professores atingidos por esse projeto desenvolvendo a ação preventiva em suas salas de aula? Estarão eles atuando como mediadores do processo?

O problema norteador que se propôs à pesquisa realizada nos anos de 1997 e 1998 nas escolas do município do Rio Grande foi o seguinte: os professores fazem a mediação da proposta do Projeto Drogas da FURG, buscando aperfeiçoamento das ações preventivas que desenvolvem?

Objetivos da pesquisa

Por meio da pesquisa realizada, a equipe técnica do Projeto Drogas da FURG visou à concretização dos seguintes objetivos:

- verificar a ocorrência da mediação pedagógica realizada pelos professores participantes do Projeto Drogas da FURG;
- constatar como o professor faz a transposição didática das informações recebidas pela equipe técnica do Projeto Educativo e Preventivo sobre Drogas;
- verificar a receptividade do aluno a respeito do assunto drogas, a partir da análise da sua relação com o professor;
- identificar fatores intra, inter e extraescolares que dificultem, facilitem ou impeçam a ação preventiva do uso de drogas pela população estudantil.

Hipóteses

A análise dos dados coletados pretendeu demonstrar que:

- a capacitação dos professores para a abordagem do assunto drogas desencadeia a mediação pedagógica, atingindo os alunos das escolas envolvidas no Projeto Drogas da FURG;
- o papel mediador que o professor desempenha em sala de aula é um meio eficiente para a prevenção ao uso de drogas psicotrópicas; a interação professor-aluno favorece a receptividade deste em relação ao trabalho preventivo do professor;
- a maioria dos professores desconhece a legislação sobre drogas;
- os fatores pessoais, sociais e político-profissionais interferem na ação preventiva realizada na escola.

A metodologia da pesquisa: instrumentos

Normalmente, a avaliação de projetos ou programas de prevenção ao uso de drogas é centrada na constatação do aumento ou diminuição do consumo de drogas pela população foco da intervenção. A investigação realizada nos anos de 1997 e 1998 focalizou uma importante faceta do programa educativo de prevenção desenvolvido nas escolas do município do Rio Grande, que é a mediação pedagógica realizada pelos professores atendidos pelo Projeto Drogas da FURG (Feris, 2000). Esse estudo identificou alguns problemas inerentes às ações preventivas realizadas pelos professores de 36 escolas do município do Rio Grande, avaliando uma das áreas do Projeto, especificamente a que diz respeito à capacitação dos docentes que atuam como mediadores no processo de prevenção nas escolas.

Na realidade, as 36 escolas atingidas pela pesquisa refletiram a totalidade das escolas que, intensivamente ou não, realizam um trabalho preventivo às drogas com a assessoria da equipe técnica do Projeto Drogas da FURG, desde o início das atividades, após o levantamento sobre o consumo de drogas entre os escolares, que atingiu 45 escolas do município do Rio Grande, São José do Norte e Santa Vitória do Palmar. A investigação foi realizada apenas no município do Rio Grande porque, apesar do levantamento feito em 1990, os dois últimos municípios não aderiram à proposta do Projeto.

Os instrumentos utilizados para a coleta dos dados foram 171 questionários direcionados aos professores e 223 a alunos, além das entrevistas individuais realizadas com vinte professores. Os questionários envolvem, no caso dos professores, aspectos inerentes à sua atuação como mediadores no processo de prevenção ao uso de drogas, sendo as questões referidas e analisadas com base na proposta, filosofia e ação desenvolvida pelo Projeto Drogas da FURG nas escolas e, no caso dos alunos, perguntas a respeito de como o trabalho desenvolvido por seus professores os tem esclarecido a respeito de drogas e ainda sobre outros tópicos relacionados à prevenção de drogas na escola. As entrevistas foram construídas com base nas respostas aos questionários para aprofundar o conteúdo dos mesmos.

A amostra da pesquisa desenvolvida em 36 escolas de um total de 45 que participaram inicialmente do Projeto Educativo e Preventivo sobre Drogas Psicotrópicas da FURG foi estratificada, buscando-se 171 professores que, de uma forma ou de outra, periodicamente ou não, foram atentidos pelo Projeto desde o início de suas atividades, no ano de 1990, e 223 alunos dessas mesmas escolas.

Os dados de referência para a amostra foram obtidos por consulta, no arquivo do Projeto Drogas da FURG, aos registros de reuniões e outras atividades realizadas ao longo destes anos para a identificação dos professores. Foram contatadas a 18ª Coordenadoria Regional de Educação e a Secretaria Municipal de Educação para conhecimento do quadro de professores por escola para checar prováveis alterações na nominata dos professores.

Os instrumentos utilizados para a investigação foram questionários e entrevistas individuais construídos observando-se a revisão de literatura pertinente, análise de especialistas na área e equipe técnica do Projeto Drogas da FURG.

Foram realizadas ao todo vinte entrevistas, que foram realizadas com cinco professores de cada uma das redes de ensino: a municipal, a estadual, a federal e a privada. As escolas para escolha desses professores foram sorteadas entre as 36 onde foram aplicados os questionários, e os professores foram convidados pelos seus diretores das referidas escolas para participarem da entrevista. Os professores entrevistados foram aqueles que, no momento em que a pesquisadora estava na escola, não exerciam atividades em sala de aula. Buscou-se cinco entrevistados em cada rede de ensino que tivessem participado ao menos uma vez de atividades do projeto. Também foi entrevistado, em cada escola da amostra, um professor que não participa do Projeto Drogas da FURG.

ANÁLISE DESCRITIVA E COMPARATIVA DOS DADOS

A análise e interpretação dos dados coletados visam a responder às hipóteses formuladas para a investigação. Os dados relativos aos questionários foram transportados para a planilha do programa *Statistica for Windows* (Statsoft Inc., 1996), tendo sido realizados alguns cruzamentos de variáveis, buscando-se uma análise mais acurada dos dados levantados por meio dos questionários. Os depoimentos recolhidos nas entrevistas realizadas com vinte professores das escolas do município do Rio Grande serviram como dados complementares para o aprofundamento de alguns aspectos.

Cumpre clarificar que a análise dos dados referentes a aspectos dissecados da problemática das *drogas* no âmbito escolar tem caráter reducionista para fins de estudo, no entanto julgamos que a opção ou tomada de decisão, ou ainda o assunção de um compromisso pelo professor de mediação que realiza como meio de prevenção às drogas, e os fatores que interferem nessa ação só podem ser considerados numa visão mais global. A análise das entrevistas ocorreu pela leitura no sentido vertical e horizontal, focalizando cada pergunta respondida, agrupando-as em eixos organizados em torno dos seguintes tópicos: espaço para discussão sobre drogas, tomada de posição para realizar o trabalho preventivo, fatores facilitadores, que dificultam ou impedem a ação preventiva, conhecimento acerca das leis sobre drogas, transposição didática e o papel do professor diante da problemática *drogas*.

A leitura, no sentido vertical, possibilitou verificar a opinião individual de cada professor acerca de cada tópico, e, no sentido horizontal, a convergência ou divergência de opiniões na totalidade dos investigados, constituindo, então, uma síntese que oportunizou a construção de um quadro, no qual foram organizadas opiniões e expressões dos professores que participaram e dos professores que não participaram do Projeto Drogas da FURG. Novamente, foi feita, por meio desse quadro, a leitura no sentido vertical e horizontal, sendo analisados depoimentos individuais e coincidentes sobre os tópicos que convergiram ao objeto de estudo.

Foi realizada análise comparativa das declarações extraídas das entrevistas com os dados coletados por meio dos questionários, o que permitiu complementar ou reforçar as informações, articulando-as à literatura geral sobre as temáticas focalizadas.

Resultados e conclusões

A pesquisa realizada em escolas do município do Rio Grande (Feris, 2000) para verificar a ocorrência da mediação pedagógica na prevenção ao uso de drogas foi uma contribuição importante acerca de vários aspectos sobre a realidade dos professores e dos alunos e apontou efeitos significativos na ação docente e discente, comprovando hipóteses que provocaram esse estudo, tais como:

- ⇨ 78% dos 171 professores pesquisados abordam o assunto em sala de aula sempre que os alunos demonstram curiosidade, o que sugere a preocupação do professor em atender às necessidades e expectativas dos alunos em relação ao tema.
- ⇨ A evidência de que uma das escolas atingidas pelo Projeto Drogas da FURG já desenvolve um projeto autônomo é fator que leva a acreditar que o processo está evoluindo, que aquilo que foi plantado está frutificando, demonstrando que o Projeto tem cumprido seu papel preventivo e educativo junto à comunidade escolar do município do Rio Grande.
- ⇨ Os fatores de ordem pessoal, social e político-profissionais, que interferem na ação preventiva ao consumo de drogas realizada pelo professor, vieram à tona fortemente nos relatos, por vezes dramáticos, dos professores. Vários fatores que dificultam a ação preventiva foram citados, como medo (quando os fami-

liares ou mesmo os alunos são usuários ou traficam drogas), sentimento de impotência, preconceitos, deboche dos colegas, influência negativa de professores usuários de drogas, receio de que os pais julguem que estão alertando para o problema, falta de pessoas comprometidas, dificuldades inerentes à própria personalidade, insegurança, falta de tempo, em função da obrigação em desenvolver o conteúdo, e receio de que os pais não aceitem que o assunto drogas seja abordado em sala de aula. Ficou evidenciado que os professores entrevistados que nunca participaram de atividades do Projeto Drogas da FURG apontam, principalmente, a falta de informação como um impedimento para que realizem o trabalho de prevenção. Comparando-se as respostas desses professores às daqueles capacitados pelo Projeto, verifica-se que um dos propósitos do Projeto Drogas da FURG tem logrado êxito, transmitindo e construindo junto ao professor mediador informações científicas sobre drogas psicotrópicas. Entre os fatores facilitadores foram citados o incentivo da direção da escola e coerência em suas posturas, a promoção de encontros e debates, os cursos de capacitação e a assessoria do Projeto Drogas da FURG. Um trabalho mais próximo e intenso junto às direções das escolas também deverá ser preocupação da equipe técnica do Projeto, pois ficou evidenciado nesta pesquisa a grande influência dos diretores na facilitação ou não do desenvolvimento da proposta de prevenção.

- ⇨ O que ficou claramente evidenciado nos dados coletados nas entrevistas, foi o fato de que os professores que estão mais envolvidos com o Projeto Drogas da FURG desenvolvem procedimentos didáticos mais variados e estimulantes do que aqueles que não estão pelo Projeto.
- ⇨ A constatação de que os professores não conhecem as leis que regem a questão das drogas em nosso país remete à necessidade de incluir este tema nas próximas atividades de capacitação do professor.

⇨ A análise dos dados revela que os professores aprovam a proposta desenvolvida pelo Projeto Drogas da FURG, sendo nula a rejeição em relação à mesma, e utilizam os conhecimentos veiculados por esta proposta em sua prática escolar cotidiana.

⇨ O fato de 51% dos alunos sentirem-se interessados e satisfeitos com as informações recebidas comprova a ocorrência da mediação pedagógica realizada pelo professor. Este convencimento faz parte da qualidade da mediação que o professor realiza, a qual deverá estar sempre voltada para as características do aluno com suas experiências e subjetividades, possibilitando que o conhecimento se torne significativo, antes que possa se tornar crítico, segundo a ideia de Giroux (*apud* McLaren, 1997).

⇨ No tocante ao envolvimento da escola com a família em relação ao problema das drogas, os dados revelam que as dificuldades dos professores brasileiros são comuns às dos docentes portugueses (Ló, 1998). É baixa (11,7%), no entanto, a percentagem das escolas que se omitem dessa responsabilidade. É consenso da equipe do Projeto Drogas da FURG e de inúmeros especialistas da área de que a escola deve buscar a participação e o envolvimento de todos os segmentos da comunidade escolar e da família, dentro do seu contexto social, visando a maximizar e multiplicar os efeitos da ação preventiva. A importância de a escola transpor seus limites físicos na abordagem de temas que não se restrinjam ao programa escolar e de tentar melhores relações com os pais e a comunidade na discussão de temáticas sociais, políticas, culturais e de saúde da população, incluindo-se especificamente a questão das drogas, é assunto sempre discutido nos cursos de capacitação.

⇨ A credibilidade que os professores atribuem ao Projeto Drogas da FURG deve-se ao fato de que tal projeto é uma atividade extensionista da Fundação Universidade Federal do Rio Grande.

A REALIDADE DOS ALUNOS

- A análise descritiva demonstrou que, de um total de 223, a maioria dos alunos (96%) informa que sua relação com os professores é ótima ou boa, fator que favorece o diálogo e, consequentemente, o trabalho de prevenção; apenas sete alunos (3,1%) consideram sua relação com os professores ruim, Logo, esse percentual não prejudicaria nenhum projeto ou programa de prevenção na escola.
- A análise dos dados indica que 71% dos alunos questionados buscam o apoio dos pais quando têm um problema a resolver, evidência de como são fortes os vínculos familiares, reforçando a relevância da família na formação de crianças e jovens. Seriam os pais, ao lado dos professores os melhores agentes de prevenção ao uso de drogas entre crianças e jovens, numa parceria intencional e efetiva e assumindo o papel que lhes compete. Apesar do processo de emancipação do adolescente, que se traduz, entre outras maneiras, segundo Outeiral, pela "[...] oposição às idéias e valores dos pais" (1994, p. 16-17), quando existe algum problema pessoal, é a eles que os 154 (71%) dos estudantes pesquisados recorrem, ficando claro que não existe uma ruptura com a família nesta fase, e sim "[...] a transformação de vínculos infantis de relacionamento por um outro tipo de vínculo mais maduro, mais independente e mais adulto" (p. 16-17). A importância de que toda proposta preventiva na escola busque o apoio dos pais fica fortemente evidenciada.
- 165 alunos (71%) afirmam que seus professores abordam o assunto *drogas* em sala de aula, assim como 53% dizem que o assunto é discutido sempre que sentem curiosidade. O confronto com as mesmas perguntas feitas aos professores, assim como a constatação de que 66,4% do total de 223 alunos julgam que foi importante o trabalho preventivo do professor por terem ficado mais bem esclarecidos, confirma

a hipótese de que a capacitação dos professores atingidos pelo Projeto Drogas da FURG está desencadeando uma efetiva mediação pedagógica nas escolas do município do Rio Grande.

- ⇨ 83% dos alunos que responderam às questões do questionário percebem que a escola está preocupada com a prevenção ao uso indevido de drogas, outro sinalizador de que os professores estão atuando como mediadores entre a proposta do Projeto Drogas da FURG e os estudantes do município do Rio Grande.
- ⇨ 87% dos alunos questionados afirmam não terem sido influenciados por colegas a usarem drogas, contrapondo-se a inúmeros psicólogos, entre eles Osório (1992) e Outeiral (1994), que versam sobre a forte influência que os grupos de pares têm sobre o indivíduo adolescente. Tentamos justificar os dados buscando o apoio em Kalina *et al.* (1999), que descrevem o sentimento de onipotência do adolescente como reação ao equilíbrio narcisista abalado. Talvez os estudantes se julguem inabaláveis, não tenham a consciência do quanto sofrem a influência do grupo de iguais. Conhecedores da importância do grupo nesta fase vital, o Projeto Drogas da FURG está capacitando também adolescentes para que atuem como multiplicadores do Projeto, iniciativa semelhante a outras propostas em nível nacional e internacional.
- ⇨ 194 alunos afirmam não serem influenciados para o consumo de drogas pelos meios de comunicação de massa, revelando a falta de consciência que têm em relação à inculcação, na maioria das vezes subliminar, pela mídia. Cabe à escola possibilitar a discussão dessa influência e da validade daquilo que é veiculado por esses meios. Os meios de comunicação de massa influenciam fortemente comportamentos e posturas em relação à utilização de drogas psicotrópicas, sendo que a influência subliminar acontece vagarosa, mas continuamente, sem que, na maioria das vezes, o indivíduo perceba.

Em nossa sociedade há um culto acentuado ao prazer, derrubando-se princípios e questões afetivas e éticas na busca desse valor maior. Cabe à escola, junto à família, possibilitar o desenvolvimento de um homem que tenha um olhar crítico sobre a realidade, cuja estrutura lhe permita ser capaz de assumir sua própria vida de forma responsável e consciente, criando barreiras necessárias a influências negativas do meio em que vive. Devido às mudanças verificadas nas últimas décadas na estrutura familiar, a escola assume uma responsabilidade ainda maior diante do problema das *drogas*, devendo estar comprometida, junto às demais instâncias da sociedade, com ações preventivas ao uso indevido de drogas por seus alunos.

Tentar competir com a mídia visual, especificamente a televisão, é tarefa impossível, pois as novas tecnologias estão a oferecer possibilidades infinitas. No entanto, a escola não pode se render ao seu poder de manipulação. Se não há como vencê-la, os professores devem trazê-la para dentro dos seus domínios – a sala de aula –, para dissecá-la, analisar, discutir, criticar, confrontar suas mensagens junto a seus alunos. Fontoura (*apud* Nóvoa, 1995) considera os meios de comunicação de massa como "rivais" do professor enquanto transmissores de cultura. Contudo, será que a relação corpo a corpo, o amálgama de sentimentos e ideias que proporciona o movimento dialético entre professor e aluno, pode ser substituída sem problemas?

Quanto mais o homem se apropriar de instrumentos culturais, quanto mais ele educar o seu olhar para perceber o mundo, mais condições terá de escapar da massificação e da manipulação. Os códigos da modernidade devem ser assegurados por toda ação educativa, porque são fundamentais para o ingresso num mundo de trabalho transformado pela globalização dos mercados e consequentes modificações nas formas de organização do trabalho. Além do domínio da leitura e escrita, outros códigos devem ser apropriados pelo aluno imerso neste momento de incríveis mudanças – a habilidade de resolver problemas, analisar, sintetizar, interpretar situações do cotidiano, a capacidade de acessar informações com rapidez, a capacidade de trabalhar cooperativamente, a capacidade de olhar de forma qualificada, operando com o seu entorno social de forma adequada, a capacidade de absorver de forma crítica a influência dos meios de comunicação. A educação que favorece o desvelamento da realidade propicia uma análise crítica, e o ser crítico fica mais resistente, mais forte para se contrapor às ameaças, ao assédio dos males da sociedade, entre ele o uso indevido de drogas psicotrópicas.

- ⇨ Um dado relevante que comprova a ocorrência da mediação pedagógica nas escolas do município do Rio Grande é o fato de que as próprias escolas procuram auxílio para a busca e discussão acerca do problema drogas, porque é consenso entre todos os estudiosos do assunto, muito discutido em cursos de capacitação do Projeto Drogas da FURG, a necessidade da busca de auxílio quando o problema demanda a atuação de uma pessoa mais especializada. Assim fica comprovado que um dos objetivos do Projeto – dar assessoria permanente às escolas – está sendo atingido.
- ⇨ A resposta à hipótese de que a interação professor-aluno favorece a receptividade deste em relação ao assunto, pôde ser verificada quando 30% dos alunos elegeram o professor que dá mais abertura ao diálogo, assim como os colegas (34,2%), para procurar apoio e esclarecimento no caso de terem problemas relacionados a drogas. O professor que está próximo ao aluno, não só cognitiva, mas afetivamente, é aquele que tem mais facilidade de realizar a prevenção ao consumo indevido de drogas, ouvindo o sujeito da experiência, pois é ele que pode dizer o que se passa, o que sente, de que precisa naquele momento. Estudiosos do assunto fortalecem a ideia de que uma boa relação

entre professores e alunos é fundamental para que se crie um clima propício à aprendizagem (Freitas, 1995; Snyders, 1998).

A prevenção ao uso de drogas implica intervenção que possibilite mudança de atitude, formação de hábitos, desenvolvimento de processos valorativos, e é a interação professor-aluno, a ação conjunta, dialética, compartilhada, a ação mediatizada que possibilitará o desenvolvimento de um homem bem estruturado para resistir às pressões do seu meio. Uma relação professor-aluno centrada no respeito mútuo deve ser priorizada em relação a outros meios transmissores de cultura no cotidiano escolar, para que o agir, reagir, interagir e construir sejam dinamizados e produzam uma aproximação ideal, favorável à apropriação do conhecimento. Nesse interagir, o professor vai exercer seu papel mediador, agindo como criador, suscitando o movimento, favorecendo o processo de aquisição do conhecimento e o processo de crescimento afetivo e social. O diálogo estabelece a reciprocidade e antecede o ato de conhecer. Por meio dele, o educando aprende a conhecer a si próprio e aos outros.

Nesse contexto, a capacitação dos professores para realizar a prevenção ao uso de drogas assume relevante importância e deve considerar não só o conhecimento científico sobre as substâncias psicotrópicas, mas fundamentalmente a discussão sobre o papel que o docente representa nesse processo e sua disposição interna para realizá-la. O professor precisa estar consciente do seu papel relevante na prevenção ao uso de drogas e deve desempenhá-lo de forma consciente e sistemática. No entanto, primeiramente, ele tem de se situar diante da questão, colocar-se verdadeiramente no contexto, compreender o problema em suas mais profundas raízes e perceber-se como peça de uma engrenagem complexa, porque, se não estiver consciente das implicações de suas ações, poderá corroborar aquilo que supostamente deseja atacar.

A equipe técnica do Projeto Drogas da FURG tem claro que, se não houver disposição interna e uma tomada de decisão para realizar o trabalho de prevenção, todo esforço será em vão; por essa razão, engendra um processo de conscientização dos professores para que assumam com responsabilidade o compromisso e o papel que lhes competem na prevenção ao uso de drogas. Reafirma aquilo que a literatura veicula, orientando os professores a solicitarem auxílio de especialistas na área, quando julgarem necessário. Para isso, o Projeto Drogas da FURG funciona como centro de referência para as escolas, prestando-lhes assessoria permanente na área das drogas psicotrópicas para subsidiar a atuação dos professores em seu trabalho de prevenção na escola. Coloca-lhes também à disposição material didático-pedagógico elaborado pela equipe técnica do Projeto para facilitar a abordagem do tema em sala de aula.

A prevenção iniciada na família, num ambiente gestor da segurança, do afeto e de relações dialógicas abertas, deve ter continuidade na escola, palco de experiências individuais e grupais importantes e necessárias ao exercício da cidadania, ao respeito à vida, a qual deve constituir-se polo aglutinador das ações desenvolvidas por todas as instâncias da sociedade. A equipe técnica do Projeto Drogas da FURG julga fundamental a ocorrência de um efetivo e contínuo trabalho de prevenção, estimulando a participação dos professores em cada curso para discussão, estudo, troca de experiências, expectativas e ansiedades, bem como na avaliação e no planejamento de novas ações.

Em síntese, os resultados deste estudo apontam para uma avaliação positiva do trabalho desenvolvido pelo Projeto Drogas da FURG na área pedagógica. Proposta esta que está em acordo com trabalhos desenvolvidos em todo o mundo e provoca efeito satisfatório naqueles por ele atingidos, garantindo segurança e satisfação à equipe técnica, no sentido de buscar contínua renovação de sua prática, de modo a manter e aprofundar esses efeitos junto a crianças, jovens e adultos mediados pela ação da escola e do professor, profissional do ensino comprometido com as problemáticas que atingem a sociedade, especialmente o uso indevido de drogas.

Promover a melhoria de projetos e programas sociais é imperativo para que a população obtenha benefícios cada vez maiores decorrentes de suas implantações. No que se refere a projetos preventivos ao uso indiscriminado e abusivo de drogas, há necessidade de avaliação constante, para que as ações contribuam realmente para minimizar o problema que pode, não só desestruturar a personalidade do ser humano, comprometendo a sua vida familiar e profissional, mas desestabilizar a economia e promover a ingovernabilidade do Estado.

Quanto maior a compreensão do problema das *drogas*, que esbarra num complexo emaranhado de elementos, mais eficaz a resposta, pois mais próximos estaremos de sua rede de significações e, mesmo sabedores de que nossas descobertas terão sabor de incompletude e transitoriedade, estamos conscientes da importância da prevenção por meio da educação, que coloca a escola diante de um grande e difícil compromisso político e social.

REFERÊNCIAS BIBLIOGRÁFICAS

BUCHER, L. *Drogas*: o que é preciso saber para prevenir. 3. ed. São Paulo: Governo do Estado de São Paulo/Fundo Social de Solidariedade do Estado de São Paulo, 1993.

CARLINI, E. A. *et al. II levantamento sobre o uso de drogas entre meninos e meninas em situação de rua de cinco capitais brasileiras* (1994) - Centro Brasileiro de Informações sobre Drogas Psicotrópicas - CEBRID. São Paulo: Escola Paulista de Medicina, Departamento de Psicobiologia, 1994.

CARLINI-COTRIM, B.; ROSEMBERG, F. Drogas: prevenção no cotidiano escolar. *Cadernos de Pesquisa*, v. 74, p. 40-46, 1990.

CRUZ, A. R. Prevención del abuso de drogas por la educación formal. In: CRUZ, A. R. (Ed.). *Educar para prevenir o abuso das drogas*. Rio de aneiro: Editora Universitária de Santa Úrsula, 1991.

ERIS, E. S. *A mediação pedagógica na prevenção ao uso de drogas psico-ópicas*. Tese (Doutorado em Educação) - Universidade de Santiago Compostela, Santiago de Compostela, 2000.

EITAS, L. C. *Crítica da organização do trabalho pedagógico e da tica*. Campinas: Papirus, 1995. (Coleção Magistério: Formação e alho Pedagógico).

DURÓZ, J. C. F.; NOTO, A. R.; CARLINI, E. A. *IV levantamento uso de drogas entre estudantes de 1° e 2° grau em 10 capitais brasi-* Centro Brasileiro de Informações sobre Drogas Psicotrópicas RID. São Paulo: Universidade Federal de São Paulo, Escola de Medicina, 1997.

KALINA, E. *et al. Drogadição hoje*: indivíduo, família e sociedade. Porto Alegre: Artes Médicas, 1999.

LÓ, A. B. (Ed.). *Prevenir a brincar*. Projecto VIDA. 3. ed. Lisboa: HGL, 1998.

MCLAREN, P. *A vida nas escolas*. 2. ed. Porto Alegre: Artes Médicas, 1997.

NÓVOA, A. (Ed.). *Os professores e sua formação*. Lisboa: Dom Quixote, 1995.

OSÓRIO, L. C. *Adolescente hoje*. 3. ed. Porto Alegre: Artes Médicas, 1992.

OUTEIRAL, J. O. *Adolescer*: estudos sobre a adolescência. Porto Alegre: Artes Médicas, 1994.

ROOVERS, A. *Un enfoque educativo-alternativo sobre los procesos de prevención general en el uso indebido de drogas*. Buenos Aires: Alternativas, 1990.

SINNOTT SILVA, E. A questão das drogas nas escolas. SOM*ERIG em Notícias*, v. 2, n. 8, 1993.

______. *et al.* II estudio sobre uso de psicotropicos entre estudiantes de 1º e 2º grados en Rio Grande, Brasil. *Boletín de la Asociación Colombiana de Farmacología*, v. 5, n. 2, p. 91, 1997.

SNYDERS, G. *A alegria na escola*. São Paulo: Manole, 1988.

STATSOFT INC. *Statistica for Windows* [Computer program manual]. Tulsa: Statsoft, 1996.

VELLOSO DE SANTISTEBAN, A. La educación sobre las drogas en el mundo ocidental. *Revista de Educación*, v. 297, p. 179-199, 1992.

VIZZOLTO, S. M. *A droga, a escola e a prevenção*. 4. ed. Petrópolis: Vozes, 1991.

WÜSTHOF, R. O *que é prevenção de drogas*. São Paulo: Brasiliense, 1991.

As bases neuroquímicas das drogas de abuso

Daniela Martí Barros

Nos capítulos anteriores foram abordados diversos aspectos do abuso de drogas, como fatores sociais, predisposições genéticas, entre outros. Este capítulo tem por objetivo evidenciar de forma sucinta as bases neuroquímicas da adição.

Estudos que levam à clara compreensão das bases bioquímicas e farmacológicas da adição podem conduzir a tratamentos mais eficazes e, eventualmente, à cura dessa desordem. Para um melhor entendimento dos processos neuroquímicos envolvidos no abuso de drogas, contamos com modelos animais bem estabelecidos, tais como modelos de autoadminstração de drogas, de preferência ou aversão condicionada por lugar e, ainda, modelos animais de recaída (Graeff; Guimarães, 2000). Assim, a exposição inicial a uma droga de abuso faz com que ela atravesse a barreira hematoencefálica e se ligue a alvos específicos nas células do Sistema Nervoso Central (SNC), os quais chamamos de *neurônios* (Figura 1).

Figura 1. Desenho esquemático de um neurônio. Adaptado de Graeff e Guimarães (2000)

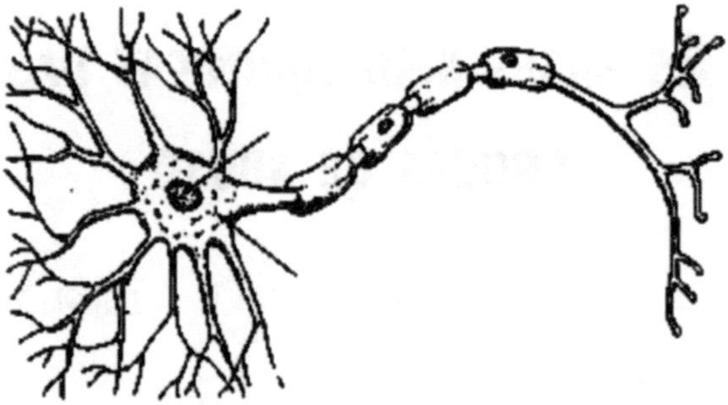

Os neurônios são unidades funcionais do mais complexo órgão originado pela natureza ao longo da evolução, o cérebro. São eles e suas conexões que dão ao cérebro a capacidade de processar informações sensoriais, efetivar respostas motoras ou emocionais e armazenar informações. O neurônio pode ser dividido em três porções básicas: o corpo celular, onde se encontra o núcleo e um grande número de organelas; os prolongamentos, que emergem do corpo celular, que podemos chamar de *axônios* e *dendritos*; e, ainda, a membrana celular, que delimita a célula nervosa e exerce um papel bastante complexo, participando ativamente da transmissão de informações (Lent, 2001). As células nervosas estão situadas muito próximas umas das outras, sendo que os pontos onde os axônios de um neurônio se aproximam dos dendritos de outro neurônio são chamados de *sinapses* (Lent, 2001).

A "comunicação" entre os neurônios pode ser de natureza elétrica ou química. Quando se dá quimicamente, é realizada por meio de substâncias denominadas *neurotransmissores* (Lent, 2001). Na membrana celular, encontram-se os *receptores* (Lent, 2001), que são alvos específicos para a ligação das drogas de abuso e uma gama de outras substâncias, como neurotransmissores, neuromoduladores etc. Quando um estímulo elétrico atinge o terminal do axônio do neurônio pré-sináptico, desencadeia um processo de liberação de neurotransmissores, como a dopamina. Assim, as vesículas que armazenam os neurotransmissores se deslocam e fundem-se com a membrana, liberando os neurotransmissores na fenda sináptica (Figura 2). Uma vez na fenda sináptica (espaço entre dois neurônios), a dopamina liga-se a proteínas específicas, chamadas *receptores dopaminérgicos*, que estão na membrana plasmática do neurônio pós-sináptico adjacente.

Figura 2. Esquema dos principais alvos de ligação, nas sinapses, das drogas de abuso. Adaptado de Nestler (2001)

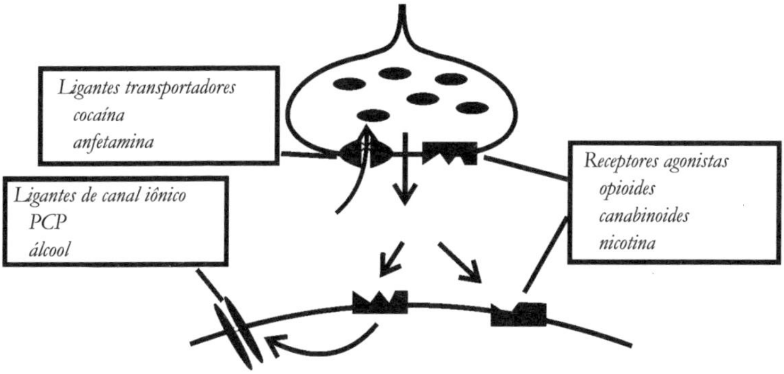

Depois de ligar-se aos receptores, a dopamina se "desliga" e é retirada da fenda sináptica por um sistema de natureza proteica chamado *transportadores de dopamina* (DAT) (Graeff; Guimarães, 2000; Zubaran, 1999). Esse processo é importante porque assegura a saída da dopamina da fenda sináptica e, consequentemente, o fim de sua ação sobre os receptores, até que ocorra uma nova estimulação, com nova liberação de dopamina.

Além da dopamina, os neurônios adjacentes liberam outros compostos, chamados de *neuromoduladores*. Os neuromoduladores são substâncias que, como o próprio nome indica, modulam, aumentam ou diminuem a neurotransmissão, que é controlada pela dopamina, por exemplo. Nesse caso, especificamente, o neuromodulador em questão é a endorfina (Robinson; Berridge, 2000). Endorfinas ligam-se aos receptores opioides localizados nas células pós-sinápticas. As endorfinas são destruídas por enzimas, ao invés de serem removidas da fenda sináptica por meio de transportadores.

A ligação a receptores específicos ou transportadores de neurotransmissores, os quais serão vistos mais detalhadamente neste capítulo, alteram a *transmissão sináptica* (Lent, 2001) de modo mais específico, em algumas sinapses no cérebro, levando, então, aos efeitos comportamentais agudos do uso de drogas, tais como euforia, sedação e alterações na atividade locomotora. No entanto, essas alterações do uso agudo de drogas não explicam o processo de adição, o qual requer adaptações mais duradouras devido à administração repetida de drogas. Essas adaptações, presumivelmente, envolvem alterações celulares e moleculares em uma rede neuronal específica, desencadeando anormalidades comportamentais que caracterizam o processo de adição. Assim, o processo de adição pode ser visto como uma forma de *plasticidade neuronal* (Lent, 2001) induzida por drogas de abuso.

Transportador de dopamina

O transportador de dopamina (Zubaran, 1999) (DAT) capta rapidamente o neurotransmissor da fenda sináptica até o terminal pré-sináptico, por isso é considerado o controlador da atividade de liberação dopaminérgica. Ele desempenha um papel preponderante sobre a locomoção, a cognição, o afeto e a atividade endócrina. O DAT está relacionado com a ação de outras drogas, como fármacos antidepressivos e drogas de abuso, como a cocaína e a anfetamina.

Além de transportar dopamina, o DAT transporta serotonina, noradrenalina, GABA e glicina (neurotransmissores).

A cocaína, como outros compostos que interagem com os transportadores, é um clássico bloqueador da recaptação, que age inibindo a recaptação da dopamina, após a atividade neuronal normal. Esse mecanismo será descrito em maiores detalhes adiante, neste capítulo. As anfetaminas, por sua vez, apresentam um mecanismo mais complexo, e parecem promover também a liberação do neurotransmissor, além de inibir a recaptação e atuar em outros processos intracelulares.

Circuitos neurais da recompensa

Como foi salientado anteriormente, grande parte do que conhecemos hoje sobre mecanismos de ação de drogas de abuso foram elucidados por meio de estudos comportamentais em animais de experimentação. Experimentos realizados em ratos, com a utilização da autoestimulação elétrica cerebral e a autoadministração de drogas, demonstraram que os corpos celulares dos neurônios localizados em áreas cerebrais específicas são ativados durante o uso de drogas de abuso. Uma região denominada de área tegmental ventral (VTA), onde é produzida a dopamina, emite projeções para outras áreas cerebrais denominadas de núcleo *accumbens* (NAc) e córtex pré-frontal. Essas projeções provenientes da VTA enervam também o hipocampo e a amígdala, estruturas sabidamente envolvidas nos processos de aprendizagem e memória (Robbins; Everit, 1996).

As projeções citadas no parágrafo anterior recebem o nome de *vias mesolímbica* e *mesocortical*, que liberam dopamina como neurotransmissor e constituem o substrato neural associado às emoções positivas ou gratificantes, que incentivam determinados comportamentos. Essas vias são as mesmas envolvidas na recompensa por alimento, água, sexo.

Vários trabalhos realizados por cientistas relacionam a dopamina a uma série de drogas de abuso, incluindo a cocaína, os canabinoides (maconha), heroína, álcool e nicotina. Todas essas drogas "ativam" o sistema de recompensa e desencadeiam um aumento na liberação de dopamina (Nestler, 2001a, 2001b; Koob; Sanna; Bloom, 1998). Muitas vezes, o uso continuado das referidas drogas de abuso causa danos nas vias cerebrais responsáveis pelo mecanismo da recompensa. Como resultados de tais injúrias, algumas situações aprazíveis, como tomar um sorvete, andar de bicicleta etc. passam a não mais nos dar prazer.

Sítios de ligação dos opioides

A heroína é um opioide utilizado como droga de abuso desde a Antiguidade, sobretudo pelos povos orientais. Quando uma pessoa injeta heroína ou morfina, essas substâncias chegam até o cérebro pela corrente sanguínea. Outra forma de utilizar a heroína é pelo cigarro, atingindo o cérebro tão rapidamente quanto se fosse injetada.

Muitas pessoas utilizam a heroína ou morfina pela aspiração do pó. Nesse caso, a substância não atinge o cérebro tão rapidamente como das outras formas citadas; seu efeito demora um pouco mais para acontecer. Uma vez no cérebro, a heroína é convertida, por enzimas, em morfina, a qual se liga a receptores opioides em certas áreas cerebrais. Essas áreas são basicamente o córtex cerebral, a VTA, o *nucleus accumbens*, tálamo, tronco cerebral e medula (Koob; Sanna; Bloom, 1998; Nestler, 2001a). Como descrevemos anteriormente, os receptores opioides estão concentrados nas áreas relacionadas à recompensa (incluindo a VTA, *nucleus accumbens* e córtex). A morfina liga-se também a áreas relacionadas à dor (tálamo, tronco cerebral e medula), o que promove a analgesia.

No *nucleus accumbens*, três tipos de neurônios participam do seu mecanismo de ação: um que libera dopamina, outro que contém diferentes neurotransmissores e ainda outro, pós-sináptico, que contém receptores de dopamina. Os opioides ligam-se aos receptores de opioides nos neurônios adjacentes e enviam sinais para os terminais dopaminérgicos para liberarem mais dopamina. Quando a morfina se liga aos receptores opioides, desencadeia a inibição da enzima *adenilil ciclase* (Nestler, 2001a, 2001b; Koob; Sanna; Bloom, 1998), a qual é responsável por vários mecanismos de transdução de sinal. Depois da ativação repetida dos receptores pela morfina, há uma adaptação enzimática da adenilil ciclase, a qual passa a não desempenhar o seu papel com todo o seu potencial. A morfina e a heroína têm seu efeito diminuído. Cabe salientar que, devido à intensa atividade analgésica, a morfina é utilizada para tratar pacientes em fase terminal de câncer.

Sítios de ligação da cocaína

A cocaína, assim como a heroína, é uma droga de abuso, embora nem todos os usuários se tornem adictos; com o advento do *crack* (a base livre da cocaína), o número de indivíduos adictos aumentou consideravelmente.

Historicamente, a cocaína era utilizada pela aspiração do pó (na forma de hidrocloreto). Porém, desde que começou a ser processada na forma de base livre, passou a ser volatilizada em altas temperaturas, sendo, então, "fumada" (*crack*). Utilizada dessa forma, a cocaína atinge seu sítio de ligação mais rapidamente do que se for aspirada.

Quando uma pessoa aspira ou fuma cocaína, ela alcança todas as áreas cerebrais, porém liga-se a sítios (receptores) específicos em determinadas áreas do SNC. As áreas às quais a cocaína se liga são a VTA, o *nucleus accumbens e nucleus caudatum*. Como mencionado anteriormente, a cocaína liga-se a áreas cerebrais responsáveis pelo mecanismo da recompensa. A VTA e o *nucleus accumbens* são áreas cerebrais ricas em sinapses dopaminérgicas. As sinapses dopaminérgicas liberam dopamina na fenda sináptica. A dopamina liga-se a receptores e, logo após, é retirada da fenda sináptica por um mecanismo de recaptação que funciona de maneira semelhante a uma bomba, captando dopamina para o interior do neurônio (Zubaran, 1999).

A cocaína liga-se aos DAT's e previne o transporte de dopamina para o interior do neurônio. Tem-se, então, uma maior quantidade de dopamina na fenda que ocupa um maior número de receptores, aumentando o efeito causado pela dopamina nos centros de recompensa. Como resultado das ações da cocaína no *nucleus accumbens*, ocorre um aumento dos impulsos que ativam os sistema de recompensa (Koob; Sanna; Bloom, 1998).[7] No entanto, essa via pode ser ativada mesmo na ausência da cocaína, isto é, durante o *craving* (compulsão). Com o uso continuado da droga, o organismo "passa a contar" com a substância para conseguir as sensações prazerosas. Via de regra, os indivíduos não são capazes de experimentar sensações de prazer (fome, sede, sexo etc.) sem o uso da substância. Tal quadro, muitas vezes, leva ao estado de anedonia (incapacidade de sentir prazer) e depressão. Para evitar essas sensações, os adictos vão em busca de cocaína (Koob; Sanna; Bloom, 1998; Nestler, 2001a).

Alguns trabalhos científicos demonstram o aumento dos níveis de dopamina nas vias da recompensa (Koob; Sanna; Bloom, 1998) em ratos submetidos à tarefa de autoadministração da cocaína. Assim como também foi evidenciado para a heroína, os ratos pressionam a alavanca a fim de receber injeções de cocaína diretamente nas áreas ligadas ao mecanismo da recompensa (*nucleus accumbens* e VTA). Cabe salientar que, se a agulha pela qual a cocaína é infundida nas estruturas que fazem parte do mecanismo da recompensa for implantada próxima a essas regiões, mas não nas mesmas, os animais não pressionam a alavanca para receber a cocaína. Assim, podemos concluir que a habilidade dos ratos de se autoadministrarem cocaína é um excelente instrumento para avaliar o "potencial de adição" de determinada substância (Nestler, 2001a; Uhl, 1999).

Sabidamente a via da recompensa é utilizada por uma série de substâncias que potencialmente podem levar ao mecanismo da adição. Assim, por exemplo, a heroína (morfina) e cocaína ativam a via da recompensa (VTA e *nucleus accumbens*); outras substâncias, como a nicotina e o álcool, também ativam essa via, porém de forma indireta (por exemplo: o álcool ativa outra estrutura chamada globo pálido que se conecta com a via da recompensa). Enquanto cada droga desencadeia um mecanismo diferente, em última análise, elas ativam a via da recompensa, aumentando a transmissão dopaminérgica. O processo de adição é considerado uma doença e, cada vez mais, os pesquisadores estão investigando em profundidade a enfermidade a fim de poder encontrar uma estratégia eficaz para a recuperação dos adictos (Uhl, 1999).

Referências bibliográficas

GRAEFF, F. G.; GUIMARÃES, F. S. *Fundamentos de psicofarmacologia*. São Paulo: Atheneu, 2000.

KOOB, G. F.; SANNA, P. P.; BLOOM, F. E. Neuroscience of addiction. *Neuron*, v. 21, p. 467-476, 1998.

LENT, R. *Cem bilhões de neurônios*: as unidades do sistema nervoso, forma e função dos neurônios e gliócitos. Conceitos Fundamentais de Neurociência. São Paulo: Atheneu, 2001.

NESTLER, E. J. Molecular basis of long-term plasticity underling addiciton. *Nature Reviews Neuroscience*, v. 2, p. 119-128, 2001a.

______. Molecular neurobiology of addiction. *The American Journal of Addictions*, v. 10, p. 201-217, 2001b.

ROBBINS, T. W.; EVERIT, B. J. Neurobehavioural mechanisms of reward and motivation. *Current Opinion in Neurobiology*, v. 6, p. 228-236, 1996.

ROBINSON, T. E.; BERRIDGE, K. C. The psychology and neurobiology of addiction: an incentive-sensitization view. *Addiction*, v. 95, p. 91-117, 2000. Supplement 2.

UHL, G. R. Neurochemical bases of drug abuse. In: SIEGEL, G. J. *et al.* (Eds.). *Basic neurochemistry molecular, cellular and medical aspects*. 6th ed. New York: Lippincott-Raven, 1999. p. 1095-1107.

ZUBARAN, C. Comportamento de busca e consumo de drogas. In: KAPCZINSKI, F.; QUEVEDO, J.; IZQUIERDO, I. (Eds.). *Bases biológicas dos transtornos psiquiátricos*. Porto Alegre: Artes Médicas, 1999. p. 171-180.

O uso de substâncias psicoativas pelos profissionais da saúde: a questão do estresse

Gilda Pulcherio

A investigação do uso de substâncias psicoativas nos remete, obrigatoriamente, ao estudo dos estresses do cotidiano, entre eles o estresse experimentado com a atividade profissional. Sabe-se que diferentes categorias profissionais relatam diferentes fontes de estresse. Na área da saúde, a medicina e a enfermagem são profissões altamente estressantes; o sofrimento e a morte com os quais os profissionais lidam no dia a dia, a escassez de recursos nos serviços de saúde ou os cortes no quadro funcional são grandes fontes de estresse. Quando acentuado, leva ao absenteísmo no trabalho, ao *burnout* (esgotamento), ao abuso ou à dependência de álcool e outras drogas, e a taxas mais altas de mortalidade. Sabe-se que as pessoas, em geral, utilizam-se do álcool ou outras drogas para aliviar suas tensões, angústias ou frustrações do cotidiano. Mandell (*apud* Pechansky, 2001) aponta a "vulnerabilidade psicológica" como um dos fatores, juntamente com os familiares, sociais e outros que predispõem ao uso ou abuso de substâncias, o que concorda com a hipótese de automedicação de Khantzian. Hester (1997) sugere o controle do estresse como uma intervenção eficaz para bons resultados no tratamento do alcoolismo. Embora seja reconhecido por muitos o papel do estresse no abuso ou dependência de substâncias psicoativas, os estudos nesse sentido não têm sido conclusivos. Porém, é bem conhecido por todos o alto nível de estresse experimentado em algumas profissões e a alta prevalência do abuso de substâncias psicoativas por profissionais. Assim, torna-se difícil abordarmos o uso de substâncias psicoativas sem mencionar o papel do estresse e vice-versa.

Estresse

O estresse, ao contrário do que muitos pensam, não surgiu com a "vida moderna". Há escritos que o relatam desde o século XVII. Mas somente no século XX as Ciências Sociais e do Comportamento dedicaram-se ao estudo de suas consequências sobre a saúde das pessoas. O termo "estresse" tem recebido os mais diferentes significados. Em psicologia é "[...] um estímulo físico ou psicológico que, ao atuar sobre um indivíduo, produz tensão ou desequilíbrio" (Stedman, 1990). Utilizamos aqui o conceito de estresse para nos referir à interação entre os fatores oriundos do trabalho, provocadores de estresse, e a pressão experimentada pelos profissionais em sua atividade diária.

O dr. Hans Selye, austríaco-canadense, um dos maiores estudiosos do estresse, apresentou o conceito, em 1936, como uma "síndrome geral de adaptação" do organismo a uma determinada situação, que pode progredir em três fases: fase de alerta, fase de resistência e fase de exaustão (*apud* Bonamin, 1994). A fase de alerta é o estresse agudo com a resposta adaptativa fisiológica de "fuga" ou "luta". Nesta fase, o Sistema Nervoso Simpático libera os hormônios adrenalina e noradrenalina em grandes quantidades. Quando o estresse se prolonga e as estratégias de defesa começam a falhar, instala-se a fase de resistência. Então, a glândula adrenal passa a secretar os hormônios glicocorticoides no Sistema Nervoso Central por estímulos da hipófise e do hipotálamo. A fase de exaustão caracteriza-se pela impossibilidade de controlar o estresse; não há mais adaptação do organismo e surgem os sintomas oriundos do sofrimento psíquico ou físico; em geral, ambos.

A neurobiologia identificou zonas cerebrais importantes na resposta ao estresse. Essas respostas são mediadas por mecanismos cerebrais neuroquímicos com o importante papel dos neurotransmissores (serotonina, dopamina, peptídeos opioides) e hormonais (sistema hipotálo-pituitária-adrenal). Sabe-se hoje que o *locus* ceruleus (tronco cerebral) é fonte primária da produção da noreprinefina. A noreprinefina é um neurotransmissor responsável pela excitação nos eventos vitais ameaçadores, assim como os peptídeos opioides têm a função de promover o alívio da dor.

No entanto, vários outros neurotransmissores também atuam sobre o organismo, exacerbando ou inibindo, contribuindo, juntamente a outras inúmeras caraterísticas orgânicas (falha do organismo em sua resposta hormonal) ou emocionais (personalidade), para a experiência do estresse, o que levou muitos pesquisadores a questionarem o conceito de Selye, porque não se conseguia repetir os mesmos resultados.

As características de personalidade, a idade, o apoio social, a questão do gênero e as estratégias utilizadas desempenham importantes papéis na experiência do estresse. Os antecedentes evolutivos têm papel fundamental para a vulnerabilidade e tolerância com os eventos estressores. As experiências precoces de perda, abandono ou cuidados materno e paterno formam a matriz de recursos internos a serem futuramente utilizados. As experiências recentes, como a morte de um familiar, perda do emprego, uso de drogas ou problemas com a justiça, podem ter consequências devastadoras.

No que se refere à idade, uma pessoa que aos cinquenta anos quer manter o mesmo ritmo de trabalho de quando tinha trinta anos, certamente está mais propensa a problemas cardíacos. Ela pode se sentir "em forma", mas o seu organismo já sofreu o processo de envelhecimento.

Os estressores psicossociais são poderosos para a experiência do estresse. Inúmeros instrumentos avaliam sintomas e fontes de estresse. Richard Rahe (1999) elaboraram, em 1963, um questionário para avaliar as mudanças de vida (mudanças do equilíbrio psicossocial), cujos itens foram ampliados e reescalonados em 1975 e 1994. Foi observado, então, o quanto a vida se tornou mais difícil nas últimas décadas. Sabe-se do enorme estresse que é viver em pobreza, em desemprego, em má situação financeira. O estresse prolongado e severo pode levar, inclusive, à lesão e morte neuronal (McEwen, 1999).

A sobrecarga de trabalho quantitativa (ter muito para fazer ou carga horária pesada) ou qualitativa (trabalho sem criatividade), o conflito de papéis (ser superior e subordinado ao mesmo tempo), a incapacidade para decidir o próprio trabalho estão entre os principais estressores psicossociais do trabalho.

Estresse e uso de substâncias psicoativas

A literatura é rica em apontar tanto o estresse no trabalho dos profissionais da saúde como o abuso de substâncias psicoativas, principalmente entre médicos e enfermeiros (O'Connor; Spickard, 1997; Trinkoff; Storr, 1998). No entanto, a conexão causal entre estresse e uso de substâncias ainda não foi comprovada em humanos.

Em animais de laboratório, as investigações têm encontrado algumas associações entre as modificações cerebrais causadas pelo estresse e as causadas pelo abuso ou dependência do álcool ou outras drogas (Brady; Sonne, 1999; Sayette, 1999). Há evidências de que as modificações neuroquímicas, com a ativação de algumas zonas cerebrais e alguns neurotransmissores causadas pelo estresse, exerçam um papel de reforço no uso de substâncias psicoativas. Tanto o estresse como o uso de substâncias aumentam a liberação de dopamina no cérebro, o que levaria à busca pelo álcool ou outras drogas para manter o estado de prazer e fugir de emoções negativas causadas pelo estresse.

Observa-se, também, que o aumento da serotonina leva a uma redução do consumo do álcool. Bebem mais os animais que têm baixo nível de serotonina circulante. Quando eles são tratados com os Inibidores Seletivos da Recaptação de Serotonina (ISRS), mantendo a serotonina cerebral, bebem menos. O aumento da serotonina circulante atua em zonas cerebrais responsáveis pela reação ao medo, em situações de estresse. Sabe-se que os ISRS são eficazes nos transtornos de ansiedade, além de agir na depressão. Essa associação do sistema serotoninérgico, tanto com o estresse quanto com o consumo de substância, faz pensar em uma conexão neurobiológica existente entre eles. Os estudos sugerem que a experiência de estresse leva a um aumento da ingestão de álcool em animais dependentes e, também, em não dependentes. Provoca recaídas após abstinência. E mais, o estresse repetido pode manter a ingestão alcoólica, independente da presença de um novo estressor.

Todavia, com humanos, essa relação carece de evidências científicas. A hipótese da "redução da tensão" ainda necessita de comprovação. Dois grandes focos de estudo têm sido o estresse ocupacional e os efeitos do álcool sobre as respostas do organismo ao estresse. Inúmeros estudos comprovam que aqueles que trabalham com alta demanda e baixo controle (não podem tomar decisões), dificuldades de colaboração no trabalho, e mesmo com dificuldades diárias e crônicas no trânsito têm tanto um risco aumentado para problemas com o álcool como uma ingestão alcoólica aumentada (Brady; Sonne, 1999).

Para investigar como o álcool atua nas pessoas com resposta aumentada ao estresse, os pesquisadores têm estudado a história familiar de alcoolismo, traços de personalidade, funcionamento cognitivo, sexo, fatores sociais e outros (Sayette, 1999). Alguns estudos sugerem o papel do álcool como "amortecedor" do estresse para determinadas pessoas e sob determinadas condições. Para outros, o álcool não interfere ou até intensifica a experiência do estresse. Uma questão polêmica é se o estressor atual, que leva ao uso da substância, não seria consequência de estressores passados (por exemplo, separação conjugal). Isso tem gerado confusão, dificultando o esclarecimento dos estressores e da relação causal entre estresse e abuso ou dependência do álcool ou outras drogas.

O que já está comprovado é o papel dos antagonistas opioides como bloqueadores da "fissura" (*craving*). A situação de estresse tanto aumenta o nível de opioides endógenos circulantes, para o alívio da dor, como aumenta a "fissura". Os antagonistas opioides (naltrexona), ao reduzirem o estresse provocado pela abstinência e bloquearem a "fissura", reduzem o risco de recaídas. Esses medicamentos foram liberados pela *Food and Drug Administration* (FDA), e são largamente utilizados em todo o mundo.

O ESTRESSE DOS PROFISSIONAIS DA SAÚDE

Uma investigação com 362 profissionais da rede pública de Porto Alegre (Fensterseifer, 2000), para conhecer as principais fontes de estresse no trabalho, encontrou altos níveis de estresse laboral. O número de profissionais foi obtido em caráter censitário, isto é, abrangeu toda a população que se encontrava trabalhando por ocasião da pesquisa, com vínculo empregatício, nos 23 recursos de saúde mental oferecidos à população. Participaram os psiquiatras, psicólogos, assistentes sociais, enfermeiros, terapeutas ocupacionais, recreacionistas, clínicos gerais e especialistas, e outros profissionais, como psicopedagogas, fonoaudiólogas e outros dos hospitais psiquiátricos, unidades psiquiátricas de hospitais gerais, ambulatórios, hospital-dia, centros de saúde, Centro de atendimento integrado em saúde mental (CAISmental) ou unidades sanitárias municipalizadas, distribuídos conforme Tabela 1. Aqueles que não atendiam pacientes, os médicos residentes e os estagiários foram excluídos.

Tabela 1. Distribuição de frequência e porcentagens dos profissionais nos respectivos locais de trabalho (N=362)

Instituições	N	%
Hospital Psiquiátrico São Pedro*	119	32,9
Ambulatórios**	118	32,6
Hospital Espírita de Porto Alegre	56	15,5
Instituto Psiquiátrico Forense	27	7,5
Hospital de Clínicas de Porto Alegre	14	3,9
Hospital Presidente Vargas	10	2,8
Hospital Nossa Senhora da Conceição	9	2,5
Hospital da Brigada Militar	9	2,5
Total	**362**	**100,0**

* *Inclui: Hospital Colônia Itapoã (HCI) e Instituto Dom Bosco.*
** *Inclui: Postos de Saúde, Unidades Sanitárias etc. Exclui: ambulatórios de hospitais.*

Para avaliar o estresse no trabalho, utilizou-se a Escala de Estresse em Profissionais da Saúde Mental (EEPSM), no original, *Mental Health Professionals Stress Scale*, desenvolvida por Cushway, Tyler e Nolan (1996) e denominada de Escala de Fontes de Pressão no Trabalho, de domínio público. A EEPSM é um método de autorrelato e contém 42 itens que compõem as sete subescalas ou fatores que, de acordo com a literatura, são importantes fontes de estresse para os profissionais da saúde mental. Cada um dos itens é pontuado de acordo com uma escala de valores que varia de zero (não se aplica a mim) a três (aplica-se a mim). Os sete fatores são: carga de trabalho, dificuldades relacionadas ao cliente, processos e estrutura organizacional, relacionamentos e conflitos com outros profissionais, falta de recursos, insegurança profissional e conflito lar-trabalho.

Uma questão colocada entre os dados sociodemográficos solicitava que pontuassem o "nível de estresse" que experimentavam com o trabalho no local em que se processava a pesquisa. O nível de estresse era avaliado em uma escala de sete pontos, com variações de um (não estressado) a sete (muito estressado). Para o uso da EEPSM com os profissionais brasileiros, seguiram-se os procedimentos de adaptação e análise de fidedignidade, já publicados (Fensterseifer; Pinent; Strey, 2000).

Resultados

Os profissionais que, em maior número (n=195), estavam envolvidos nos cuidados dos pacientes eram os psiquiatras e os psicólogos. Seguidos pelos enfermeiros, médicos clínicos e assistentes sociais. Predominou o gênero feminino, 73% (Fensterseifer, 2000), sendo que mais da metade da população estudada, 53,3% (n=193), tinha até quarenta anos.

A falta de recursos e a carga de trabalho surgiram como as principais fontes de estresse no trabalho dos profissionais. A falta de recursos obteve a média mais alta de estresse experimentado. A carga de trabalho foi a que mais se correlacionou com o estresse laboral, como mostra a Tabela 2.

Tabela 2. Correlações entre o "nível de estresse" relatado pelos profissionais e o escores das sete subescalas (N=362)

Subescalas	r	Sig.
Carga de trabalho	0,465*	<0,001
Processos e estrutura organizacional	0,368*	<0,001
Dificuldades relacionadas ao cliente	0,339*	<0,001
Falta de recursos	0,322*	<0,001
Relacionamentos e conflitos com outros profissionais	0,298*	<0,001
Conflito lar-trabalho	0,296*	<0,001
Insegurança profissional	0,099	0,061

* *Escalas com níveis de estresse que variam de 0 a 3.*

As assistentes sociais revelaram-se as mais estressadas entre os profissionais da rede pública estudados. Quase a metade dos profissionais, 42,3%, relatou experimentar o mais alto nível de estresse (escore três) com a escassez de equipamentos ou materiais adequados. 46% das assistentes sociais, 41% dos enfermeiros, 42,9% dos médicos clínicos e 41% dos psiquiatras pontuaram o escore três.

Este alto nível de estresse foi compartilhado com as condições físicas de trabalho precárias para 71,5% dos profissionais, com 40,3% pontuando escore dois e, 31,2%, escore três. Para um terço dos psicólogos, a multiplicidade de tarefas era a maior fonte de estresse no trabalho do serviço público e, para todos eles, a falta de recursos financeiros para cursos e *workshops* de treinamento. Esta foi também a segunda maior fonte de estresse para as assistentes sociais. O trabalho em equipe multidisciplinar era o que mais estressava (30% dos psiquiatras, 53,9% das assistentes sociais, 42,7% dos psicólogos, 46,6% dos enfermeiros e 35,7% dos médicos clínicos), principalmente para aqueles que trabalhavam em unidades psiquiátricas de hospitais gerais. As cinco principais fontes de estresse laboral por categoria, nos cinco grupos com maior número de profissionais, estão demonstradas no Quadro 1.

Quadro 1. Principais fontes de estresse para os psiquiatras, psicólogos, assistentes sociais, enfermeiros e médicos clínicos/ especialistas, em ordem decrescente

Psiquiatras (N=120)
Escassez de equipamentos e materiais adequados; condições físicas de trabalho precárias; multiplicidade de tarefas; trabalho em demasia; estrutura organizacional e políticas.
Psicólogos (N=75)
Falta de recursos financeiros para cursos e *workshops* de treinamento; multiplicidade de tarefas; condições físicas de trabalho precárias; trabalho em demasia; escassez de equipamentos e materiais adequados.
Assistentes sociais (N=39)
Escassez de equipamentos e materiais adequados; falta de recursos financeiros para cursos e *workshops* de treinamento; condições físicas de trabalho precárias; estrutura organizacional e políticas; comunicações e fluxo de informações no trabalho.

Enfermeiros (N=46)
Escassez de equipamentos e materiais adequados; multiplicidade de tarefas; condições físicas de trabalho precárias; forma de resolução dos conflitos na organização; falta de recursos financeiros para cursos e *workshops* de treinamento.
Clínicos e especialistas (N=42)
Escassez de equipamentos e materiais adequados; condições físicas de trabalho precárias; multiplicidade de tarefas; clientes e pacientes em demasia; trabalho em demasia.

Os médicos do estudo relataram os mais altos níveis de estresse com a carga de trabalho e o conflito lar-trabalho. Os enfermeiros estressavam-se mais que todos os colegas com processos e estrutura organizacional, falta de recursos, relacionamentos e conflitos com outros profissionais e insegurança profissional. As assistentes sociais experimentavam maior estresse que todos os demais com as dificuldades relacionadas ao cliente. Os psicólogos apresentaram o menor nível de estresse com as fontes estudadas. Todos sabemos da precariedade do serviço público de saúde em nosso país, como bem demonstram os depoimentos abaixo (Machado, 1997):

> Há total falta de condições de atendimento. Falta tudo! Até um antitérmico (pediatra, feminino, 48 anos, CE).

> O "sofrimento" da decisão terapêutica é agravado pela falta de materiais [...] (obstetra, masculino, 39 anos, SP).

> Excluindo o cansaço físico por trabalho noturno e finais de semana, o médico tem de "tentar" contornar problemas sociais, condições de trabalho precárias, paciente que não tem condição de adquirir medicação, dificuldade para internar, faltam vagas, dificuldade de investigação com

> exames complementares, caros e pouco disponíveis quando feitos pelo SUS; e mais grave atualmente e que causa estresse é o problema que enfrentamos com as queixas e processos judiciais, nos quais muitas vezes, o que levou à má evolução de algum caso clínico é o conjunto de fatores que foge ao nosso alcance individual de resolução: primeiro, excesso de trabalho, que reduz a nossa capacidade de raciocínio [...] (pediatra, feminino, 34 anos, PR).

É conhecido que o estresse severo reduz os recursos psicológicos e as capacidades adaptativas das pessoas com declínio do funcionamento físico e mental. Os altos níveis de estresse a que estão submetidos os nossos profissionais são preocupantes e nos remetem à questão da qualidade do trabalho e do atendimento no serviço público e, principalmente, à saúde física e mental desses profissionais, por serem justamente eles os "cuidadores" da saúde física e mental de outros.

Embora sejam inúmeras as variáveis que contribuam para a experiência do estresse e, obviamente, as características de personalidade tenham um papel crucial, situações de limitação intensa são estímulos poderosos para a insatisfação, o estresse e o desgaste emocional. A exaustão emocional e a despersonalização abrem caminho para a Síndrome de Esgotamento Profissional, ou *burnout* (Maslach; Jackson, 1986), com sua frieza afetiva e sentimentos de incompetência e desesperança. O *burnout* é típico de "profissionais da ajuda" e é gerado na relação profissional-paciente.

É imperceptível e lento. Profissionais da saúde, estressados, subestimam as queixas dos pacientes, chamando-os de poliqueixosos, lamuriosos, "atuadores"; fazem diagnósticos apressados e relacionam-se mal entre si. Os estudos têm encontrado altos níveis de estresse, ansiedade e depressão nesses profissionais. Em nossa pesquisa é alto o nível de estresse encontrado com o trabalho em equipe multidisciplinar e com os pacientes difíceis ou exigentes.

O USO DE SUBSTÂNCIAS PSICOATIVAS PELOS PROFISSIONAIS DA SAÚDE

As evidências científicas têm sugerido a alta prevalência de abuso ou dependência de álcool entre os médicos, 10% a 15%, ao longo da vida (Skipper, 1997). Entre os profissionais da saúde, os médicos e os enfermeiros têm sido os mais estudados, devido ao estresse laboral a que estão submetidos em seu cotidiano, o que é compreensível. Ambos convivem diariamente com situações de vida ou morte.

Em um estudo recente, Hughes *et al.* (1999) investigaram 9,6 mil médicos em amostra nacional, estratificada por especialidade e ano de formação. Os médicos responderam a questionários de autorrelato sobre o uso, abuso ou dependência de Substâncias Psicoativas (SPA) no último ano. O uso de álcool teve uma prevalência de 86,9% para todos os médicos. A prevalência para o uso de tabaco foi de 13,7%, de maconha, 4,6%, e cocaína, 1,1%. O que chama a atenção nesses achados é a alta prevalência do uso de benzodiazepínicos, 11,4%, e de opiáceos menores (codeína e derivados), 17,6%, entre os médicos.

Para os opiáceos maiores, a prevalência encontrada foi de 1,1%. Quando investigados sobre o abuso ou dependência de alguma substância psicoativa, a prevalência foi de 7,9% para todos os médicos, sendo 4,2% para o álcool e 1,9% para outras drogas. Os médicos da emergência estão entre os que mais usam SPA, e os pediatras, entre os que usam menos. O estresse laboral, a disponibilidade da substância no local de trabalho e a facilidade para autoprescrição têm sido apontadas como as principais causas de uso.

Mas, para O'Connor e Spickard (1997), há muito "alarde" sobre o uso de SPA pelos médicos. Eles ainda chamam a atenção para o fato de que as prevalências encontradas são inferiores às da população em geral, que são estimadas entre 7,5% e 17%.

Em nosso meio, pesquisa recente da Universidade Federal de São Paulo (UNIFESP) em parceria com o Conselho Regional de Medicina de São Paulo (CREMESP), coordenada pelo dr. Ronaldo Laranjeira, ainda não publicada, examinou 206 médicos de quinze estados brasileiros que procuraram tratamento por dependência de substâncias (Jornal do Brasil, 2001). A substância mais consumida foi o álcool, seguida por cocaína e benzodiazepínicos. A rotina altamente estressante da profissão, aliada ao cotidiano desafio de vida e morte, é a principal justificativa apontada pelos médicos do estudo.

O estudo de Fagin *et al.* (1996), com 648 enfermeiros de saúde mental da Inglaterra que trabalhavam em enfermarias psiquiátricas de hospitais gerais, asilos e hospitais psiquiátricos, encontrou que aqueles que trabalhavam em hospital psiquiátrico apresentavam os mais altos níveis de estresse associados a maior consumo de álcool.

Dois estudos com enfermeiros investigando o consumo de drogas, por especialidade, constataram que os enfermeiros psiquiátricos fumavam mais e bebiam pesadamente; já aqueles que trabalhavam na emergência utilizavam mais maconha e cocaína, se comparados a seus colegas (Trinkoff; Storr, 1998; Plant; Plant; Foster, 1991).

A literatura é escassa para os demais profissionais. Um estudo com 293 psicólogos, aos quais foi aplicado um questionário de autorrelato para avaliar uso atual e passado de SPA, encontrou que 10% tiveram problemas de abuso de substâncias psicoativas no passado; 43% relataram conhecer psicólogos e 28% conheciam psicólogas que tinham problemas pelo uso abusivo de álcool (Good; Thoreson; Shaughnessy, 1995). A investigação realizada com 198 assistentes sociais para verificar uso de álcool e outras drogas entre colegas, familiares e amigos encontrou que 43% conheciam um assistente social com problemas com o álcool ou outras drogas; 32% conheciam dois ou mais assistentes sociais com problemas com o álcool ou outras drogas; 21% relataram perceber supervisores ou superiores com problemas de uso; 60% tinham problemas de drogas entre familiares e amigos; 39% relataram problemas de algum membro da família nuclear e 11% eram filhos de alcoolistas (Fewell; King; Weinstein, 1993).

Considerações finais

Os profissionais da saúde necessitam tomar

> [...] decisões urgentes ou extremas, com conseqüências perigosas, muitas vezes, em um contexto escasso de recursos. Mantêm relações interpessoais muito próximas com colegas, clientes/pacientes e familiares, carregadas emocionalmente de tensão, sofrimento, constrangimentos ou hostilidade. No dia-a-dia têm presente o medo do erro diagnóstico, que pode custar a vida ou a qualidade de vida de seu paciente... A dúvida de não estar "entendendo" emerge quando, apesar de todos os esforços, o paciente não melhora. O intenso sentimento de impotência surge quando não dispõem dos recursos necessários para um resultado efetivo e duradouro. (Fensterseifer, 2000, p. 91)

O estresse a que estão submetidos, a convivência diária com a morte e o sofrimento, entre tantas outras situações, levam os profissionais a conviverem em um permanente campo de tensões e buscarem o falso alívio das substâncias psicoativas.

Sem dúvida, é um grande desafio sensibilizar a todos e, principalmente, os usuários. Aqueles que foram educados para "curar" os males de outros não solicitam ajuda porque negam, sentem-se humilhados, temem a exposição profissional ou o estigma a que todas as pessoas, de alguma forma, estão expostas – o que é lamentável. Tem-se encontrado bons resultados com os médicos que procuram tratamento, boa adesão e bom prognóstico, com altas taxas de recuperação que alcançam os 73,8% e 83,8%.

Parece-nos de fundamental importância a investigação do estresse laboral dos profissionais da saúde, tanto para conhecer a sua ocorrência entre esses profissionais, que têm o importante papel social de "cuidadores" da saúde da população, como pelo caráter preventivo das dependências químicas. São necessárias mais pesquisas sobre o estresse e o uso de substâncias entre os profissionais da saúde, com metodologias semelhantes, rigor científico e comparativas com outros profissionais liberais para resultados mais confiáveis. Esse é, certamente, um campo promissor de investigação.

REFERÊNCIAS BIBLIOGRÁFICAS

BONAMIN, L. V. O estresse e as doenças. *Ciência Hoje*, v. 17, n. 99, p. 26, 1994.

BRADY, K. T.; SONNE, S. C. The role of stress in alcohol use, alcoholism treatment, and relapse. *Alcohol Research & Health*, v. 23, n. 4, p. 263-271, 1999.

CUSHWAY, D.; TYLER, P. A.; NOLAN, P. Development of a stress scale for mental health professionals. *British Journal of Clinical Psychology*, v. 35, p. 279-295, 1996.

FAGIN, L. *et al.* Stress, coping and burnout in mental health nurses: findings from three research studies. *International Journal of Social Psychiatry*, v. 42, n. 2, p. 102-111, 1996.

FENSTERSEIFER, G. P. *Assistência em Saúde Mental x Estresse no trabalho dos profissionais*. Dissertação (Mestrado em Psicologia Social e da Personalidade) – Pontifícia Universidade Católica do Rio Grande do Sul, Porto Alegre, 2000a.

______. Mulheres da saúde mental: quem são elas? In: STREY, M. N. *et al.* (Eds.). *Construções e perspectivas em gênero*. São Leopoldo: Editora UNISINOS, 2000b. p. 49-61.

______.; PINENT, C.; STREY, M. N. Análise da consistência interna da Escala de Estresse em Profissionais da Saúde Mental (EEPSM). *Revista de Psiquiatria do Rio Grande do Sul*, v. 22, n. 1, p. 13-20, 2000.

FEWELL, H. C.; KING, L. B.; WEINSTEIN, L. D. Alcohol and other drug abuse among social work colleagues and their families: mpact on practice. *Social Work*, v. 38, n. 5, p. 565-570, 1993.

GOOD, G. E.; THORESON, P.; SHAUGHNESSY, P. Substance use, confrontation of impaired colleagues, and psychological functioning among counseling psychologists: a national survey. *Counseling Psychologist*, v. 23, n. 4, p. 703-721, 1995.

HESTER, R. K. Resultados de la investigación - alcoholismo. In: GALANTER, M.; KLEBER, H. D. (Eds.). *Tratamiento de los transtornos por abuso de substancias*. 2. ed. Barcelona: Masson, 1997. p. 35-44.

HUGHES, P. H. *et al*. Physician substance use by medical specialty. *Journal of Addictive Diseases*, v. 18, n. 2, p. 23-37, 1999.

JORNAL DO BRASIL. Informação não impede vício. *Jornal do Brasil*, Caderno Vida, p. 10, 23 set. 2001.

MACHADO, M. H. (Ed.). *Os médicos no Brasil*: um retrato da realidade. Rio de Janeiro: FIOCRUZ, 1997.

MASLACH, C.; JACKSON, S. E. *Maslach Burnout Inventory Manual*. 2nd ed. Palo Alto: Consulting Psychologists Press, 1986.

MCEWEN, B. Development of the cerebral cortex: XIII. Stress and brain development: II. *Jornal of American Academy of Child and Adolescent Psychiatry*, v. 38, n. 1, p. 101-103, 1999.

O'CONNOR, P. G.; SPICKARD, J. Physician impairment by substance abuse. *Medical Clinics of North America*, v. 81, n. 4, p. 1037-1052, 1997.

PECHANSKY, F. Modelo teórico de exposição a risco para transmissão do vírus HIV em usuários de drogas. *Revista Brasileira de Psiquiatria*, v. 23, n. 1, p. 41-47, 2001.

PLANT, M. L.; PLANT, M. A.; FOSTER, J. Supervisor suspects staff nurse to have alcohol problem. *Drug Alcohol Depend*, v. 28, n. 2, p. 195-202, 1991.

RAHE, R. H. Estresse e psiquiatria. In: KAPLAN, H. I.; SADOCK, B. J. (Eds.). *Tratado de Psiquiatria*. 6. ed. Porto Alegre: Artes Médicas, 1999. p. 1667-1692.

SAYETTE, M. A. Does drinking reduce stress? *Alcohol Research & Health*, v. 23, n. 4, p. 251-255, 1999.

SKIPPER, G. E. Treating the chemically dependent health professional. *Journal of Addictive Disease*, v. 16, n. 3, p. 67-73, 1997.

STEDMAN. *Dicionário médico*. 25. ed. Rio de Janeiro: Guanabara Koogan, 1990.

TRINKOFF, A. M.; STORR, C. L. Substance use among nurses: differences between specialties. *American Journal of Public Health*, v. 88, n. 4, p. 581-585, 1998.

Impresso por :

Graphium
gráfica e editora

Tel.:11 2769-9056